# CONTEÚDO DIGITAL PARA ALUNOS
Cadastre-se e transforme seus estudos em uma experiência única de aprendizado:

**1** Entre na página de cadastro:
**www.editoradobrasil.com.br/sistemas/cadastro**

**2** Além dos seus dados pessoais e de sua escola, adicione ao cadastro o código do aluno, que garantirá a exclusividade do seu ingresso a plataforma.

4639560A4318755

**3** Depois, acesse: **www.editoradobrasil.com.br/leb**
e navegue pelos conteúdos digitais de sua coleção **:D**

*Lembre-se de que esse código, pessoal e intransferível, é valido por um ano. Guarde-o com cuidado, pois é a única maneira de você utilizar os conteúdos da plataforma.*

CB035697

Editora do Brasil

# TeMpO De CIÊNCIAS

**CAROLINA SOUZA**
- Licenciada em Ciências Exatas – Física pela Universidade de São Paulo (USP)
- Mestre e doutora em Educação pela Universidade Federal de São Carlos (UFSCar)
- Professora do Departamento de Metodologia de Ensino da UFSCar

**MAURÍCIO PIETROCOLA**
- Licenciado em Física e Mestre em Ensino de Ciências pela USP
- Doutor em Epistemologia e História das Ciências pela Universidade de Paris VII
- Livre-docente em Educação pela USP
- Professor da Faculdade de Educação da USP

**SANDRA FAGIONATO**
- Formada em Ecologia pela Universidade Estadual Paulista (Unesp – Rio Claro)
- Mestre e Doutora em Educação pela UFSCar
- Professora da Educação Básica no município de São Carlos (SP)

COLEÇÃO
TEMPO
CIÊNCIAS
**6**
4ª edição
São Paulo, 2019.

Dados Internacionais de Catalogação na Publicação (CIP)
(Câmara Brasileira do Livro, SP, Brasil)

> Souza, Carolina
>    Tempo de ciências 6 / Carolina Souza, Maurício Pietrocola, Sandra Fagionato. – 4. ed. – São Paulo: Editora do Brasil, 2019. – (Coleção tempo)
>
>    ISBN 978-85-10-07418-6 (aluno)
>    ISBN 978-85-10-07419-3 (professor)
>
>    1. Ciências (Ensino fundamental) I. Pietrocola, Maurício. II. Fagionato, Sandra. III. Título. IV. Série.
>
> 19-26331                                       CDD–372.35

Índices para catálogo sistemático:
1. Ciências : Ensino fundamental 372.35

Maria Alice Ferreira – Bibliotecária – CRB–8/7964

© Editora do Brasil S.A., 2019
*Todos os direitos reservados*

**Direção-geral**: Vicente Tortamano Avanso

**Direção editorial**: Felipe Ramos Poletti
**Gerência editorial**: Erika Caldin
**Supervisão de arte e editoração**: Cida Alves
**Supervisão de revisão**: Dora Helena Feres
**Supervisão de iconografia**: Léo Burgos
**Supervisão de digital**: Ethel Shuña Queiroz
**Supervisão de controle de processos editoriais**: Roseli Said
**Supervisão de direitos autorais**: Marilisa Bertolone Mendes

**Supervisão editorial**: Angela Sillos
**Edição**: Erika Maria de Jesus e Fernando Savoia Gonzalez
**Assistência editorial**: Camila Marques e Rafael Bernardes Vieira
**Auxílio editorial**: Luana Agostini
**Apoio editorial**: Murilo Tissoni
**Copidesque**: Flávia Gonçalves, Gisélia Costa e Sylmara Beletti
**Revisão**: Alexandra Resende, Andreia Andrade, Elaine Silva e Martin Gonçalves
**Pesquisa iconográfica**: Daniel Andrade e Rogério Lima
**Assistência de arte**: Carla Del Matto e Josiane Batista
**Design gráfico**: Andrea Melo
**Capa**: Megalo Design
**Imagens de capa**: Petlin Dmitry/iStockphoto.com, Sebastian Janicki/Shutterstock.com, Photolife/Shutterstock.com, Dotta 2/Shutterstock.com
**Ilustrações**: Adilson Secco, Carlos Caminha, Christiane S. Messias, Claudia Marianno, Condutta, Cristiane Viana, Danillo Souza, Dawidson França, DKO Estúdio, Estúdio Chanceler, Estúdio Mil, Filipe Rocha, Hélio Senatore, Inara Pacheco Negrão, Jurandir Ribeiro, Karina Faria, Luis Moura, Luiz Eugenio, Marcos Farrel, Natalia Forcat, Osvaldo Sequetin, Paula Haydee Radi, Paulo César Pereira, Paulo Márcio Esper, Paulo Nilson, Reinaldo Rosa, Vagner Coelho, Wander Antunes e Will Silva
**Produção cartográfica**: Alessandro Passos da Costa, DAE (Departamento de Arte e Editoração), Sonia Vaz e Studio Caparroz
**Coordenação de editoração eletrônica**: Abdonildo José de Lima Santos
**Editoração eletrônica**: N Public/Formato Comunicação
**Licenciamentos de textos**: Cinthya Utiyama, Jennifer Xavier, Paula Harue Tozaki e Renata Garbellini
**Controle de processos editoriais**: Bruna Alves, Carlos Nunes, Rafael Machado e Stephanie Paparella

4ª edição / 2ª impressão, 2022
Impresso na Meltingcolor Gráfica e Editora Ltda.

Rua Conselheiro Nébias, 887
São Paulo, SP – CEP 01203–001
Fone: +55 11 3226–0211
www.editoradobrasil.com.br

**Caro aluno,**

Esta coleção foi pensada e escrita para levar você a descobrir o prazer de aprender Ciências por meio de um material cuja linguagem o estimulará a ler, estudar e buscar cada vez mais o conhecimento.

Queremos incentivar sua curiosidade, aguçar sua capacidade de observar, experimentar, questionar e buscar respostas e explicações sobre os astros, o ambiente, os seres vivos, seu corpo e tantos outros fatores e fenômenos que fazem parte do mundo.

Para que a coleção cumpra esse papel, contamos com seu interesse, sua leitura atenta, seu entusiasmo e sua participação nas atividades propostas. Procure complementar as informações apresentadas neste livro com outras obtidas em fontes seguras. Sugerimos várias delas ao longo da coleção.

Desse modo, você desenvolverá competências para agir com autonomia ao tomar decisões sobre situações sociais que envolvem ciência e tecnologia.

*Os autores*

# SUMÁRIO

## TEMA 1
### Misturas .................................... 8

**CAPÍTULO 1 – Misturando e separando no dia a dia ..................... 10**
- Substâncias ............................................ 12
- Misturas ................................................. 14
- Misturas homogêneas e heterogêneas .......... 15
- Misturas homogêneas ............................... 16
- Misturas heterogêneas .............................. 16
- **ATIVIDADES** ......................................... 19

**CAPÍTULO 2 – Separação de misturas ..................................... 20**
- Técnicas de separação de mistura ............... 22
- Catação .................................................. 22
- Filtração ................................................. 22
- Ventilação .............................................. 22
- Evaporação ............................................. 23
- Destilação simples ................................... 23
- Destilação fracionada ............................... 24
- Decantação ............................................ 25
- Centrifugação ......................................... 25
- Separação magnética ............................... 25
- **CONSTRUIR UM MUNDO MELHOR** ........... 28
- **ATIVIDADES** ......................................... 31
- **FIQUE POR DENTRO**
  - Reciclar é essencial ............................... 32

**CAPÍTULO 3 – Transformações da matéria ..................................... 34**
- As transformações ................................... 35
- Transformações físicas ............................. 36
- Transformações químicas ......................... 36
- Decomposição da matéria ........................ 38
- **ATIVIDADES** ......................................... 39
- **PANORAMA** ......................................... 40

## TEMA 2
### Produtos e materiais .......... 42

**CAPÍTULO 1 – Composição das coisas que nos cercam ............... 44**
- Origem dos produtos utilizados no dia a dia ............................................ 45
- O consumo de bens e serviços .................. 47
- O consumo e os recursos para produção ...... 48
- **DIÁLOGO**
  - Com a escassez de matérias-primas, o lixo ganha importância econômica como fonte secundária ............................................. 48
- **ATIVIDADES** ......................................... 49

**CAPÍTULO 2 – Sociedade atual e novos materiais ................................. 50**
- Tipos de matéria-prima ............................. 51
- Materiais sintéticos .................................. 52
- Que outros materiais são sintéticos? ........... 52
- **DIÁLOGO**
  - Natural é bom e sintético é ruim? ............ 54
- Alertando sobre os riscos ......................... 58
- **ATIVIDADES** ......................................... 59
- **FIQUE POR DENTRO**
  - Usina de álcool .................................... 60
- **PANORAMA** ......................................... 62

## TEMA 3
### Vida e seus diversos níveis .................................... 64

**CAPÍTULO 1 – Seres vivos ............... 66**
- Ciclo de vida ........................................... 67
- Reprodução ............................................ 67
- Nutrição ................................................ 68
- Movimento e reação a estímulos ............... 68
- As plantas reagem a estímulos .................. 69
- **ATIVIDADES** ......................................... 71

**CAPÍTULO 2 – Os seres vivos e a teoria celular ................................. 72**
- Seres vivos são formados por células .......... 73
- As células .............................................. 73
- A teoria celular ....................................... 74
- Organização celular ................................ 74
- Estrutura das células ............................... 74

Células com núcleo .................................................. 75
A célula vegetal ....................................................... 75
Células com material genético disperso no citoplasma ......................... 75
Diferenciação celular ............................................. 76
**ATIVIDADES** ........................................................ 79

## CAPÍTULO 3 – Níveis de organização ........................ 80
Tecidos ...................................................................... 81
Órgãos e sistemas ................................................. 82
Níveis de organização .......................................... 83
**ATIVIDADES** ........................................................ 85
**FIQUE POR DENTRO**
A célula ............................................................. 86

## CAPÍTULO 4 – Ecossistemas ........... 88
Níveis de organização dos componentes bióticos ........................... 89
Ecossistemas ......................................................... 90
Tipos de ecossistema ............................................ 91
Seres vivos e componentes não vivos do ecossistema ................................. 92
Relações entre os seres vivos .............................. 93
Os seres vivos e a energia .................................... 95
Ciclagem de nutrientes ......................................... 96
Teia alimentar ......................................................... 97
**DIÁLOGO**
Ecossistemas ou biomas: do que estamos falando? ............................ 100
**ATIVIDADES** ....................................................... 102
**PANORAMA** ....................................................... 104

# TEMA 4
# Sistemas integrados ......... 106

## CAPÍTULO 1 – Sistema nervoso ..... 108
Sistema nervoso ................................................... 109
Sistema nervoso central ...................................... 109
Componentes do sistema nervoso periférico .................................. 110
Interação entre SNC e SNP ................................ 110
Transmissão de informações no sistema nervoso .................................................. 111
**ATIVIDADES** ....................................................... 113
**FIQUE POR DENTRO**
Substâncias psicoativas ................................ 114

## CAPÍTULO 2 – Sistema locomotor .... 116
Sistema esquelético ............................................ 117
Conhecendo o esqueleto humano ................. 118
As articulações ..................................................... 119
Cuidado com as fraturas ................................... 119
A ação dos músculos .......................................... 122
**ATIVIDADES** ....................................................... 123

## CAPÍTULO 3 – Sistema sensorial ... 124
O sistema sensorial ............................................. 125
O tato ..................................................................... 126
A gustação ............................................................ 128
O olfato .................................................................. 129
**DIÁLOGO**
Que cheiro é esse? ......................................... 130
A audição ............................................................. 131
A visão ................................................................... 134
**ATIVIDADES** ....................................................... 137
**PANORAMA** ....................................................... 138

# TEMA 5
# Luz e imagens ................... 140

## CAPÍTULO 1 – Luz e visão .............. 142
Luz e corpos ......................................................... 143
Corpos luminosos ................................................ 143
Corpos iluminados ............................................... 144
Corpos opacos .................................................... 144
Corpos transparentes ......................................... 145
**DIÁLOGO**
A visão na Antiguidade ................................. 146
**DIÁLOGO**
Iluminação artificial/fotopoluição .............. 148
**ATIVIDADES** ....................................................... 149

## CAPÍTULO 2 – Formação de imagens ......................................... 150
Como a luz se propaga ...................................... 151
Câmara escura ..................................................... 152
O que ocorre na câmara escura? .................... 152
**ATIVIDADES** ....................................................... 154

## CAPÍTULO 3 – Imagens em lentes ................................................. 156
Lentes esféricas convexas ................................ 157
Imagem maior e invertida .................................. 157
Imagem menor e invertida ................................ 158

Concentradores de luz.............................158
Lentes esféricas côncavas ...............................159
Formas e nomes das lentes esféricas............159
**DIÁLOGO**
    O comportamento da luz ao mudar de meio e os povos indígenas .................................161
**ATIVIDADES**.................................................... 162
**FIQUE POR DENTRO**
    Lente ..............................................................164
**PANORAMA**...................................................... 166

## TEMA 6
# Olho humano e visão........ 168

### CAPÍTULO 1 – O olho humano ....... 170
O olho humano..................................................171
O que acontece com a luz ao entrar no olho humano?..........................................................171
Sentido da luz ...................................................173
Formação da imagem .......................................173
Focalização da imagem ....................................174
Células para cada tipo de luz ..........................175
**CONSTRUIR UM MUNDO MELHOR**
    Transplante de córnea ..................................178
**ATIVIDADES**.................................................... 180

### CAPÍTULO 2 – Defeitos da visão ... 182
Testes de visão..................................................183
Miopia ................................................................184
Hipermetropia...................................................185
Astigmatismo ....................................................185
Daltonismo.........................................................186
**ATIVIDADES**.................................................... 188

### CAPÍTULO 3 – Correção dos defeitos da visão ............................................... 190
Miopia ................................................................191
Hipermetropia...................................................191
Astigmatismo ....................................................191
**DIÁLOGO**
    História da invenção dos óculos ...............193
**ATIVIDADES**.................................................... 196
**FIQUE POR DENTRO**
    Defeitos da visão..........................................198
**PANORAMA**...................................................... 200

## TEMA 7
# O céu visto da Terra ......... 202

### CAPÍTULO 1 – Terra, Sol e seus lugares no Universo ........................ 204
Modelos explicativos da posição e do movimento dos astros celestes.................. 205
Modelo geocêntrico......................................... 205
Modelo heliocêntrico....................................... 205
O Sol e o Sistema Solar....................................207
Planetas..............................................................207
Satélites naturais............................................. 208
Astros menores do Sistema Solar ................ 208
Cometas ............................................................ 208
Asteroides, meteoroides, meteoros e meteoritos................................................... 208
**ATIVIDADES**.................................................... 209

### CAPÍTULO 2 – O movimento da Terra no espaço ............................................ 210
O planeta Terra..................................................211
O movimento de rotação da Terra ..................211
A formação dos dias e das noites ...................211
O movimento de translação............................212
**DIÁLOGO**
    Relógio de sol...............................................213
**ATIVIDADES**.................................................... 215

### CAPÍTULO 3 – A forma da Terra .... 216
A Terra tem forma arredondada......................217
A linha do horizonte nas praias.......................217
Rotas de avião ..................................................218
A sombra da Terra na superfície da Lua ........218
Mastros dos navios no horizonte....................218
A primeira medida da esfericidade da Terra............................................................219
**ATIVIDADES**.................................................... 221
**FIQUE POR DENTRO**
    Breve história dos relógios ........................222
**PANORAMA**......................................................224

# TEMA 8
## A Terra dividida em camadas ...................... 226

### CAPÍTULO 1 – A estrutura interna da Terra ....................................... 228
- O que há no interior da Terra? ....................... 229
- Camadas internas da Terra ........................... 230
- **ATIVIDADES** ............................................. 231

### CAPÍTULO 2 – Rochas e minerais .. 232
- Minerais ....................................................... 233
- Rochas .......................................................... 235
- Tipos de rocha ............................................. 235
- Ciclo das rochas ........................................... 238
- **ATIVIDADES** ............................................. 239

### CAPÍTULO 3 – Formação do solo ... 240
- O que é solo? ............................................... 241
- Como se forma o solo? ................................. 241
- O perfil do solo ............................................. 242
- **ATIVIDADES** ............................................. 243

### CAPÍTULO 4 – Recursos minerais e energéticos ........................................ 244
- Os recursos do solo ...................................... 245
- Petróleo ......................................................... 246
- Minérios ........................................................ 248
- **ATIVIDADES** ............................................. 249

### CAPÍTULO 5 – Fósseis .................... 250
- Fósseis e rochas sedimentares ..................... 251
- A importância dos fósseis ............................. 251
- **FIQUE POR DENTRO**
   - Os fósseis ................................................. 252
- **ATIVIDADES** ............................................. 255

### CAPÍTULO 6 – A atmosfera terrestre ........................................... 256
- Atmosfera ..................................................... 257
- As camadas da atmosfera ............................. 257
- Troposfera .................................................... 257
- Estratosfera .................................................. 258
- Mesosfera ..................................................... 258
- Termosfera ................................................... 258
- Exosfera ....................................................... 258
- **ATIVIDADES** ............................................. 259

### CAPÍTULO 7 – Hidrosfera ............... 260
- Composição da hidrosfera ........................... 261
- A água para consumo humano .................... 261
- Distribuição da água na hidrosfera .............. 262
- Aquíferos ...................................................... 262
- **ATIVIDADES** ............................................. 265

### CAPÍTULO 8 – Biosfera – a vida ao redor da Terra ............................. 266
- A biosfera ..................................................... 267
- **ATIVIDADES** ............................................. 269
- **PANORAMA** ............................................... 270
- **REFERÊNCIAS** ........................................... 272

Vista do Salar de Uyuni, o maior deserto de sal da Terra, localizado na Bolívia, 2016. É coberto por uma crosta de sal e, em alguns pontos da superfície, por um lago salgado.

# TEMA 1

# Misturas

## NESTE TEMA
VOCÊ VAI ESTUDAR:

- substâncias;
- misturas homogêneas e misturas heterogêneas;
- métodos de separação de misturas;
- transformações físicas e químicas da matéria.

1. Você já viu um ambiente parecido com esse da imagem?
2. Que materiais é possível reconhecer entre os componentes desse ambiente?
3. Em sua opinião, alguns materiais da imagem estão misturados? Quais?
4. Como você faria para separá-los?

**CAPÍTULO 1**

# Misturando e separando no dia a dia

> Neste capítulo, você vai estudar o que são misturas, conhecer algumas de suas classificações e como separá-las.

## EXPLORANDO QUE MATERIAIS FAZEM PARTE DESSA MISTURA?

Maria Fernanda acordou cedo e bem-disposta para ir à escola. Estava faminta e foi tomar o café da manhã preparado pelo pai. Ficou feliz quando viu pães de queijo!

Enquanto comia, percebeu que havia algo diferente. Perguntou ao pai:

— O que tem neste pão de queijo? Ele tem até uma cor diferente!

— Misturei o queijo com goiabada. Gostou?

Maria confirmou positivamente com a cabeça, enquanto mastigava. Então pensou:

— Como essa mistura ficou boa! Que outras misturas posso fazer?

E ficou imaginando o que mais, na mesa do café, poderia ser uma mistura. Ela observou o copo de vitamina de frutas e até a xícara de café que o pai dela bebia.

Maria Fernanda ainda não sabia, mas até o leite que fazia parte da vitamina é uma mistura!

### Agora é sua vez.

1. O que chamou a atenção de Maria Fernanda para ela identificar que o pão de queijo estava diferente?

2. Pense em misturas cujos componentes não podemos identificar apenas olhando. Em seguida, compartilhe suas ideias com os colegas.

3. Você conhece algum material que não seja uma mistura?

4. A mistura que compõe o pão de queijo pode ser separada de alguma forma? Como?

## PENSAMENTO EM AÇÃO — EXPERIMENTO

# Misturando e separando

Afinal, o que são misturas? Quantos materiais podem ser misturados? Depois de misturados, é possível que os materiais retornem à condição original?

## Material:

- areia;
- solo;
- folhas secas trituradas;
- pó de café usado;
- pedriscos;
- água;
- óleo;
- sal;
- açúcar;
- suco em pó;
- recipientes plásticos;
- colheres de sopa.

## Procedimentos

1. Reúna-se em grupo com alguns colegas e discutam sobre as questões apresentadas acima. Anotem suas respostas e dúvidas e, em seguida, compartilhem-nas com o restante da turma, confrontando suas opiniões.

2. Em grupo, escolham dois ou três dos materiais disponibilizados pelo professor e produzam uma mistura.

3. Em seguida, elaborem um texto explicativo e descrevam como ficou a mistura produzida. Observem todos os detalhes possíveis: aparência, formato, cores, consistência, odor. Anotem suas observações de forma organizada.

→ Algumas misturas podem apresentar diferentes texturas e aparências.

### Reflita e registre

1. Discuta com seu grupo as questões abaixo e, em seguida, elaborem um texto ou esquema explicando o que pretendem fazer e os resultados que esperam encontrar.
   a) Que utensílios podemos usar para separar os materiais que compõem a mistura formada?
   b) De que modo vocês podem recuperar os materiais misturados?

2. Testem os métodos propostos e, em seguida, compartilhem com os colegas da sala de aula os métodos de separação testados e os resultados obtidos e discutam as seguintes questões:
   a) Vocês conseguiram separar todos os materiais utilizados?
   b) Os materiais separados ficaram como no início do processo?

# Substâncias

A maioria dos materiais encontrados na natureza e aqueles produzidos pelo ser humano são misturas de duas ou mais **substâncias**. Veja nas imagens ao lado alguns produtos que encontramos facilmente e utilizamos no dia a dia, os quais são exemplos de substâncias. Mas, afinal, o que são substâncias?

A água é uma substância ou uma mistura?

Ao contrário da mistura, a substância é um material que podemos classificar como puro, isto é, não é formado pela mistura de vários tipos de materiais. São exemplos de substâncias o gás oxigênio, a água pura, alguns tipos de óleo e o sal puro. Por outro lado, o sal que usamos para salgar alimentos é na verdade uma mistura de sal e uma quantidade muito pequena de iodo.

Você já percebeu que o sal grosso e o refinado (ambos sem iodo) têm as mesmas características embora os grãos sejam de tamanhos diferentes?

↑ A grafita de lápis e lapiseiras e o fio de cobre são exemplos de substâncias.

As imagens desta página não estão representadas na mesma proporção.

Reúna-se com alguns colegas e pensem em outras substâncias que conhecem. Aproveitem para pesquisar informações sobre o assunto e aumentar seu repertório de exemplos sobre as substâncias.

##  CURIOSO É...

### A composição dos materiais

Você sabia que houve uma teoria que explicava a natureza de todos os materiais por meio de quatro elementos?

Por volta de 350 a.C., o filósofo grego Aristóteles defendia que toda matéria tinha base em quatro elementos: água, terra, fogo e ar. Para Aristóteles, o Universo se organizava segundo esses elementos. Cada elemento tinha um lugar e os materiais associados a esses elementos tenderiam a permanecer nele ou encontrá-lo. Segundo a teoria, se jogássemos uma pedra para cima, ela não ficaria no ar porque é do elemento terra; então, buscaria encontrar a terra e cairia. Sendo assim, as características dos materiais eram definidas de acordo com o elemento a que eles pertenciam. Os materiais associados ao fogo seriam quentes e secos; ao ar, quentes e úmidos; à terra, frios e secos; à água, frios e úmidos.

↑ Aristóteles acreditava que toda matéria era formada por quatro elementos: água, terra, fogo e ar.

Após séculos de conhecimento científico acumulado, cientistas demonstraram que a matéria não é composta pelos quatro elementos citados, mas, sim, por pequenas partículas chamadas átomos. Estes, por sua vez, podem ligar-se, formando as moléculas.

## AQUI TEM MAIS

### O que são substâncias?

As cores e as dimensões utilizadas na ilustração não são as observadas na realidade.

Você já viu o "símbolo" $H_2O$ ou escutou falarem dele em algum lugar?

É bem provável que, em algum momento da sua vida, você tenha encontrado esse "símbolo", que representa a fórmula química da água.

A água é uma substância constituída por partículas iguais, chamadas moléculas. As moléculas de água, por sua vez, são formadas por partículas menores, os átomos. Na imagem abaixo temos a representação de duas moléculas de água e uma molécula de oxigênio. Observe que cada molécula de água é formada por dois átomos de hidrogênio (representados por esferas cinzas) e um átomo de oxigênio (esfera azul), enquanto a molécula de oxigênio é formada por dois átomos de oxigênio.

Representações de moléculas de água ($H_2O$) e de uma molécula de oxigênio ($O_2$).

### Afinal, a água é uma substância ou uma mistura?

Acabamos de verificar que a água é uma substância formada pelas moléculas $H_2O$ (dois átomos de hidrogênio e um átomo de oxigênio). Porém, ao analisar o rótulo de uma garrafa de água mineral natural, podemos verificar que há outros componentes presentes. Confira ao lado.

Os diversos tipos de água que conhecemos – mineral natural, de torneira, filtrada, do mar – são misturas porque há minerais dissolvidos na água. A água realmente "pura" é a destilada, porque passou pelo processo de destilação (estudaremos mais adiante) e, por isso, pode ser considerada uma substância. Além da água, o ar que respiramos também é uma mistura formada por várias substâncias, como os gases oxigênio, nitrogênio, gás carbônico, entre outros.

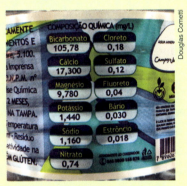

↑ Rótulo de uma garrafa de água mineral natural.

← O ar que respiramos é uma mistura dos gases nitrogênio (78%), oxigênio (21%), gás carbônico (0,03%) e outros (0,91%).

**1.** A água que bebemos é pura? Ela é uma substância ou uma mistura?

**2.** O ar que respiramos é uma substância pura? Justifique sua resposta.

# Misturas

Para iniciar a conversa sobre **misturas**, vamos analisar o seu café da manhã. Você comeu algo que não seja uma mistura? Por exemplo, se costuma tomar café, deve saber que ele é uma mistura de pó de café, água e açúcar. Se você adicionou leite ao café, novos componentes foram acrescentados à mistura.

Pense nas seguintes perguntas:

- O pão e o bolo são misturas?
- Quando misturamos diferentes produtos para fazer café com leite, pão e bolo, é possível fazer essas misturas voltarem às suas condições iniciais?
- Podemos obter de volta os materiais originais de cada mistura?
- É possível retornar ao pó de café depois de fazer o café para ser consumido? E o suco de laranja adoçado com açúcar?

Durante o estudo deste tema, você verá muitos assuntos que lhe ajudarão a encontrar respostas para essas e outras perguntas. Afinal, o que são misturas?

Mistura é uma classificação científica para a junção de dois ou mais materiais que não reagem quimicamente, ou seja, se houver transformação química de qualquer material, a união não é mais classificada como mistura. Quando alguns alimentos são cozidos ou assados, eles sofrem transformações químicas. Por isso, o pão e o bolo não são misturas, pois os ingredientes iniciais não estão mais presentes, eles se transformaram em novos produtos.

As informações nos rótulos das embalagens de remédios e de outros produtos indicam as substâncias e demais ingredientes que foram misturados para formar aquele produto.

↑ O café com leite é uma mistura.

↑ O leite é uma mistura.

↑ Os ingredientes misturados na fabricação do biscoito estão descritos no rótulo.

← Nos rótulos dos remédios podemos encontrar os nomes das substâncias que foram misturadas para fabricar o produto.

# Misturas homogêneas e heterogêneas

Quase todos os materiais que existem na natureza são formados por misturas de outros materiais. Algumas vezes, a aparência de um material pode nos mostrar se ele é uma mescla de dois ou mais ingredientes, por exemplo, um prato de arroz e feijão. Outras vezes, não podemos concluir que é uma mistura, porque parece tratar-se de uma única substância, como suco em pó diluído em água, sal com açúcar, água com álcool e leite com água.

↑ A salada de frutas é visivelmente uma mistura de vários tipos de frutas.

↑ O refresco de suco em pó também é uma mistura, mas, em uma análise visual, nem sempre essa mistura é perceptível.

↑ Em algumas misturas, os componentes não são facilmente reconhecidos visualmente: mistura para bolo, água com álcool e um copo de laranjada coado.

Pense por um instante no leite, alimento que é bastante consumido em nosso dia a dia. Podemos dizer que é uma substância pura ou uma mistura? Se for uma mistura, quais as substâncias que se mesclam para formá-lo? Você já ouviu falar na lactose do leite? Trata-se daquela substância à qual algumas pessoas têm **intolerância**. Essa pode ser uma dica para responder se o leite é ou não uma mistura, você não acha?

O leite parece uma substância única se observarmos apenas o seu aspecto visual, já que é totalmente branco.

Em muitos casos, os diferentes materiais se combinam tão bem que nos dão a sensação de que formaram um único material, como água e álcool. A essas combinações chamamos de **misturas homogêneas**. Em outras situações, a combinação entre os diferentes materiais não ocorre facilmente ou nem existe, de forma que os materiais podem ser observados separadamente. É o caso, por exemplo, da água no óleo ou do metal na areia, entre outros casos que já discutimos. Essas combinações são chamadas de **misturas heterogêneas**.

> **GLOSSÁRIO**
>
> **Intolerância:** incapacidade do organismo de digerir uma substância; nesse caso, a lactose.

## Misturas homogêneas

Uma mistura é homogênea quando apresenta um aspecto uniforme e não conseguimos identificar a olho nu os materiais que a compõem. Veja alguns exemplos a seguir.

- Água com sal totalmente dissolvido
- Água com açúcar totalmente dissolvido
- Suco de laranja natural coado e não adoçado
- Gasolina
- Óleos lubrificantes
- Álcool hidratado
- Aço
- Vinagre
- Café
- Perfumes

↑ Café e vinagre são misturas homogêneas.

## Misturas heterogêneas

A mistura é classificada como heterogênea quando conseguimos identificar os materiais que a compõem por sua consistência, coloração ou textura ou por seu odor, gosto ou estado físico. Veja alguns exemplos.

- Salada de verduras ou de frutas
- Arroz e feijão misturados em um prato
- Água com óleo
- Água com areia
- Creme dental com faixas coloridas ou com partículas sólidas
- Fatia de bolo com recheio
- Água com gás

↑ Água com óleo e arroz com feijão são misturas heterogêneas.

A origem das palavras **heterogêneo** e **homogêneo** é grega, sendo que *hetero* significa "diferente", *homo* significa "o mesmo" e *genos* significa "espécie", "raça", "origem". Assim, o prefixo *hetero* é usado para indicar uma mistura com aspectos diferentes (heterogênea), e o prefixo *homo* para indicar uma mistura com aspecto uniforme (homogênea).

 AQUI TEM MAIS

### Misturas do dia a dia

Você sabia que muitos materiais que usamos são misturas? Exemplos disso são o soro fisiológico que aplicamos no nariz (0,9 g de cloreto de sódio em 100 mL de água) e o aço do qual são feitas as rodas de automóveis, o acabamento de trens do metrô, os pregos e os parafusos (**liga metálica** formada por 98,5% de ferro e 1,5% de carbono).

**GLOSSÁRIO**

**Liga metálica:** mistura formada por duas ou mais substâncias, sendo uma delas um metal.

1. Pesquise entre os materiais que você mais utiliza no seu cotidiano quais são misturas homogêneas e quais são misturas heterogêneas. Elabore uma lista e, se possível, inclua imagens. Leve seus resultados para compartilhar em sala de aula com os colegas.

## CIÊNCIA, TECNOLOGIA E SOCIEDADE

Você sabia que podemos obter plástico do leite?

# Químicos transformam leite e argila em plástico

**Substância obtida é forte e mais biodegradável que o plástico de amido.**

[...]

Uma possível solução para o problema do plástico descartado pode estar mais perto do que se imagina. Mais precisamente, na cozinha e no quintal. É o plástico biodegradável feito a partir do leite e da argila.

Cientistas da Tailândia e dos EUA conseguiram desenvolver um novo material plástico com base numa proteína do leite e na argila comum, dessas de moldar.

As matérias-primas do novo invento são a caseína, uma proteína presente em abundância em leite e queijo de vaca, já usada para fabricação de adesivos, e um mineral argiloso.

[...]

Trabalhando em escala nanométrica (equivalente a um bilionésimo de metro), os cientistas introduziram, por meio de uma reação química, a caseína no aerogel preparado a partir da argila. Esse aerogel é um material sólido e extremamente leve.

Nesse processo, os químicos conseguiram reforçar tanto a caseína, que facilmente se dissolve na água, quanto o frágil aerogel.

↑ Com a proteína encontrada no leite, a caseína, e argila, os cientistas produziram um novo tipo de plástico.

**Mais verde**

Os resultados foram positivos: a substância obtida é forte o suficiente para uso comercial e é biodegradável – quase um terço do material foi degradado em 30 dias.

Se aceito na indústria, o aerogel de argila com proteína de leite pode substituir, sem prejuízos, o poliestireno, material derivado do petróleo, muito usado no Brasil [...]

E também pode tomar lugar do poliuretano rígido, que é matéria-prima para a fabricação de cadeiras e mesas de plástico, por exemplo.

Mas a ideia dos cientistas é que o novo produto seja usado principalmente em embalagens de produtos e também como isolante térmico.

Outra novidade positiva é o salto qualitativo do plástico feito com base em aerogel, em comparação com outros plásticos "verdes" já testados, com base, por exemplo, em amido ou trigo.

"O aerogel tem grande índice de biodegradação", [...]

"E essas taxas aumentaram com a mudança na estrutura das caseínas."

Sabine Righetti. Químicos transformam leite e argila em plástico. *Folha de S.Paulo*, 5 dez. 2010. Disponível em: <www1.folha.uol.com.br/fsp/ciencia/fe0512201005.htm>. Acesso em: 5 abr. 2019.

1. Com base na reportagem, é possível verificar que, a partir do leite, pode-se obter plástico. Forme um grupo com alguns colegas e pesquisem outras formas de se obter plástico.

2. Organizem uma apresentação para compartilhar as informações coletadas com a turma.

## PENSAMENTO EM AÇÃO — EXPERIMENTO

# Transformando leite em plástico

Você utiliza plásticos em seu dia a dia? Em que situações?

## Material:

- 1 copo de medição;
- 1 pedaço de pano para filtragem;
- 1 funil;
- 1 panela média;
- 1 colher de sopa;
- 500 mL de leite;
- 100 mL de vinagre;
- 1 molde de sua preferência (para dar forma ao plástico no final).

## Procedimentos

As imagens desta página não estão representadas na mesma proporção.

1. Despeje o leite dentro da panela e peça a um adulto para aquecê-lo. É importante que o leite seja aquecido, e não fervido. Retire a panela do fogo.

2. Despeje o vinagre na panela com leite e mexa essa mistura durante 5 minutos. Você vai perceber a formação de flocos brancos e verá o soro do leite se separando da mistura. Os flocos brancos que se separaram do soro do leite são a coalhada, formada pela caseína (proteína do leite).

**ATENÇÃO!** Não toque na panela porque ela ainda estará quente.

↑ Após a filtragem é possível observar a massa composta pela coalhada.

3. Coloque o pano dentro do funil para coar a coalhada. Com o auxílio de um adulto, despeje a mistura dentro do pano. Aperte levemente o pano para coar bem e deixe-a no pano escorrendo por alguns instantes para ficar o mais seca possível.

4. Coloque a coalhada no molde escolhido para dar forma ao objeto plástico. Leve o molde com a coalhada para um local seco e arejado e aguarde 7 dias antes de remover o plástico do molde.

→ Molde preenchido com a coalhada.

### Reflita e registre

 NO CADERNO

1. Em qual etapa da atividade percebe-se que o leite é uma mistura heterogênea?
2. Por que a coloração amarelada do soro do leite não é tão evidente quando ele está misturado às proteínas?

**ATENÇÃO!** Lembre-se de que se for usar a internet para realizar a pesquisa, é necessário buscar em *sites* confiáveis, como de universidades ou institutos de pesquisas.

# ATIVIDADES

### SISTEMATIZAR

**1.** Considere os seguintes recipientes contendo:

| Recipientes | Materiais |
|---|---|
| I | areia da praia |
| II | água do mar |
| III | terra do quintal |
| IV | açúcar |
| V | combustível etanol hidratado |
| VI | água com óleo |

Responda às seguintes questões e discuta-as com os colegas:

a) Qual dos recipientes contém apenas uma substância?

b) Analise e explique quais desses materiais são misturas. Tente descrever as substâncias que formam cada mistura.

c) Quais recipientes contêm misturas em que é facilmente visível a presença de mais de uma substância?

### REFLETIR

**1.** Observe o quadro abaixo, que contém os valores de temperatura da água no estado líquido e no sólido.

*Representação simplificada em cores-fantasia e tamanhos sem escala.*

Gelo (estado sólido) ⟶ Temperatura abaixo de 0 °C
Água (estado líquido) ⟶ Temperatura acima de 0 °C e abaixo de 100 °C

Se a água está livre de impurezas e microrganismos, ela é considerada uma mistura homogênea. Você pode explicar que tipo de mistura ocorreria se colocássemos, num mesmo recipiente, gelo e água? E se deixarmos essas duas substâncias no recipiente sobre uma mesa por um dia, que tipo de mistura encontraremos?

sólido

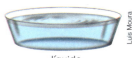
líquido

### DESAFIO

**1.** Durante um passeio na praia, duas irmãs foram à barraca de sorvetes para se refrescar. Acidentalmente, uma delas tropeçou e deixou cair na areia, próximo à barraca, todas as moedas que elas iriam utilizar para o pagamento. Como as irmãs não viram onde as moedas caíram, ficaram tristes. A dona da barraca se aproximou e disse que poderia ajudá-las a encontrar as moedas facilmente, pois sabia o tipo de mistura formada pela areia e as moedas. Em grupos, discutam e descrevam hipóteses de como a dona da loja sabia que é possível recuperar facilmente as moedas.

# CAPÍTULO 2
# Separação de misturas

No capítulo anterior, você estudou o que são substâncias e misturas. Neste capítulo, você vai estudar os tipos de misturas e propor um método para separar os materiais combinados.

## EXPLORANDO A SEPARAÇÃO DE MISTURAS

Ilustrações: Natalia Forcat

Quando ficou sabendo que sua tia estava reformando a casa, Lara prontificou-se a ajudar na pintura das paredes. Ela gostava de pintar. E ajudar era também bem legal!

— É divertido ver as cores preencherem o espaço e darem vida a ele — pensou Lara, enquanto observava o trabalho já pela metade. Mas também é cansativo! — riu consigo mesma. Precisava fazer uma pausa e se hidratar.

Lara pediu água a sua tia, que lhe trouxe um copo bem cheio. Quando foi pegá-lo, um pingo de tinta caiu do teto dentro do copo, tingindo a água de azul.

Um tanto decepcionada e outro tanto curiosa, Lara disparou para sua tia:

— Nossa, tia! Pintei até a bebida! Será que tem como separar a tinta da água?

**Agora é sua vez.**

1. Você acha que a água foi realmente pintada?
2. É possível separar a tinta da água, como Lara queria?
3. Você consegue imaginar algumas misturas que separamos diariamente para consumo?

## PENSAMENTO EM AÇÃO — EXPERIMENTO

## Separando misturas

Vamos analisar algumas misturas, classificá-las em homogêneas ou heterogêneas e verificar se podemos separar seus componentes.

> **ATENÇÃO!**
> Não leve à boca nenhuma das misturas resultantes dessa prática.

### Material:

- 5 copos de plástico transparente;
- 1 colher de sopa;
- pedaço de pano;
- 5 xícaras de vidro transparente;
- grãos crus de arroz;
- grãos crus de feijão;
- sal;
- areia;
- pó de café;
- óleo de soja;
- farinha de trigo ou de mandioca;
- açúcar;
- vinagre;
- detergente;
- água;
- limalha de ferro (ou pregos);
- ímãs;
- funil ou suporte nº 102 para filtro de café;
- filtro de papel para café nº 102;
- jarras;
- pinça;
- etiquetas.

### Procedimentos

1. Em grupo, coloquem em xícaras separadas uma colher de cada um destes materiais: limalha de ferro, arroz, feijão, sal e areia. Em seguida, aproximem o ímã de cada xícara e anotem as observações.
2. O que aconteceu em cada xícara? A que vocês atribuem essa diferença de comportamento?
3. Faça no caderno um quadro como o do modelo abaixo.

| Número | Mistura | Conseguiu dissolver? | Mistura homogênea ou heterogênea? | Mudou de aparência? | Consegue separar? |
|---|---|---|---|---|---|
| 1 | farinha + café | | | | |
| 2 | óleo + água + farinha | | | | |

4. Colem uma etiqueta no recipiente (xícara ou copo) e identifiquem-no com um número. Escrevam no quadro o número do recipiente e os materiais que serão misturados dentro dele. Agitem as misturas por cerca de 30 segundos com a colher. Limpem sempre a colher com o pano antes de usá-la em outro material. Observem o que acontece e anotem o resultado no quadro.
5. Usando qualquer um dos materiais disponíveis para a experiência e também as próprias mãos, tentem separar os componentes de algumas das misturas. Para isso, prestem atenção nas características de cada um deles.

### Reflita e registre

1. Descrevam os critérios que utilizaram para decidir se as substâncias foram dissolvidas ou não.
2. Vocês conseguiram separar os componentes de alguma mistura? De quais? Como?
3. Que critérios utilizaram para fazer essas separações?

# Técnicas de separação de mistura

Escolher um processo de separação adequado exige que a natureza da mistura seja conhecida. Veremos a seguir um conjunto de processos de separação de misturas em que conseguimos facilmente detectar a presença de dois ou mais componentes envolvidos.

## Catação

São utilizados instrumentos como a pinça ou as próprias mãos para separar misturas de materiais sólidos, retirando um material de cada vez. Exemplos disso são os cozinheiros que separam a sujeira do feijão antes de cozinhá-lo, os trabalhadores que selecionam os resíduos sólidos para reciclagem e qualquer outro tipo de separação que possa ser feita manualmente, como a seleção de verduras num prato de salada mista.

Homem cata feijão separando as impurezas.

## Filtração

Um dos métodos de separação mais comuns no nosso dia a dia é a **filtração**. Quem nunca viu pó de café sendo coado em filtros de tecido ou de papel? A filtração é utilizada em misturas de materiais do tipo sólido-líquido ou sólido-gasoso, de forma que a mistura passa através de uma barreira porosa, o filtro. Encontramos vários tipos de filtros no mercado, como os feitos de papel, tecido, algodão ou porcelana.

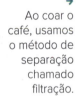

Ao coar o café, usamos o método de separação chamado filtração.

O filtro do aspirador de pó separa o ar da poeira.

## Ventilação

A ação do vento é usada para separar materiais que são muito mais leves do que os demais componentes da mistura. Colocamos a mistura numa plataforma e controlamos a corrente de vento que sopra sobre ela, fazendo com que os materiais se separem. Esse método é utilizado, por exemplo, para a separação da palha do arroz e da folhagem na colheita do café.

A técnica de ventilação remove a folhagem dos grãos de café. Santa Mariana (PR), 2013.

## Evaporação

A **evaporação** é a mudança do estado líquido para o estado gasoso que se processa lenta e espontaneamente, e só acontece na superfície do líquido. A evaporação pode aumentar pela ação do vento e pelo aumento da temperatura. Esse processo é utilizado quando pelo menos um dos materiais está em estado líquido. Ocorre, por exemplo, desde a secagem das nossas roupas no varal até o processo industrial para separar o sal da água do mar.

↑ O sal que usamos para temperar os alimentos é extraído nas salinas por meio da evaporação.

## Destilação simples

As imagens desta página não estão representadas na mesma proporção.

Esse processo é utilizado geralmente quando temos misturas do tipo sólido-líquido em situações que o material sólido se encontra dissolvido no líquido. Consiste em aquecer a mistura até que o líquido comece a evaporar; o vapor gerado chegará a um **condensador**, que tem a função de diminuir sua temperatura, fazendo-o retornar ao seu estado líquido para, assim, podermos coletá-lo em outro recipiente; os grãos do material sólido permanecem no recipiente original.

Em casa, já vimos água fervendo numa panela tampada; o vapor que sai da água atinge a tampa, que está mais fria, e torna-se líquido novamente, por condensação. Isso pode ser utilizado como um processo de **destilação simples**, que pode ser realizada em casa.

→ O condensador é um item do destilador. Dentro dele, a água pura em estado gasoso é resfriada e passa para o estado líquido.

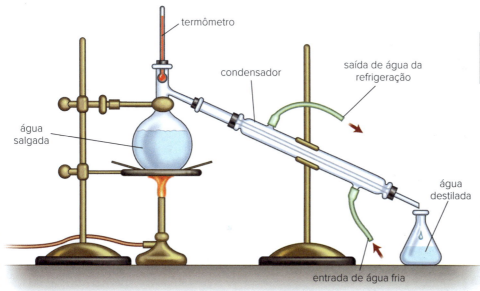

O esquema está representado com cores-fantasia e as dimensões dos elementos não seguem a proporção real.

### GLOSSÁRIO

**Condensador:** é uma vidraria muito usada em laboratórios para provocar a condensação de gases (passagem do estado gasoso para o líquido). O gás aquecido passa dentro do tubo de vidro interno do condensador (nesse caso, em espiral) e é resfriado pela água ao redor dele.

↑ Esquema de destilação simples. O destilador é um equipamento usado em laboratórios para produção de água destilada.

23

## Destilação fracionada

Utilizamos esse método para separar misturas homogêneas geralmente compostas por materiais líquidos. Os líquidos misturados precisam apresentar pontos de ebulição diferentes, mas próximos. Como cada líquido irá se transformar em vapor numa temperatura diferente, utilizamos o mesmo equipamento da destilação simples, incluindo o termômetro, com a adição da coluna de fracionamento. Assim que uma das substâncias atinge seu **ponto de ebulição**, é separada do restante da mistura na coluna de fracionamento.

O termômetro é um fator importante neste procedimento, pois com ele conseguimos determinar quando a destilação do líquido cujo ponto de ebulição é menor terminou e quando a temperatura voltará a se elevar rapidamente.

A indústria petrolífera utiliza a **destilação fracionada** para separar os componentes do petróleo. O petróleo é uma mistura oleosa composta de diversas substâncias; ao ser extraído do solo, pode estar misturado também com terra, areia ou argila, por exemplo. Primeiro são aplicados métodos de separação adequados para purificar a mistura, como a filtração, removendo-se qualquer material não desejado.

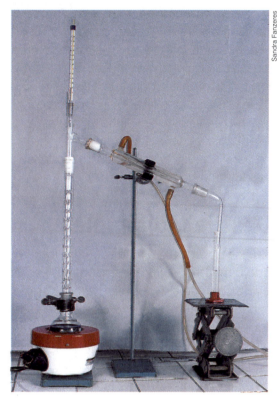

↑ Aparelho usado para destilação fracionada em laboratório.

Após esse tratamento inicial, realiza-se a destilação fracionada para separar os componentes do petróleo. As principais frações obtidas por essa destilação são: fração gasosa, na qual encontramos, por exemplo, o gás de cozinha; fração da gasolina; fração do óleo diesel e óleos lubrificantes; e resíduos como vaselina, asfalto e piche.

> **GLOSSÁRIO**
>
> **Ponto de ebulição:** temperatura em que ocorre a mudança do estado líquido para gasoso.

O esquema está representado com cores-fantasia e as dimensões das estruturas não seguem a proporção real.

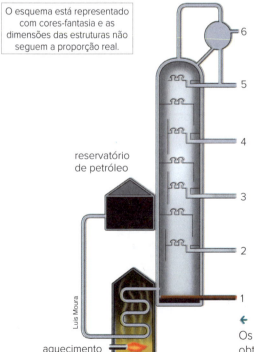

← Os derivados do petróleo são obtidos por destilação fracionada.

### Temperaturas de fracionamento

| Item | fração | temperatura |
|---|---|---|
| 6 | gás | até 30 °C |
| 5 | gasolina | entre 80 °C e 200 °C |
| 4 | querosene | entre 200 °C e 250 °C |
| 3 | óleo combustível | entre 250 °C e 350 °C |
| 2 | óleo lubrificante | acima de 350 °C |
| 1 | resíduos | --- |

Fonte: Distillation Design (1st ed.). Kister, Henry Z (1992). McGraw-Hill.

## Decantação

Algumas misturas, quando ficam em repouso por algum tempo, apresentam uma parte sólida depositada no fundo do recipiente. Assim, depois que a parte sólida é decantada, podemos aplicar outra técnica de separação para completá-la. Este processo foi muito utilizado na Antiguidade para separar o barro da água para beber – com a água barrenta em repouso, os grãos de terra vão se depositando no fundo do recipiente, possibilitando o consumo da água que fica na parte superior da mistura.

Atualmente, esse processo não é indicado para obtermos água em condições de consumo devido aos vários tipos de contaminação que ela pode apresentar, sendo necessário adotar outros métodos de filtragem antes de consumi-la. Outro exemplo é quando colocamos uma mistura contendo água e óleo num recipiente; depois de certo tempo, a água irá se depositar no fundo.

↑ A decantação possibilita que as partículas sólidas fiquem depositadas no fundo do frasco.

↑ Separação de uma mistura de água e óleo em funil de decantação.

## Centrifugação

Um dos processos mais simples para separarmos a parte líquida da parte sólida em misturas é a **centrifugação**. Utiliza-se uma centrífuga, aparelho que movimenta rapidamente os recipientes por meio da rotação para acelerar o processo de decantação. O componente mais denso da mistura irá ficar no fundo, pela ação da aceleração. Quanto maior for a aceleração da centrífuga, mais intenso e eficiente será o processo da separação. Já viu uma máquina de lavar roupas extraindo a água das roupas molhadas? Na etapa de centrifugação, o motor da máquina faz toda a roupa encharcada de água girar rapidamente. O interior da máquina é cheio de buraquinhos e atua como um filtro que permite a passagem apenas de água durante a centrifugação. Assim, a roupa é separada da maior parte da água usada no processo de lavagem.

↑ Roupa molhada centrifugada no cesto da máquina de lavar.

## Separação magnética

A **separação magnética** é utilizada para separar sólidos metálicos, como cobalto, ferro e níquel, os quais são atraídos por ímã ou **eletroímã**. É um método também empregado na separação de metais a serem reciclados.

> **GLOSSÁRIO**
> 
> **Eletroímã:** dispositivo elétrico projetado para se comportar como um ímã.

→ O eletroímã é usado em demolições para separar os metais dos entulhos de concreto.

# AQUI TEM MAIS

## Separações essenciais

Separar apenas as substâncias "úteis" de uma mistura é, muitas vezes, um problema para a indústria. Na mineração, os minérios necessários estão misturados a rochas. Na indústria de laticínios, o creme de leite deve ser separado antes de o leite ser colocado em recipientes prontos para venda. Além dos problemas enfrentados na separação dos itens que serão utilizados, existe o dilema do que fazer com os resíduos depois de separar o material selecionado para ser trabalhado. O que fazer com os resíduos químicos utilizados na mineração para purificar os minérios? O que fazer com os gases expelidos pelas chaminés das fábricas? Geralmente, estes resíduos apresentam alto grau de toxicidade e o ideal é que sejam reutilizados, reciclados ou descartados de forma a não agredir o meio ambiente. Os diferentes tratamentos dos resíduos podem ter custo elevado para as indústrias, pois, muitas vezes, exigem tecnologias avançadas.

Contudo, ter conhecimento sobre os métodos de separação de misturas nos ajuda a compreender também como o descarte incorreto de certas substâncias pode causar problemas para o meio ambiente e, consequentemente, para nós. Por exemplo, os derramamentos de óleo no mar devido a acidentes em navios de petróleo ou plataformas atingem todos os tipos de vida ao redor. Os peixes morrem por asfixia, pois o óleo gruda em suas brânquias; os pássaros, além de se alimentarem de peixes contaminados, ficam com as penas cobertas pelo petróleo e, desse modo, não conseguem voar ou manter a temperatura de seu corpo; os pescadores que sobrevivem da pesca são prejudicados pelo fato de os peixes estarem contaminados, não podendo ser comercializados. Sem contar que o óleo derramado pode chegar até as praias ou mangues e continuar contaminando os demais seres que ali vivem. É uma situação prejudicial em todos os sentidos, principalmente porque esse óleo pode permanecer na região por um grande período de tempo. O ideal é prevenir esse tipo de acidente, mas, caso ocorra, é essencial termos conhecimento para separar corretamente a mistura gerada sem agredir ainda mais o meio ambiente.

↑ Poluição causada por descarte irregular de lixo. Praia da Ilha do Fundão (RJ), 2016.

↑ Os derramamentos de óleo em áreas ambientais afetam diversos organismos como aves e peixes.

## Como o óleo derramado no mar é retirado?

Em 20 de abril de 2010, uma explosão em uma plataforma de perfuração derramou enorme quantidade de óleo nas águas do Golfo do México. A mancha chegou a cobrir milhares de quilômetros quadrados do oceano.

O espalhamento da mancha de óleo é um dos maiores problemas nesse tipo de acidente. Dependendo das correntes marítimas, a extensão da mancha pode atingir vários quilômetros. Uma forma de contenção é a utilização de boias, que são empregadas para controlar a expansão da mancha de óleo.

Elas flutuam na superfície do oceano e se estendem até a água abaixo do nível do óleo. São feitas de material flutuante, e cercam a mancha de óleo impedindo que se espalhe ainda mais. Assim, o método de limpeza mais apropriado pode ser utilizado.

Um método possível é a limpeza por **biodegradação**, feita por microrganismos do próprio oceano, que quebram as moléculas do óleo para uso como nutriente. Entretanto, esse processo pode levar muitos anos e, consequentemente, atrasaria a recuperação ambiental do local afetado.

Outra forma de limpeza é com o uso de **dispersantes** de óleo, que podem ser pulverizados sobre a mancha por helicópteros, aviões ou barcos. Esses dispersantes contêm substâncias que podem quebrar o óleo em partículas menores, de modo semelhante ao detergente usado na cozinha para remover a gordura na lavagem da louça. Esse processo facilita e acelera a biodegradação do óleo, pois as gotículas menores são mais facilmente decompostas por bactérias, algas e outros decompositores.

Também podem ser adicionados **bioestimulantes** ao oceano, próximos à mancha de óleo. São produtos químicos, como fertilizantes, que aumentam o número de microrganismos no oceano e, assim, aceleram a taxa de biodegradação do petróleo.

↑ Boias usadas em barreiras de contenção. Michigan (EUA), 2016.

Como o óleo é inflamável, mas a água não, ele pode ser removido pela sua queima na superfície do mar. O óleo é inflamado com uma tocha, que é baixada até a superfície da mancha por um helicóptero. No entanto, o óleo que fica na superfície da água por um tempo fica deteriorado e é mais difícil de inflamar. Além disso, se um derramamento se espalhou muito, a camada de óleo pode ter se tornado muito fina para pegar fogo. A fumaça produzida pela queima do óleo pode fazer com que poluentes e toxinas se espalhem pelo ar em nuvens de fumaça e cobrir vários quilômetros, prejudicando a saúde dos seres vivos atingidos.

Há, ainda, equipamentos chamados *skimmers*, conhecidos no Brasil como **escumadeiras de petróleo**, que são arrastados por barcos próximos à mancha de óleo e recolhem as substâncias da superfície da água, coletando o óleo para armazená-lo em tanques a bordo dos barcos.

Infelizmente, não é apenas óleo que é derramado nos mares e oceanos constantemente. Muito lixo e outras substâncias tóxicas são despejados, o que aumenta a poluição. Pouco a pouco, a vida marinha sente os efeitos negativos dessa mistura perigosa e que ameaça a vida.

Temos de ter consciência não apenas para sabermos como separá-las, mas sobretudo para evitar a formação de misturas que prejudicam e destroem os recursos de nosso planeta.

1. Pesquise informações sobre derramamentos de petróleo que já aconteceram no Brasil e no mundo. Descreva onde ocorreram e quais foram as consequências ambientais desses acidentes. Como a sociedade pode contribuir para evitar que eles aconteçam?

2. Você conhece alguém que testemunhou um desastre ambiental? Como você e sua escola podem alertar a comunidade sobre a importância da separação correta dos materiais e como isso pode salvar o meio ambiente?

3. Escolha um método de separação de substâncias para demonstrar às pessoas de sua comunidade como os efeitos dos derramamentos de óleo nas águas poderiam ser minimizados. Descreva como você faria a limpeza das águas utilizando este método.

## CONSTRUIR UM MUNDO MELHOR

# Separação e reciclagem de óleo de cozinha e outros materiais

O óleo de cozinha usado é um dos produtos domésticos mais danosos ao meio ambiente. Só para se ter uma ideia do seu potencial poluente, alguns estudos sugerem que o descarte incorreto de um litro de óleo de cozinha pode contaminar até um milhão de litros de água.

Ao atingir o solo, o óleo facilita a sua impermeabilização, fazendo com que ele não absorva tanto a água das chuvas e, consequentemente, as enchentes sejam mais frequentes. Os efeitos negativos também se estendem para a atmosfera, pois, quando o óleo de cozinha usado se decompõe, ocorre a emissão de metano, um gás que também causa o efeito estufa.

[...]

Disponível em: <http://www.bibliotecavirtual.sp.gov.br/temas/meio-ambiente/reciclagem-oleo-de-cozinha.php>. Acesso em: 5 abr. 2019.

↑ O óleo de cozinha é utilizado em nosso cotidiano no preparo de alimentos e para temperar saladas.

[...]

O óleo de cozinha usado, por ser um excelente subproduto, pode receber uma destinação mais nobre de reaproveitamento e/ou reciclagem por parte de algumas empresas e pessoas, produzindo bens de valor, gerando renda e minimizando os impactos adversos ao meio ambiente.

As seguintes tecnologias e processos industriais são utilizados para o reaproveitamento/reciclagem do óleo de cozinha usado: fabricação de sabão e detergentes, incorporação do óleo no processo da fabricação de ração animal, lubrificante para as formas de fabricação de tijolos de plástico, fabricação de biodiesel, utilização na fabricação de resina para colas e tintas industriais, amaciante de couro, indústria de cosméticos ou outros produtos a base de óleo vegetal.

[...]

### Aplicação do óleo de cozinha na fabricação de biodiesel

A transformação de óleo de cozinha usado em biodiesel traz significativas melhorias ambientais. Inicialmente o subproduto que seria descartado no meio ambiente recebe uma nova utilização, deixando de ser disposto indevidamente.

↑ Após o consumo, o óleo deve ser armazenado em garrafas PET (politereftalato de etileno).

As imagens desta página não estão representadas na mesma proporção.

Dessa forma, ocorre a redução do consumo de combustíveis fósseis (óleo diesel) produzidos de petróleo (muito mais poluente), além de incentivar o uso de combustíveis renováveis e a economia do país. [...]

Para a fabricação do biodiesel é necessário um investimento em uma indústria de purificação e transformação. O biodiesel é um combustível biodegradável, derivado de fontes renováveis (óleo vegetal ou gordura animal), que pode ser obtido por diferentes processos como o craqueamento [...].

[...]

As imagens desta página não estão representadas na mesma proporção.

↑ O óleo usado deve ser descartado em postos de coleta que o encaminham para reciclagem.

↑ Sabão produzido com óleo reciclado.

### Coleta seletiva

O lixo é responsável por um dos mais graves problemas ambientais de nosso tempo. Seu volume aumenta nos grandes centros urbanos, atingindo quantidades impressionantes. As cidades vem crescendo e os produtos industrializados passaram a fazer parte do nosso cotidiano. Com isso, são geradas quantidades imensuráveis de embalagens, sacos plásticos, caixas, isopor, sacolas, latas, garrafas e muitos outros materiais que demoram muito para se decompor.

Cada brasileiro gera, em média, ½ kg de lixo por dia (dependendo da região e do poder aquisitivo pode chegar a 1 kg). Além da extinção de recursos naturais, essa realidade faz com que os locais para disposição de todo esse material sejam esgotados rapidamente, exigindo iniciativas urgentes para redução da quantidade enviada para os aterros sanitários ou lixões.

A implantação da coleta seletiva de lixo é uma das soluções para reduzir o problema do lixo.

Breno Machado Gomes Oliveira; Breno Resende Sommerlatte. *Plano de gerenciamento integrado do resíduo óleo de cozinha*. Belo Horizonte: Fundação Estadual do Meio Ambiente, 2008. Disponível em: <www.projetoreciclar.ufv.br/docs/cartilha/pgi_oleo_cozinha.pdf>. Acesso em: 5 abr. 2019.

## O que fazer?

Organizar uma campanha para conscientizar alunos, professores e pessoas da comunidade sobre a importância e os benefícios relacionados à reciclagem e ao reaproveitamento de materiais, como o óleo de cozinha.

## Como fazer?

- Com auxílio do professor, identifique locais para entrega de materiais recicláveis e quais materiais eles recebem (papel, papelão, vidro, latas de alumínio).
- Descubra as ações realizadas em seu município relacionadas à coleta e ao reaproveitamento do óleo de cozinha.
- Pesquise informações sobre como o óleo de cozinha deve ser coletado e armazenado para poder ser reaproveitado na produção de sabão.
- Busque os pontos de coleta próximos ao entorno da escola; caso não existam, verifique possíveis locais que poderiam coletá-los, por exemplo: padarias e supermercados.
- Verifique se sua escola pode contribuir para esta ação atuando como ponto de divulgação e informação.
- Combine com ONGs ou empresas uma data quinzenal para entregar os materiais coletados.

## Apresentando o que foi feito

1. Em grupos, elaborem cartazes ou panfletos informando sobre a campanha. Com a ajuda do professor de informática, criem imagens divertidas que incentivem a participação de todos e possam ser divulgadas em redes sociais ou aplicativos de mensagens de *smartphones*.
2. Ao final da campanha, elaborem um relatório sobre a quantidade de material que foi reciclada e os impactos positivos do projeto. Apresentem o relatório para a comunidade.

## CIÊNCIA, TECNOLOGIA E SOCIEDADE

# Os bastidores dos exames de sangue

Quando consultamos um médico para sabermos o estado de nossa saúde, ele geralmente nos pede um exame de sangue. Esse exame fornece informações importantíssimas sobre nossa condição de saúde, se estamos nos alimentando bem, se temos alguma doença e se precisamos iniciar algum tipo de tratamento.

Cerca de 70% das decisões médicas são baseadas em resultados de exames diagnósticos, incluindo os de sangue. Pode parecer simples um exame desse tipo, mas o processo é bastante complexo e necessita de equipamentos especializados. Para que seja analisado, o sangue deve ser coletado por agentes de saúde e armazenado em pequenos tubos em local adequado. Em seguida, ele é centrifugado rapidamente, processo que separa as células sanguíneas da porção líquida, e obtém-se, então, uma amostra de soro ou plasma.

Foram desenvolvidos equipamentos para fazer a centrifugação do sangue, máquinas que comportam de seis a oito tubos contendo o sangue a ser analisado. Elas são capazes de girar os tubos a grandes velocidades, chegando a 60 000 RPM (rotações por minuto). A intensa força gerada durante a rotação dos tubos faz com que todos os componentes sólidos do sangue se depositem na parte de baixo, enquanto a parte líquida permanece na parte superior.

Essa técnica separa as principais partes que compõem o sangue, como as hemácias (glóbulos vermelhos) e as plaquetas (parte sólida do sangue) do plasma (parte líquida do sangue).

↑ Frasco com amostra de sangue.

← Sangue coletado e centrifugado.

1. Forme um grupo com alguns colegas e respondam às questões.
   a) Vocês já realizaram um exame médico?
   b) Qual é a importância do exame de sangue?
   c) O exame de sangue também é utilizado antes de doações de sangue. Por que esse procedimento é importante? Vocês acham importante doar sangue?

2. O sangue pode ser separado em diversos outros materiais e acaba servindo para muitos pacientes em inúmeras situações nas quais é extremamente importante. É um produto que não pode ser comprado e depende da doação solidária das pessoas. Pesquisem situações em que o sangue ou materiais extraídos dele ajudam no tratamento de saúde das pessoas.

# ATIVIDADES

As imagens desta página não estão representadas na mesma proporção.

## SISTEMATIZAR

1. Proponha o método de separação mais adequado para as misturas abaixo.
   a) água e óleo
   b) sal e água
   c) areia, limalha de ferro e água
   d) cascas secas e folhagens de amendoim.
   e) camisetas encharcadas de água

2. Relembre atividades costumeiras que você ou pessoas de sua casa realizam e que envolvem separação de objetos ou materiais. Escreva uma lista no caderno. Depois, identifique quais, entre os itens separados, estavam constituindo uma mistura.

3. Ao estender as roupas no varal e aguardar que elas sequem naturalmente, uma pessoa utiliza qual processo de separação de misturas?
   a) filtração
   b) decantação
   c) destilação
   d) evaporação

## REFLETIR

1. Observe o esquema a seguir. Ele representa os passos de um processo de separação de mistura, em que, após determinadas etapas, os materiais iniciais foram totalmente recuperados.

limalha de ferro + água + grãos de feijão + areia

Agora, observe a ordem das etapas da separação.

Etapa 1
limalha de ferro — grãos de feijão — areia

Etapa 2
limalha de ferro — areia

Etapa 3
areia

a) Qual o nome do método de separação de misturas utilizado em cada processo? Descreva como foi possível utilizá-lo em cada processo.

## DESAFIO

1. Pesquisadores utilizam vários métodos para conhecer a composição dos solos. Uma das características que verificam é a presença ou não de minerais ferromagnéticos.

   a) Forme uma dupla ou um grupo e pesquisem qual método de separação os pesquisadores podem utilizar em campo para verificar a presença de minerais ferromagnéticos.

   b) Como deve ser cada etapa do processo de separação até chegar aos minerais ferromagnéticos?

   c) Que tal testar o solo de sua casa ou da escola? Será que há partículas de ferro na composição do solo do jardim ou de outro local próximo?

Coletem amostras de solo e façam o experimento. Em seguida, compartilhem o resultado com a turma.

# FIQUE POR DENTRO

## ♻ RECICLAR É ESSENCIAL

Muitos materiais como papel, plástico, vidro, alumínio e aço podem ser reciclados e transformados em novos produtos.

A reciclagem diminui a quantidade de resíduos nos aterros sanitários e preserva recursos naturais preciosos, como árvores e matas nativas, porque reduz o uso de novas matérias-primas pelas indústrias na fabricação de produtos. Além disso, muitos processos de fabricação poluem o meio ambiente.

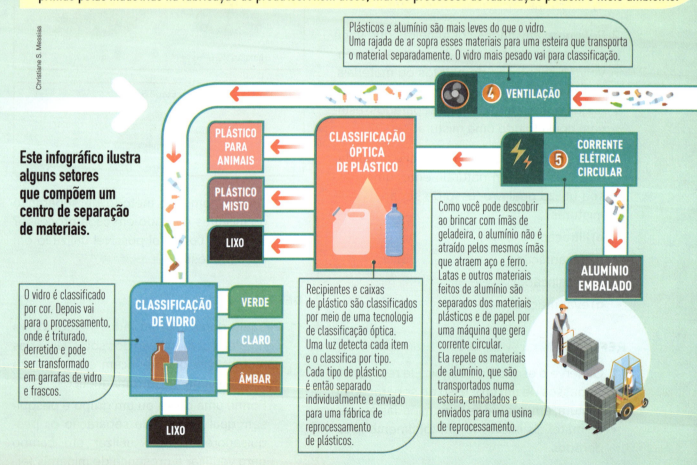

Este infográfico ilustra alguns setores que compõem um centro de separação de materiais.

Plásticos e alumínio são mais leves do que o vidro. Uma rajada de ar sopra esses materiais para uma esteira que transporta o material separadamente. O vidro mais pesado vai para classificação.

**4 VENTILAÇÃO**

**5 CORRENTE ELÉTRICA CIRCULAR**

Como você pode descobrir ao brincar com ímãs de geladeira, o alumínio não é atraído pelos mesmos ímãs que atraem aço e ferro. Latas e outros materiais feitos de alumínio são separados dos materiais plásticos e de papel por uma máquina que gera corrente circular. Ela repele os materiais de alumínio, que são transportados numa esteira, embalados e enviados para uma usina de reprocessamento.

**ALUMÍNIO EMBALADO**

Recipientes e caixas de plástico são classificados por meio de uma tecnologia de classificação óptica. Uma luz detecta cada item e o classifica por tipo. Cada tipo de plástico é então separado individualmente e enviado para uma fábrica de reprocessamento de plásticos.

**CLASSIFICAÇÃO ÓPTICA DE PLÁSTICO**
- PLÁSTICO PARA ANIMAIS
- PLÁSTICO MISTO
- LIXO

**CLASSIFICAÇÃO DE VIDRO**
- VERDE
- CLARO
- ÂMBAR
- LIXO

O vidro é classificado por cor. Depois vai para o processamento, onde é triturado, derretido e pode ser transformado em garrafas de vidro e frascos.

Christiane S. Messias

### COMO RECICLAR LATAS E GARRAFAS PODE AJUDAR A ECONOMIZAR ÓLEO, CARVÃO E GÁS?

A reciclagem diminui a quantidade de matéria-prima retirada da natureza para a confecção de novos produtos. Além disso, reduz a necessidade de se utilizar combustíveis fósseis, que geram energia para os equipamentos de extração e processamento dos materiais para a produção de novas latas e garrafas.

A mesma quantidade de energia para produção de 20 latas de alumínio reciclado serve para produzir apenas uma lata nova.

### SEPARANDO A OLHO NU

O lixo doméstico é geralmente uma mistura de restos de alimentos, dejetos humanos, papéis, embalagens de plástico, vidros e metais. Para facilitar o processo de reciclagem, podemos separar em casa os materiais recicláveis. Isto pode ser facilmente feito à mão, isto é, separando os materiais a olho nu.

Com pouca quantidade de lixo é fácil fazer essa separação dos materiais recicláveis. Mas como se faz para separar a imensa quantidade de lixo gerado em uma cidade?

A separação inicial é feita em centros de triagem. Nesses locais são aplicados diversos métodos de separação com o objetivo de resgatar a maior quantidade de objetos a ser reciclada. Depois de separado, cada material é embalado e destinado às empresas especializadas.

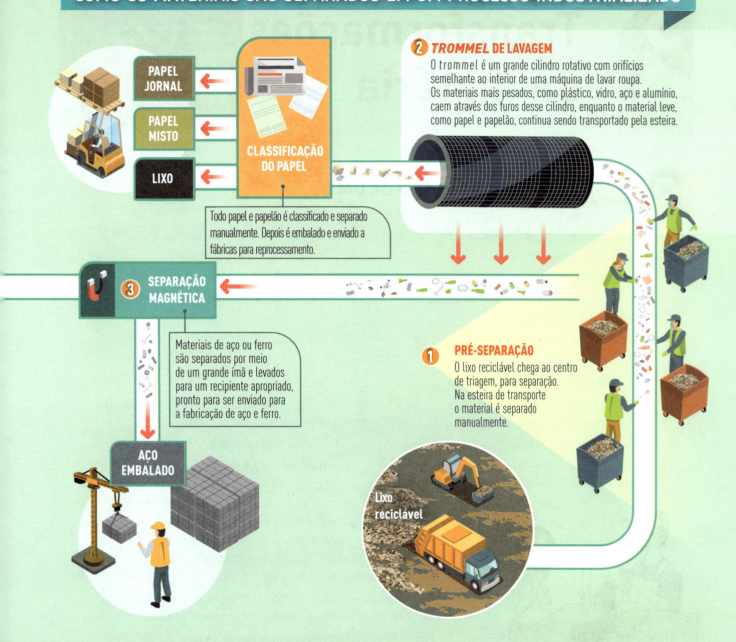

1. Observe todos os objetos que estão dentro da sala de aula. Você consegue determinar três matérias-primas utilizadas e quais são as formas de obtenção de cada uma delas?

2. Qual é a importância dos coletores de materiais reciclados no processo de reciclagem?

3. Pesquise em sua cidade onde estão localizados os centros de separação de materiais. Além disso, informe-se como é feito o processo de separação de materiais em sua casa e na escola.

CAPÍTULO

# Transformações da matéria

No capítulo anterior, você estudou tipos de misturas e como separar os materiais combinados. Neste capítulo, você vai estudar as transformações físicas e químicas da matéria.

 **EXPLORANDO** O PREPARO DE UM BOLO

Carla acordou faminta depois de uma boa noite de sono, correu em direção à cozinha onde sua avó cantarolava e disse:

— Vovó, sonhei que a senhora havia feito um enorme bolo de chocolate só para mim.

Foi até o armário onde sua avó guarda os livros de receita e voltou apontando empolgada para uma fotografia na capa:

— Igualzinho a este, vovó!

A avó de Carla sorriu e disse:

— Sente-se aqui, minha neta. Vamos fazer esse bolo juntas?

Avó e neta pegaram os ingredientes de acordo com a receita e separaram uma fôrma para bolos do mesmo jeitinho da fotografia que Carla mostrou no livro de receitas.

Subitamente, Carla desceu da cadeira e, com uma carinha de decepção, disse:

— Vovó, eu acho que a senhora não pegou os ingredientes corretos para a receita. Veja: a manteiga é amarela, o leite, a farinha, o fermento e o açúcar são brancos, os ovos também são amarelados e o pó de chocolate que a senhora pegou não tem a mesma cor nem o mesmo cheiro do bolo, como eu gostaria. Aliás, nenhum dos ingredientes lembra o sabor, a cor, o cheiro, nem se parece com o apetitoso bolo de chocolate desta capa. Huumm, eu acho que não vai dar certo!

A avó passou a mão carinhosamente sobre a cabeça de Carla e, com um sorriso no rosto e uma piscadela, disse:

— Fique tranquila, minha neta. Com essa mistura de ingredientes, no final tudo se transforma! Você verá que dará certo!

**Agora é sua vez.**

1. Por que Carla se decepcionou ao notar que os ingredientes não tinham a mesma aparência, cor, o mesmo sabor ou cheiro do bolo que desejava?

2. Que motivos levaram a avó de Carla a afirmar que, no final, tudo daria certo?

3. As características de cada ingrediente envolvido na mistura para fazer o bolo podem se alterar e dar origem a uma nova mistura com propriedades diferentes?

# As transformações

Como é gostoso sentir aquele cheirinho de bolo no ar ou de uma torta de banana caramelizada, antes mesmo de entrar na cozinha! Mas como será que esses doces são preparados? Antes da preparação, será que os materiais utilizados tinham o mesmo cheiro, cor e gosto que têm o bolo e a torta? A resposta é não! Ao fazer a torta, por exemplo, a banana, a farinha de trigo, o leite, o fermento, a manteiga e os demais ingredientes separados não têm o mesmo cheiro, cor e gosto da torta pronta. O que ocorre, afinal?

↑ Bolo assado.

↑ Chocolate derretido.

Ao misturarmos os ingredientes, ocorrem **transformações** físicas e químicas na mistura. Por exemplo, quando misturamos os ingredientes da torta de banana numa tigela, eles ficam com uma aparência pálida, grudenta e com um cheiro indescritível. Entretanto, depois de colocados no forno aquecido, inicia-se o processo de fermentação na massa da torta, causando o aumento de seu volume e o surgimento de novas substâncias que originalmente não estavam na mistura.

↑ Etapas de preparação de uma torta de banana.

Você já deve ter visto um cozinheiro deixar a massa do pão coberta e descansando para crescer. Pois é nesse momento que as transformações físicas e químicas começam a ocorrer na mistura da massa. E, depois, no forno aquecido, as transformações químicas continuam acontecendo.

Convivemos diariamente com inúmeras transformações, como o leite que vira iogurte, a madeira que vira carvão e o papel que vira cinza ao ser queimado, a areia que se transforma em vidro, a farinha que vira tapioca e a uva que vira vinho ou vinagre. O processo pode ser químico, quando envolve a transformação em um novo material com propriedades diferentes das iniciais (como cheiro, cor e gosto), ou físico, quando o material continua o mesmo, alterando-se apenas sua forma e aparência, por exemplo.

Um copo de vidro e um giz de escrever na lousa, quando quebrados, são exemplos de transformações físicas. Já na fabricação do bolo ocorre uma transformação química, porque, após o aquecimento, os diversos ingredientes – farinha, ovos, leite e fermento – resultam numa massa cozida e com consistência macia por causa das reações químicas que ocorreram.

↑ Após transformações, a massa de pão aumenta de volume.

↑ Queima de papel.

35

## Transformações físicas

Ocorrem quando os materiais permanecem os mesmos, sofrendo alteração somente no tamanho, na posição ou quando são particionados. Por exemplo: a madeira que se transforma em mesa, devido ao trabalho de marcenaria; as mudanças de estado físico da água; um papel rasgado; um vaso que se quebrou.

↑ Exemplos de transformações físicas.

## Transformações químicas

Ocorrem sempre quando surgem novas substâncias. Podemos citar como evidências de transformações químicas as alterações no cheiro ou na cor das substâncias, a liberação de gases, o desaparecimento de substâncias iniciais e a formação de chama. Exemplos de transformações químicas: a queima de um papel, o surgimento de ferrugem, a queima do palito de fósforo, a produção de uma *pizza* e a fotossíntese das plantas.

Ao misturar os ingredientes de um bolo formamos sua massa, que levamos ao forno. Após assado, percebemos claramente que seu cheiro, cor, aspecto, textura, tamanho e gosto ficam muito diferentes do que estavam início do processo.

Etapas de um bolo assando no forno.

36

## CIÊNCIA, TECNOLOGIA E SOCIEDADE

# Como funciona um remédio efervescente?

As imagens desta página não estão representadas na mesma proporção.

Você certamente já viu alguém em sua casa colocar um comprimido dentro de um copo com água e, de repente... bolhas. Em poucos segundos, o comprimido some completamente e a água passa a ter uma cor, um cheiro e um gosto diferentes. E bolhas!

Sempre que ocorre a liberação de um gás numa solução líquida, chamamos isso de efervescência. Esse efeito pode ser evidenciado pela formação das famosas bolhas, que podem se assemelhar a uma espécie de espuma, de modo semelhante ao que ocorre quando se aplica água oxigenada em ferimentos. As bolhas resultam do contato do remédio com a água, o que gera reações químicas. A efervescência é, portanto, um sinal de que se deu uma transformação química, ou seja, novas substâncias foram produzidas.

↑ Comprimido efervescente de bicarbonato de sódio.

A liberação do gás agita o líquido e o remédio é dissolvido instantaneamente. A maior vantagem desse tipo de medicamento é que ele é absorvido mais rapidamente por nosso organismo. Acaba sendo uma alternativa para quem não consegue engolir comprimidos, cápsulas ou **drágeas**. É por isso que a indústria tem investido em versões efervescentes de produtos que existem em outros formatos, como a aspirina e a vitamina C. Além disso, é possível adicionar aromatizantes e corantes artificiais aos medicamentos que, quando dissolvidos em água, resultam num líquido com sabor agradável.

comprimido   cápsula   drágea

↑ Exemplo de comprimido, cápsula e drágea.

Diferentemente do que ocorre com os refrigerantes, cujo gás está dissolvido na água, no comprimido efervescente o gás é resultado da reação da água com os conteúdos do remédio. Quando termina de borbulhar é sinal que a reação está completa e o remédio pode ser consumido.

**GLOSSÁRIO**

**Drágea:** similar ao comprimido. A diferença está na sua película externa, que impede que seus compostos se degradem. Essa película pode ser formada por açúcares, gelatina endurecida e corantes, para mascarar o sabor e o odor do medicamento.

Reúnam-se em grupos e discutam as questões a seguir:

1. Por que os refrigerantes são classificados como misturas e os remédios efervescentes como transformações químicas?

2. Por que os remédios efervescentes são uma alternativa para quem não pode engolir outros tipos de medicamentos?

3. Qual é a importância de evitar o consumo em excesso de medicamentos?

4. Em grupos de quatro alunos, reflitam sobre os motivos pelos quais pode haver aumento no consumo de comprimidos efervescentes. Pesquisem o assunto e elaborem um roteiro de propaganda televisiva para o combate à automedicação.

37

# Decomposição da matéria

Como vimos anteriormente, as transformações químicas da matéria ocorrem apenas quando novas substâncias são geradas. Isso pode acontecer por alguma ação do ser humano ou naturalmente, por exemplo, na **decomposição da matéria**.

A decomposição se verifica quando microrganismos, que estão por todos os cantos da natureza, encontram nutrientes na matéria para se alimentarem. Vimos em capítulo anterior que o fermento natural utilizado na produção de massas (bolos, pães, *pizza* etc.) contém microrganismos que iniciam o processo de fermentação e que gases e álcool são liberados durante seu processo de alimentação. Os microrganismos quebram as moléculas da matéria, o que faz com que surjam outras substâncias, podendo transformar matéria orgânica em minerais. Assim, o ecossistema permanece em constante reciclagem.

↑ Alimento em decomposição.

Os compostos que são capazes de passar pelo processo de decomposição são chamados de biodegradáveis; já os demais são conhecidos como não biodegradáveis. O processo é complexo, mas tem início quando as células dos tecidos dos organismos mortos entram em falência. Em seguida, animais que se alimentam de carcaças comem as partes maiores, que compõem sua dieta. O que não foi consumido passa a ser decomposto por diversos fungos e bactérias. As partes internas das carcaças, onde não há oxigênio livre, são consumidas por bactérias conhecidas como anaeróbicas, iniciando o estágio de putrefação (apodrecimento).

A parte final do processo de decomposição é marcada pela presença das bactérias mineralizantes, que recebem esse nome por decompor todas as moléculas liberadas nas etapas anteriores do processo em água, dióxido de carbono e sais minerais.

A decomposição é uma das mais importantes transformações da matéria, pois possibilita que substâncias presentes em materiais biodegradáveis voltem ao ecossistema e possam ser reaproveitadas constantemente, contribuindo para o equilíbrio da natureza e para a manutenção ecológica do meio ambiente. Além de fungos e bactérias, também participam desse processo animais maiores, como insetos (moscas, escaravelhos, gafanhotos) e minhocas, lesmas e vermes. Imagine se um animal morto ou o lixo que amontoamos nunca fossem decompostos? Toda matéria consumida e perdida estaria impossibilitada de ser reaproveitada, fazendo com que nosso planeta se tornasse um eterno depósito de seres mortos.

↑ Fóssil de peixe em rocha.

O húmus é um fertilizante natural que resulta desse processo de decomposição, ou seja, é formado dos restos de animais e vegetais mortos e decompostos naturalmente. Esse fertilizante natural contribui para tornar a terra um local com melhor qualidade para o plantio, pois fornece nutrientes ao solo.

**POSSO PERGUNTAR?**

Se toda a matéria decomposta volta à natureza, por que ouvimos dizer que alguns materiais estão acabando?

# ATIVIDADES

## SISTEMATIZAR

**1.** Cite três exemplos de transformações físicas.

**2.** Cite três exemplos de transformações químicas.

**3.** Escreva em seu caderno quais fenômenos ou ações abaixo envolvem transformações químicas.

a) fusão do gelo
b) cozimento da batata
c) queima de papel
d) evaporação do álcool
e) carne assada
f) digestão dos alimentos
g) combustão da gasolina
h) vaso quebrado
i) fruta amadurecendo
j) espuma do xampu

## REFLETIR

**1.** Rochas degradadas, plantas e animais decompostos, entre vários tipos de minerais, podem originar, ao longo de muitos anos, o solo presente no quintal de uma casa ou em um parque, por exemplo. Esse solo, quando molhado, dá origem à lama.

a) Que materiais geralmente formam a lama?
b) A lama é o resultado de uma transformação química? Justifique.

**2.** Os alimentos que comemos todos os dias sofrem transformações químicas ou físicas durante a digestão?

**3.** Quando estamos com desconforto devido à má digestão, alguém pode preparar um remédio efervescente com água para aliviar os sintomas. Comparando a situação inicial e final do remédio, podemos afirmar que ocorreu transformação química? Justifique.

**4.** Um alimento que está em processo de decomposição poderia voltar a sua forma original? Justifique sua resposta.

## DESAFIO

**1.** Ao levantar-se para ir ao banheiro, Marcos percebeu que seu pai estava se barbeando: ele colocou um líquido em um recipiente, mexeu com o pincel de barbear e aplicou a espuma sobre o rosto. Mais tarde, no quintal, Marcos viu seu irmão colocar sabão líquido em um balde com água, mexer a mistura com a vassoura e usá-la para lavar o tapete. Em ambos os casos, Marcos observou o surgimento de espuma quando os líquidos foram mexidos para serem usados em tarefas de higiene e limpeza. Forme dupla com um colega e respondam às questões.

a) Ocorreu transformação química em algum dos eventos observados por Marcos? Justifique sua resposta.
b) Elabore hipóteses que expliquem o surgimento de bolhas e de espuma depois que as misturas foram mexidas.
c) Você consegue descrever outros eventos ou fenômenos que geram bolhas ou espuma após ocorrerem transformações químicas?

# PANORAMA

**FAÇA AS ATIVIDADES A SEGUIR E REVEJA O QUE VOCÊ APRENDEU.**

Neste tema, você aprendeu que muitos materiais encontrados na natureza ou produzidos pelo ser humano são formados por misturas de substâncias. Viu que podemos separar os componentes de uma mistura por meio de diversas técnicas, como catação, filtração, destilação simples, evaporação, ventilação, decantação, centrifugação e separação magnética.

A escolha do método de separação mais adequado depende do estado físico dos componentes da mistura e do tipo de mistura (homogênea ou heterogênea).

Você também estudou as transformações por que passam a matéria, que podem ser classificadas em transformações físicas – quando não há formação de novas substâncias, apenas modificações no formato, estado físico etc. – e transformações químicas – quando novas substâncias são formadas.

1. Construa no caderno uma tabela com duas colunas, uma para substâncias e outra para misturas (heterogêneas ou homogêneas). Em cada coluna distribua apropriadamente os seguintes materiais:

   > suco de laranja; água destilada; ouro; ar; sangue; leite; areia da praia; prego de aço; prata; farofa; borracha; água com gelo; refrigerante.

2. Elabore no caderno uma tabela classificando as misturas a seguir em heterogêneas ou homogêneas:

   > café preto coado; queijo; refrigerante; feijoada; caixa de lápis de cor; fita adesiva; cola; jardim de flores; óleo de máquina; saliva; aliança de ouro e prata; garfo de aço; tinta de parede; algodão; osso; salada de frutas; tapioca; medicamento; gasolina.

3. Você foi chamado para ajudar a cozinhar em casa. Pediram que adicionasse açúcar numa panela com água que estava no fogão e que continuasse mexendo a mistura sem parar. Pediram para adicionar mais 5 colheres de açúcar e continuar mexendo. Em seguida, você adicionou mais 10 colheres de açúcar e continuou mexendo. Depois de 20 minutos, percebeu que começou a se formar uma calda grossa no fundo da panela. Mais 10 minutos mexendo a mistura, você notou que a calda ficou muito grossa. Deixou, então, a mistura descansando por 5 minutos fora do fogo. Quando voltou, ela estava totalmente endurecida. Reflita:

   a) No início do aquecimento, quando ainda havia água com a calda, qual era o tipo de mistura? Houve transformações das substâncias durante o aquecimento?

   b) Por que antes de endurecer a calda grossa ficou no fundo da panela? Explique descrevendo qual processo de separação pode ter ocorrido com a mistura.

4. Na embalagem de uma bebida de achocolatado está escrito: "Bebida pura, sem mistura de outras substâncias".

   Por que essa afirmação é incorreta?

5. Veja abaixo a descrição de três processos de separação.

   > A → Consiste em utilizar uma barreira física para separar as substâncias que passam de um recipiente a outro.
   >
   > B → Consiste em utilizar a ventilação para separar objetos sólidos leves dos mais pesados.
   >
   > C → Consiste em deixar a substância mais pesada da mistura descer e ficar no fundo, enquanto a mais leve sobe para a superfície naturalmente.

Transcreva em seu caderno a alternativa que apresenta os processos de separação A, B e C, respectivamente:

a) destilação, centrifugação e filtração.

b) filtração, ventilação e decantação.

c) separação magnética, destilação e filtragem.

d) evaporação, decantação e destilação.

6. A equipe que faz a coleta seletiva de materiais no nosso bairro realiza qual tipo de separação de misturas? E quais métodos de separação são utilizados pelas máquinas nos centros de triagem de material reciclável?

7. Um explorador perdido na Floresta Amazônica está com sede, encontra um riacho e grita: "Encontrei água pura!". Reflita:

a) A afirmação do explorador referente à água que encontrou está correta? Explique sua resposta.

b) O que ele pode fazer para consumir essa água sem problemas para a saúde?

8. Dentre os muitos métodos de separação, pesquise alguns e faça a associação correta entre as colunas (escreva em seu caderno os números e as letras correspondentes). Relacione a(s) técnica(s) que deve(m) ser empregada(s) para separar todos os componentes de cada mistura.

| Coluna I | Coluna II |
| --- | --- |
| (1) óleo + água | a) evaporação |
| (2) álcool + água | b) catação |
| (3) sal + água | c) destilação simples |
| (4) limalha de ferro + areia | d) decantação |
| (5) óleo + água + sal | e) destilação fracionada |
| (6) células do sangue | f) decantação e destilação |
| (7) feijão + pedriscos + talos secos + grãos impróprios para consumo | g) centrifugação |
| (8) gasolina + querosene + gás | h) separação magnética |

9. Transcreva em seu caderno as alternativas que correspondem a situações em que ocorrem transformações químicas:

a) amassamento de papel;

b) fotossíntese realizada pelas plantas;

c) quebra de um copo de vidro;

d) fervura da água;

e) dissolução do açúcar em água;

f) alimento decompondo-se no lixo;

g) congelamento da água;

h) queima do carvão;

i) produção de queijo.

## DICAS

### ▶ ASSISTA

**Home:** *o mundo é a nossa casa*, França, 2009. Direção: Yann Arthus-Bertrand, 120 min. Documentário que mostra a Terra vista de cima e como a humanidade está ameaçando o equilíbrio ecológico.

**Wall-E**, EUA, 2008. Direção: Andrew Stanton, 98 min. Com a Terra transformada em um grande depósito de lixo, vemos nesta animação um robô separador de lixo em uma jornada que mudará o destino do planeta.

### 📖 LEIA

**Ilha de lixo no Pacífico.** Reportagem da *Revista Galileu* que mostra o impacto gerado pelo lixo jogado no mar, ressaltando a importância da reciclagem. Disponível em: <https://revistagalileu.globo.com/Ciencia/Meio-Ambiente/noticia/2018/03/ilha-de-lixo-no-oceano-pacifico-e-16-vezes-maior-do-que-se-imaginava.html>. Acesso em: 5 abr. 2019.

**Impactos da ação humana no meio ambiente**, de Lívia Machado (*Estado de Minas*). O artigo comenta algumas situações de desequilíbrio ecológico causadas pelo tráfico de animais silvestres e as atividades de extração mineral. Disponível em: <https://www.em.com.br/app/noticia/especiais/educacao/enem/2016/06/07/noticia-especial-enem,770256/impactos-da-acao-humana-no-meio-ambiente.shtml>. Acesso em: 5 abr. 2019.

**Que mistura: as histórias curiosas da química**, de Rafael Kenski (*Superinteressante*). Artigo que mostra como descobrimos algumas substâncias, como funcionam e como podemos usá-las melhor. Disponível em <https://super.abril.com.br/ciencia/que-mistura-as-historias-curiosas-da-quimica/>. Acesso em: 5 abr. 2019.

### 📍 VISITE

**Ecotudo**. A cidade de Votuporanga (SP) tem três centrais de triagem de resíduos sólidos que recebem restos de podas, materiais recicláveis, móveis, pneus, restos de construção civil, óleo de cozinha e outros materiais. Para mais informações: Ecotudo Norte (17 3405-9195), Ecotudo Sul (17 3422-2854) e Ecotudo Oeste (17 3405-9195).

↑ Antiga farmácia do Hospital Saint John, como era no século XI. O hospital está localizado em Bruges, na Bélgica. A fotografia foi tirada em 14 de maio de 2006.

# TEMA 2

## Produtos e materiais

### NESTE TEMA
**VOCÊ VAI ESTUDAR:**

- de que modo é obtida a matéria-prima dos produtos, seus diferentes tipos e propriedades;
- os conceitos de bens e serviços e as transformações da matéria-prima para a produção dos objetos ao nosso redor;
- o uso cotidiano de materiais sintéticos, seus benefícios, os impactos socioambientais que causam e sua relação com o desenvolvimento científico e tecnológico.

1. Qual é o local mostrado na fotografia? Você já visitou um local como esse?
2. Você conhece produtos que compramos nesses locais, mas não existiam no passado?
3. Em cima do balcão há uma balança. Você sabe dizer para que as balanças eram usadas nesses locais?
4. Você ou alguém de sua casa já produziu algum medicamento caseiro? Qual? Sabe como prepará-lo?

43

**CAPÍTULO 1**

# Composição das coisas que nos cercam

Neste capítulo, você vai estudar a composição das coisas que nos cercam, a definição de matéria-prima, de que forma ela é obtida e algumas de suas propriedades.

## EXPLORANDO A AREIA EM NOSSO DIA A DIA

João mora próximo a um porto de areia. Todo dia, ele observa caminhões e mais caminhões saírem carregados de areia. Um dia, passando na frente do local, viu o motorista de um desses caminhões e resolveu perguntar para onde ia toda aquela areia. Seu Pedro, o motorista, respondeu:

— Viajo para muitos lugares. Ontem descarreguei areia num canteiro de obras de um conjunto habitacional. Outro dia fui a uma **olaria** e a uma fábrica de pisos e azulejos de cerâmica. Na semana passada, levei em meu caminhão areia para fabricar vidro!

João ficou surpreso ao saber que tantos produtos eram fabricados com areia. Na construção de casas, ele já tinha visto seu pai misturar areia, cimento e água para fazer argamassa e assentar tijolos, mas não sabia que os tijolos também levavam areia em sua fabricação. A maior surpresa de João foi saber que a areia também era usada para fabricar vidro. Ele ficou intrigado e disse a seu Pedro:

— Como assim? O vidro é transparente e a areia não é!

Mais tarde, voltando a refletir sobre a conversa com seu Pedro, João ficou pensando na quantidade de argamassa, tijolo, piso cerâmico e vidro que as pessoas utilizam no cotidiano e perguntou a si mesmo: Será que há areia suficiente para tudo isso?

**GLOSSÁRIO**

**Olaria:** local em que são produzidas peças de cerâmica como tijolos e telhas.

**Agora é sua vez.**

1. Reúna-se com um colega e, juntos, escolham três produtos que vocês usam no cotidiano. Em seguida, pensem nos materiais que são necessários para produzi-los.

2. Conversem sobre como é obtido cada material que foi usado na confecção dos produtos escolhidos.

# Origem dos produtos utilizados no dia a dia

Há milhares de anos, os seres humanos deixaram de ser nômades coletores e caçadores e passaram a se fixar em um mesmo local para criar animais e plantar alimentos. Essa nova realidade exigiu a produção de ferramentas e utensílios para suprir as necessidades diárias. Foi dessa forma que os alimentos passaram a ser produzidos. Acredita-se que o pão, que é feito de farinha de trigo, tenha sido o primeiro alimento produzido pelo ser humano. À medida que a ciência e a tecnologia se desenvolvem, são criados materiais e produtos que auxiliam no cotidiano.

As **matérias-primas** têm fundamental importância, porque é com elas que são fabricados produtos comercializados e utilizados no dia a dia. Alguns exemplos são a madeira, usada na fabricação de móveis; o trigo, usado na produção de farinha de trigo; o leite, que é retirado de alguns animais para a produção de queijo.

↑ Banco de madeira.

↑ Trigo para fazer farinha e pão.

↑ O leite é usado na fabricação de queijos e outros derivados.

## ! CURIOSO É...

### Matéria-prima

Quando consumimos uma mercadoria industrializada – um lápis, por exemplo –, estamos utilizando um produto que foi transformado. Isso significa que um material-base (no caso do lápis, a madeira) foi utilizado e modificado por uma técnica industrial ou artesanal para que pudesse atender a uma determinada finalidade.

Esse "material-base" utilizado para produzir determinada mercadoria é chamado de **matéria-prima**. Portanto, matérias-primas são os materiais retirados da natureza ou produzidos no meio rural para serem transformados em mercadorias. Em vários casos, a matéria-prima em si pode ser diretamente utilizada pelo consumidor, como os vegetais e as frutas, pois não precisa ser transformada industrialmente.

Hoje em dia, as matérias-primas são estrategicamente importantes na economia global, pois sem elas não seria possível a obtenção de praticamente tudo o que utilizamos em nosso dia a dia, pois todo produto ou mercadoria veio da transformação de uma ou mais matérias-primas. Assim, se, por exemplo, o preço delas aumentar, é muito provável que o produto final delas resultante também fique mais caro.

Rodolfo F. Alves Pena. Matéria-prima. *Escola Kids*. Disponível em: <https://escolakids.uol.com.br/materiaprima.htm>. Acesso em: 5 abr. 2019.

## AQUI TEM MAIS

### Adequação da matéria-prima ao produto

Os materiais que compõem as matérias-primas não são todos iguais e nem podem ser usados para os mesmos fins. Cada material tem características próprias, ou seja, propriedades que os tornam adequados para a confecção de determinados objetos. O cabo de uma frigideira, por exemplo, pode ser de madeira ou outro material que isole o calor, porque se fosse de metal queimaria a mão da pessoa que a utilizasse. Um fio elétrico é feito de cobre, porque esse metal é bom condutor de eletricidade.

| Objetos | Composição |
|---|---|
|  | A panela é de ferro e o cabo dela é de madeira. |
|  | O cabo da vassoura é de madeira e a escova é feita de fibras naturais de diversas espécies vegetais. |
|  | A caneca é de cerâmica, que é feita com argila e, algumas vezes, areia. A bebida café é feita com grãos torrados e moídos de café, fruto do cafeeiro. |

Algumas características próprias dos materiais:
- capacidade de conduzir ou não conduzir calor;
- capacidade de conduzir ou não conduzir eletricidade;
- resistência à ação de forças aplicadas sobre eles;
- resistência ao calor sem sofrer deformações;
- capacidade de ser impermeável à água;
- capacidade de ser impermeável à gordura;
- capacidade de se transformar em fios;
- capacidade de refletir, transmitir ou absorver luz.

**1.** De que matéria-prima os objetos a seguir são feitos?

| copo | prato | talheres | frigideira | cadeira | colchão de molas |

**2.** Considerando as matérias-primas indicadas na questão anterior, dê exemplos de outros objetos produzidos com elas.

# O consumo de bens e serviços

Você já deve ter ido a lojas para adquirir objetos como calçados, roupas, celulares, computadores etc., ou mesmo ter visto alguém comprá-los. Quando esses objetos passam a ser nossos, estamos adquirindo **bens**. Já quando desfrutamos de alguma atividade que outra pessoa faz para nós, como uma consulta médica ou uma aula de violão, estamos adquirindo **serviços**.

Mulher compra material escolar em papelaria. São Caetano do Sul (SP), 2018. Ela está consumindo bens.

Estamos o tempo todo participando dos processos de produção, distribuição e consumo de bens e serviços. A vida em sociedade faz com que estejamos envolvidos nesses processos, seja quando trabalhamos, seja quando compramos algo, desfrutamos de alguma experiência ou aproveitamos uma viagem. Vamos citar como exemplo um jovem que trabalha em uma fábrica de tijolos e que tenha guardado dinheiro para viajar para Santa Catarina. Quando está trabalhando, ele está envolvido em um processo de produção de bens; ao comprar uma mala e outros itens para viajar, participa do consumo de bens; quando desfruta do transporte e da hospedagem na viagem, consome serviços; e quando se dispõe a consumir os bens e serviços, contribui com a atividade econômica.

## CURIOSO É...

### Qual é a diferença entre matéria-prima e insumo?

Para responder a essa pergunta, vamos pensar no processo de produção, que é um conjunto de etapas realizadas para transformar alguma matéria-prima em um bem de consumo.

Considere, por exemplo, as etapas de produção de uma lata de alumínio, usada para armazenar bebidas como sucos e refrigerantes. A bauxita é um dos recursos naturais mais comuns; ela é a matéria-prima para a produção de alumina, que é usada na produção do alumínio, com o qual as latas são fabricadas.

Desde a extração da bauxita até a produção das latas, são usados maquinário e energia elétrica para o funcionamento das máquinas e combustível para o transporte desses materiais. Também é usada água, essencial durante os processos de extração de matéria-prima, fabricação e higienização do produto.

Como você percebeu, no ciclo de produção da lata foram usadas matérias-primas e também insumos. Matéria-prima é todo material usado na fabricação da lata e que se tornou parte dela. Insumos são os materiais usados na produção, mas que não fazem parte do produto final.

# O consumo e os recursos para a produção

Você já imaginou de onde vem a matéria-prima usada na confecção dos produtos que consumimos? Alguns tipos são fáceis de identificar, como areia, ferro e carvão, que são retirados do solo, mas outros são menos evidentes, como o látex retirado das seringueiras, usado para fabricar a borracha dos utensílios domésticos e dos brinquedos, por exemplo.

A pergunta que podemos fazer é: Será que há matéria-prima suficiente para suprir toda a demanda da sociedade? Essa questão não tem uma resposta definitiva, mas já estamos aprendendo a reutilizar alguns tipos de matéria-prima, como o alumínio das latinhas de refrigerante.

## DIÁLOGO

### Com escassez de matérias-primas, o lixo ganha importância econômica como fonte secundária

A separação do lixo não traz benefícios apenas ao meio ambiente: a gestão dos resíduos passou a ser importante fonte de matéria-prima para a indústria. No cenário de escassez de recursos naturais, reciclar dá lucro.

O elemento químico índio, indispensável para a fabricação de telas planas e *touch screens*, é raro na natureza. Especialistas calculam que as reservas do elemento suprirão as necessidades de consumo por apenas mais seis a dez anos.

[...] Neste contexto, o reaproveitamento da matéria-prima torna-se uma tarefa cada vez mais interessante. [...]

↑ Separação do lixo: fonte rica de matéria-prima. Triagem de cooperativa de reciclagem, São Paulo (SP), 2016.

**Lixo: recurso importante**

O jornal velho, por exemplo, pode se transformar em papel novo; o lixo orgânico gera gás. Os detritos eletrônicos transformam-se em tesouros.

Os celulares, por exemplo, são uma fonte praticamente inesgotável: "Cada celular tem aproximadamente 23 miligramas de ouro, em média. No mundo inteiro, cerca de 1,3 bilhão de celulares são produzidos por ano. Desses, apenas 10% são, de fato, reciclados. Isso quer dizer que a humanidade joga, a cada ano, cerca de 20 a 22 toneladas de ouro no lixo" [...]

Monika Lohmüller. Lixo ganha importância econômica como fonte de matéria-prima secundária. *DW Brasil*, 25 ago. 2010. Disponível em: <https://www.dw.com/pt-br/lixo-ganha-importância-econômica-como-fonte-de-matéria-prima-secundária/a-5942514>. Acesso em: 5 abr. 2019.

1. Discuta as questões a seguir com os colegas e o professor.

   a) O descarte inadequado de equipamentos eletrônicos, como celulares, *tablets* e computadores, pode gerar impactos ambientais. Que tipos de impacto?

   b) Em sua cidade há algum posto de coleta desses materiais? Como você e sua família descartam os equipamentos eletrônicos que não estão mais sendo utilizados?

# ATIVIDADES

### SISTEMATIZAR

1. O que é matéria-prima?

2. Quais são as diferenças entre produtos e serviços?

3. Escreva em seu caderno a origem dos materiais a seguir.
   a) ferro
   b) madeira
   c) algodão
   d) ouro
   e) sal de cozinha

4. Com base no que você estudou no capítulo, qual é a importância econômica da reciclagem do lixo? Justifique.

5. No século XVIII, o que mudou na indústria têxtil com o surgimento das máquinas? Se necessário, pesquise em *sites* confiáveis.

### REFLETIR

1. Com a grande demanda da sociedade, alguns tipos de matéria-prima estão ficando escassos. A reciclagem é um processo que transforma materiais usados em novos produtos. Você sabe quais materiais podem ser reciclados?

### DESAFIO

1. Muitos objetos que estão ao nosso redor são feitos de materiais cuja origem é fácil de identificar (a madeira da mesa, por exemplo, vem do caule das árvores), outros não. Forme dupla com um colega ou um grupo com mais componentes e, juntos, pesquisem qual é a matéria-prima do plástico. O que é feito com essa matéria-prima para ela se transformar em plástico?

2. O látex extraído da seringueira é muito importante para a economia do Brasil e é matéria-prima de mais de 400 produtos, como luvas de borracha, brinquedos e utensílios domésticos. Forme dupla com um colega. Pesquisem informações sobre o látex da seringueira e respondam às questões.
   a) Que produtos feitos do látex da seringueira vocês utilizam?
   b) Quais países são os maiores produtores de látex?
   c) A borracha natural produzida do látex é suficiente para o consumo? Justifique.

3. Considerando a imagem ao lado, converse com os colegas e discuta os prejuízos ao meio ambiente causados pela atividade de mineração.

→ Mina de extração de ferro e outros minerais utilizados por indústrias na fabricação de objetos metálicos e materiais empregados na construção civil, por exemplo. Mineradora Vale, Itabira (MG), 2014.

# CAPÍTULO 2
# Sociedade atual e novos materiais

> No capítulo anterior, você estudou a composição das coisas que nos cercam e o que define matéria-prima. Neste capítulo, você vai estudar alguns novos materiais usados pela sociedade atual, como os materiais sintéticos.

## EXPLORANDO A ORIGEM DAS COISAS

Theo gosta muito de andar de bicicleta. Todos os dias depois da aula, ele treina manobras na praça da cidade. Lá há uma pista só para ciclismo, que está sempre cheia.

Conversando com outros jovens ciclistas, Theo percebeu que, além de as bicicletas terem formatos diferentes, algumas partes delas também são feitas de materiais diferentes. Logo, os jovens curiosos começaram a discutir como as bicicletas são feitas e de que modo os materiais chegam até o local de fabricação. Eles perguntaram uns aos outros: Por que sua bicicleta é tão leve? De onde vem o material do quadro e das rodas? Como é feito esse pedal de plástico? Como era essa borracha antes de virar **manopla**? E esse guidão, será que ele é feito de um só material?

Para Theo, todos os materiais vêm de alguma matéria-prima encontrada na natureza. Os jovens ficaram imaginando respostas e pensaram em, mais tarde, pesquisá-las na internet.

No dia em que conversaram sobre isso, foi até mais difícil fazer as manobras, porque sempre apareciam novas perguntas para intrigá-los: Oh, céus, e essa camiseta que estou usando, de onde vem o tecido? Não conseguiam parar de pensar nessas questões. Deu até dor de cabeça, mas, e os remédios? São feitos de quê?

> **GLOSSÁRIO**
>
> **Manopla:** peça colocada no guidão para apoiar as mãos de forma confortável. Normalmente é feita de borracha para que as mãos não escorreguem, mas pode ser feita de outros materiais.

### Agora é sua vez.

1. Você concorda com a afirmação de Theo de que todos os materiais vêm de matéria-prima natural?

2. Reúna-se com alguns colegas e discutam hipóteses sobre a origem de materiais como borracha e tecidos.

# Tipos de matéria-prima

Você já teve as mesmas dúvidas que Theo? Observe tudo o que há na sala de aula: mesa, cadeira, porta, armário, paredes, mochila, roupas, sapatos, lápis, caneta, relógio, celular – a variedade de produtos e materiais que nos cercam diariamente é muito grande. Tem ideia de que materiais tudo isso é feito? Como os objetos a seu redor foram elaborados? Por exemplo, você provavelmente já deve ter se sentado em uma cadeira de madeira e associou a madeira da cadeira com as árvores. E as cadeiras de plástico? Você já sabe de que material natural o plástico é extraído para a produção das cadeiras? É possível encontrar plástico na natureza? Se não, por que é encontrado de forma tão abundante nos objetos ao nosso redor? Será que Theo está certo quando disse que tudo vem da natureza?

↑ Matéria-prima de origem vegetal: algodão. Chapada dos Guimarães (MT), 2017.

Sabemos que a maioria das coisas que nos cercam é produzida com matéria-prima encontrada na natureza ou minimamente processada. A matéria-prima obtida da natureza pode ser de origem **mineral**, como ouro, diamante e bauxita, extraídos das rochas ou do solo; **vegetal**, como látex, algodão, linho e frutas; e **animal**, como lã, ossos, carne, entre outros. Às vezes, é fácil identificar a origem natural das coisas que usamos no dia a dia, por exemplo: há sapatos que são feitos de couro e têm sola de borracha (látex); já os pregos são feitos de ferro.

As imagens desta página não estão representadas na mesma proporção.

→ Matéria-prima de origem animal: lã. Propriedade rural em Santana do Livramento (RS), 2015.

↑ Matéria-prima de origem mineral: cobre encontrado na natureza em forma de calcopirita.

↑ O barro é usado em construções.

↑ Toras de madeira em serraria no Vale do Itajaí (SC), 2018.

Mas será que existem coisas feitas de matéria-prima não natural? Para responder a essa questão, vamos conhecer as definições. **Matéria-prima natural** é tudo aquilo que pode ser transformado sem que suas propriedades originais se modifiquem. A madeira, por exemplo, é matéria-prima do lápis; ela é transformada durante o processo de fabricação, pois é cortada e moldada para que em seu interior seja colocado um pedaço de grafite. Após esse processo, a madeira continua sendo madeira, ainda que o lápis seja feito por uma pessoa ou em uma fábrica. O mesmo acontece com uma cadeira ou uma mesa de madeira.

→ O lápis de madeira geralmente é usado na escola. São Paulo (SP), 2017.

51

## Materiais sintéticos

Como já vimos, nem toda matéria-prima utilizada para produzir os objetos que usamos são extraídas diretamente da natureza. Algumas foram desenvolvidas pelo ser humano, em laboratório, por meio de transformações químicas. São os **materiais sintéticos**.

O plástico é uma matéria-prima criada pelos seres humanos, não há plástico na natureza. Para produzir os tipos que conhecemos, cientistas modificaram a composição química de um derivado do petróleo.

Usamos diariamente muitos objetos feitos de plástico – como a lapiseira, que geralmente é feita de plástico e carregada com grafite.

→ Muitas construções modernas utilizam materiais que não são encontrados prontos na natureza, como plástico, vidro e cimento. Rio de Janeiro (RJ), 2016.

## Que outros materiais são sintéticos?

### Acrílico

Você já deve ter visto algum objeto de decoração que se parece com vidro, mas é mais leve e flexível. Esse material é o **acrílico**, um tipo de plástico. É rígido, pode ser transparente, colorido ou *fosco*, e com ele são feitos diversos objetos do cotidiano, como vasilhas, saboneteiras, brinquedos e até telhas.

↑ Copos coloridos de acrílico.

### Adoçante artificial

É uma substância sintética que dá sabor doce aos alimentos. Normalmente, o **adoçante** é usado em alimentos e bebidas para substituir o açúcar comum.

← Bebida adoçada com adoçante líquido.

> **GLOSSÁRIO**
>
> **Fosco:** Característica de algo que não apresenta brilho, opaco.

### Borracha sintética

A borracha natural é extraída do látex das seringueiras. Mas há também **borrachas sintéticas** muito utilizadas em pneus, luvas e mangueiras, por exemplo.

→ Os pneus de veículos geralmente são feitos de borracha sintética.

## Fibra de aramida

Já imaginou do que é feito um colete à prova de bala? Ele é feito de **fibra de aramida**, uma fibra sintética leve e extremamente resistente, também utilizada em cintos de segurança, cordas resistentes e até em construções aeronáuticas.

→ Colete à prova de bala.

## Poliéster

Se você observar a etiqueta de uma peça de roupa, na maioria das vezes conseguirá ler a composição do tecido. Com frequência encontrará o **poliéster**. É um material muito utilizado em camisetas, calças, lençóis, cortinas etc. Ele pode durar mais do que outras fibras. É comumente misturado com fibras naturais, como o algodão.

← Camiseta de poliéster e viscose.

### AQUI TEM MAIS

### Qual tecido os atletas usam?

Você sabia que alguns tecidos são desenvolvidos para resolver um problema ou dificuldade? Já percebeu que o tecido dos uniformes dos jogadores de futebol tem uma aparência diferente das camisetas comuns de algodão?

As camisetas de algodão absorvem bem o suor, por isso ficam mais pesadas e desconfortáveis quando usadas por pessoas que praticam atividades físicas. Reconhecendo esse problema, foi desenvolvido um tecido com fibra sintética, a **poliamida**.

← As camisetas de poliamida são muito usadas por praticantes de atividade física. Corredores da 92ª Corrida Internacional de São Silvestre na subida da Avenida Brigadeiro Luiz Antônio, São Paulo (SP), 2016.

**1.** Pesquise por que o tecido de poliamida é mais adequado à prática de esporte e suas características. Indique as vantagens do uso de camisetas feitas com esse material em relação às de algodão.

53

# DIÁLOGO

## Natural é bom e sintético é ruim?

Frequentemente, ouvimos comentários como "bom mesmo é produto natural" ou "essas coisas sintéticas são ruins". Mas será que todo produto natural é bom e todo produto sintético é ruim? Quais são as vantagens e as desvantagens dos materiais sintéticos? Será que o ser humano consegue desenvolver substâncias idênticas às produzidas pela natureza?

Os materiais sintéticos podem trazer diversos benefícios para a vida cotidiana. Normalmente, os produtos feitos com esses materiais são mais baratos, fáceis de manusear e podem ser produzidos em grande escala, o que os torna mais acessíveis. Olhe ao redor e veja quantos objetos contêm plástico (canetas, copos, garrafas, fones de ouvido e até mesmo partes de computadores), cada um com formato e cor diferente.

Apesar dos benefícios, não podemos desprezar os pontos negativos dos materiais sintéticos quando utilizados ou descartados de maneira inadequada. Os produtos de plástico, como sacolas, copos e talheres, produzem muito resíduo, são difíceis de ser decompostos e, se não forem descartados corretamente, aumentam a poluição, provocam enchentes e até mesmo comprometem a vida de animais que acidentalmente engolem esses materiais por confundi-los com alimento. Cada vez mais surgem iniciativas para limitar o uso de materiais plásticos e diminuir o impacto ambiental causado pelo consumo e descarte desses materiais. Entre as ações podemos destacar o reaproveitamento, a reciclagem e o desenvolvimento de plásticos biodegradáveis.

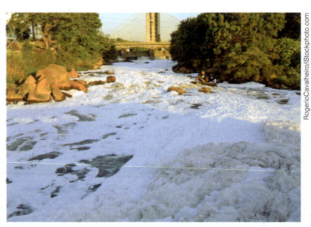

↑ Espuma gerada pelo uso intenso de produtos de limpeza não biodegradáveis despejados no Rio Tietê. Salto (SP), 2018.

↑ Animal ferido por causa do descarte incorreto de plásticos no mar. Ilha Contadora (Panamá), 2017.

1. Discuta as questões a seguir com os colegas e o professor.

    a) Qual é a importância dos materiais sintéticos para a economia do país?

    b) Quais são as vantagens e desvantagens do uso de matéria-prima natural na fabricação de bens?

    c) Qual é a relação entre a produção de materiais sintéticos e o desenvolvimento científico e tecnológico?

    d) Pesquise no *site* da prefeitura de seu município ou de seu estado e descubra se na cidade ou no estado em que você mora há alguma iniciativa para a diminuição do consumo de sacolas plásticas. De acordo com o resultado que encontrar na pesquisa, converse com os colegas e o professor sobre como você poderia contribuir para essa redução.

**PENSAMENTO EM AÇÃO** — **CONFECÇÃO DE UM NOVO PRODUTO**

# Material sintético

Os produtos sintéticos normalmente são desenvolvidos em laboratórios, locais onde são feitas misturas e transformações químicas nos materiais. Será que você e seus colegas também conseguirão sintetizar um produto? Vamos tentar?

 **ATENÇÃO!**
Importante: Não coma a substância produzida, nem leve as mãos aos olhos!

## Material:

- solução de cloreto de cálcio;
- solução de alginato de sódio;
- conta-gotas;
- 2 copos.

## Procedimentos

1. Coloque a solução de cloreto de cálcio em um copo e a solução de alginato de sódio em outro copo.
2. Preencha o conta-gotas com a solução de cloreto de cálcio e adicione 10 gotas dessa solução no centro do copo que contém a solução de alginato de sódio. A solução se transformará em gel.
3. Tire lentamente o gel do copo, puxando-o com os dedos pelo centro do copo.
4. Após o término da atividade, lave as mãos com água e sabão.

← Observe a formação de gel ao adicionar cloreto de sódio na solução de alginato de sódio.

← Cuidado ao retirar o gel do copo.

Ilustrações: Claudia Marianno

## Reflita e registre

1. Quais eram as características das soluções de cloreto de cálcio e de alginato de sódio antes da mistura?
2. Que características podem ser notadas depois da mistura?
3. O gel que você fez pode ser considerado um material sintético? Por quê?

## CIÊNCIA, TECNOLOGIA E SOCIEDADE

# Vitaminas e medicamentos sintéticos

Você sabia que é possível produzir muitas vitaminas em laboratório idênticas às da natureza? A vitamina C em cápsulas, por exemplo, é exatamente a mesma encontrada na laranja. O desenvolvimento de **vitaminas sintéticas** (produzidas em laboratório) ajudou muito na nutrição das pessoas, com o surgimento dos complementos e suplementos, como a vitamina C, que podem ser consumidos de acordo com a deficiência do organismo de cada indivíduo. Mas cuidado! É necessário acompanhamento contínuo de um nutricionista ou de um médico para consumir esse tipo de produto e, além disso, é importante usar produtos de qualidade.

Muitos remédios vendidos nas farmácias são sintéticos. Se você já tomou alguma vez remédio para dor de cabeça, por exemplo, provavelmente o comprimido foi desenvolvido e testado em laboratório. Os medicamentos sintéticos normalmente são produzidos em grande quantidade e podem ser armazenados por mais tempo do que os naturais.

↑ Comprimidos de vitamina C. A vitamina C pode ser ingerida em comprimido, cápsula ou dissolvida em água.

## Um engano pode salvar vidas...

Imagine que emocionante seria descobrir algo que pode desencadear pesquisas e salvar muitas vidas. Agora imagine descobrir algo assim acidentalmente. Foi o que aconteceu com a penicilina, um importante antibiótico que impactou as pesquisas em Medicina.

Em 1928, Alexander Fleming estudava uma bactéria denominada *Staphylococcus aureus*. Um dia ele saiu e deixou algumas culturas sem proteção, por acidente; quando voltou, achou que as tinha perdido. Antes de jogá-las fora, percebeu que havia crescido nelas um fungo e as bactérias haviam sumido. Estudando o fenômeno, identificou o fungo do gênero *Penicillium* e descobriu que esse fungo produzia uma substância que matava as bactérias. Essa substância foi chamada de penicilina. Foi uma descoberta incrível para a Medicina da época, já que muitas pessoas

↑ O médico escocês, microbiologista e farmacologista Alexander Fleming (1881-1955) descobriu a primeira substância antibiótica do mundo, a benzilpenicilina ou Penicilia G, em 1928.

morriam por infecções bacterianas. Entretanto, a substância ainda não era viável pela dificuldade de produção. Dez anos depois, Ernest B. Chain e Howard W. Florey também se dedicaram à pesquisa da penicilina e conseguiram produzi-la em larga escala. O desenvolvimento da penicilina rendeu o Prêmio Nobel aos envolvidos na pesquisa.

Depois disso, a Medicina evoluiu muito na área dos antibióticos, e hoje somos capazes de produzir vários em laboratório, em grande escala, o que salva muitas vidas.

Fleming pode ter descoberto a substância por engano, mas isso só foi possível porque ele estava muito envolvido com pesquisas e estudava Ciências constantemente.

## A eficácia da aspirina foi descoberta por acaso

A eficácia da aspirina, a droga feita de ácido acetilsalicílico, que é o antitérmico e analgésico mais popular do mundo, foi descoberta por acaso.

Em 1870, químicos [...], na Alemanha, sintetizaram o ácido salicílico para usá-lo como **antisséptico**, pois dentro do organismo humano ele produz o álcool fenol, que esteriliza as bactérias. Aos poucos, entretanto, deram-se conta de que, além de combater infecções, o ácido diminuía a febre e as dores dos pacientes, embora causando forte mal-estar no estômago.

Ninguém deu importância ao fato até outra coincidência acontecer. Em Munique, o químico [...] Felix Hoffmann (1868-1946), que estava aflito com as dores reumáticas do pai, prestou atenção e resolveu pesquisar. Viu que, agregando a substância acetil, facilitadora da ação do ácido, eliminava a febre e as dores mais rapidamente e diminuía os efeitos colaterais. Com o [ácido] acetil [salicílico], seu pai melhorou da noite para o dia.

Em 1899, Hoffmann registrou em seu diário a fórmula pura da aspirina. Ela alivia dores de cabeça e febres até hoje.

A eficácia da aspirina foi descoberta por acaso. *Superinteressante*, 16 dez. 2016. Disponível em: <https://super.abril.com.br/historia/aspirina-bendito-alivio/>. Acesso em: 5 abr. 2019.

**GLOSSÁRIO**

**Antisséptico:** algo que protege contra infecções.

1. Em grupo e com o professor discuta as questões a seguir:
   a) O que é penicilina?
   b) Qual foi a importância da descoberta de Fleming?

2. Forme um grupo com alguns colegas. Pesquisem outros medicamentos sintéticos ou produtos que foram descobertos por acaso. A pesquisa precisa contemplar os seguintes aspectos:
   a) buscar informações em fontes de pesquisa confiáveis;
   b) descobrir de que modo o medicamento ou produto foi descoberto;
   c) os impactos socioambientais positivos e negativos relacionados à descoberta desse medicamento ou produto;
   d) o impacto dessa descoberta na sua vida e na de seus familiares.

# Alertando sobre os riscos

Os diferentes produtos químicos que usamos no dia a dia podem ser bastante úteis. Mas eles também oferecem certos riscos, por isso devemos estar bem atentos!

Foram desenvolvidos símbolos para alertar as pessoas dos riscos de manuseio de certos produtos ou a exposição a eles. Veja alguns símbolos a seguir.

→ Caminhão com placa de identificação de substância corrosiva.

**Corrosivo** – Produto que destrói materiais e tecidos vivos. Evitar contato com a pele e não inalar.

**Inflamável** – Produto que pega fogo com facilidade. Não expor a faíscas, ao fogo ou calor.

**Tóxico** – Produto que oferece riscos graves à saúde, problemas crônicos ou até mesmo risco de morte. Evitar qualquer contato com o corpo e não inalar.

**Explosivo** – Produto que pode explodir se submetido a impactos ou calor. Evitar batidas, quedas ou exposição ao calor.

**Perigoso para o meio ambiente** – Produto que apresenta perigo ao meio ambiente, como contaminação de água e solos. Evitar despejo em encanamentos ou no solo; armazenar e entregar em lugar próprio para tratamento adequado.

**Irritante** – Produto que pode causar alergia, dermatite, irritação nos olhos, no nariz, na garganta ou pele. Evitar a exposição a doses elevadas.

# ATIVIDADES

**SISTEMATIZAR**

1. O que é material sintético?

2. Indique no caderno todos os materiais que não são sintéticos.

a) náilon
b) lã
c) poliéster
d) plástico
e) madeira
f) ferro
g) couro

3. Em sua opinião, é importante que haja símbolos de avisos nos produtos químicos?

**REFLETIR**

1. Você acha que os produtos sintéticos são indispensáveis e só trazem benefícios ao ser humano ou eles também podem ser prejudiciais? Discuta com os colegas.

2. O ser humano também desenvolve em laboratórios algumas substâncias encontradas na natureza, como a vitamina C. Por que sintetizar substâncias que já existem na natureza?

**DESAFIO**

1. Você já deve ter notado que vários produtos sintéticos têm cheiros inspirados em aromas naturais, como produtos de limpeza e perfumes com aroma de flores.

   Reúnam-se em duplas ou grupos, façam uma pesquisa e descubram como isso é possível. Será que esses aromas são extraídos das flores? É possível sintetizar cheiros?

# FIQUE POR DENTRO

# Usina de álcool

Você sabe de onde vem o álcool utilizado na limpeza da casa e como combustível nos carros? Ele é produzido por um processo chamado fermentação, em que leveduras consomem açúcar e geram o etanol, ou álcool etílico, popularmente chamado de álcool.

O açúcar utilizado para produzir álcool vem de vegetais, como a beterraba e o milho, entre outros. No Brasil, a planta mais utilizada é a cana-de-açúcar. Ela é colhida nas plantações e levada para usinas de beneficiamento, onde o processo é realizado.

Vamos seguir os passos da produção de álcool?

**1 Pesagem e limpeza** – A cana-de-açúcar chega à usina e é pesada, para que se faça o pagamento do agricultor, e passa por uma lavagem que retira areia, terra, palha, gravetos etc.

**4 Purificação do caldo** – Nessa etapa, adicionam-se substâncias químicas, as quais causam a decantação de resíduos que estão no caldo para o fundo do tanque. Essas substâncias são retiradas posteriormente e o caldo, já purificado, é esterilizado por aquecimento.

**5 Fermentação** – Nesse processo, realizado há milhares de anos pela humanidade, adicionam-se leveduras ao caldo da cana. Elas alimentam-se do açúcar que está nele e produzem álcool.

**6 Destilação** – Por meio desse processo, o álcool (etanol) é separado do restante da mistura fermentada, formada pelo caldo da cana, pelas leveduras e pelo etanol. A mistura filtrada passa por colunas que a aquecem até ela evaporar. Como o etanol evapora antes dos outros componentes, ele é separado. Esse processo de separação do etanol é chamado de destilação. O etanol que sai dessa etapa é chamado de álcool hidratado, pois ainda tem uma porcentagem de água – aproximadamente 4%. Para se tornar álcool **anidro**, o álcool hidratado passa por um processo de desidratação, que o deixa com uma porcentagem de água de menos de 0,5%.

## GLOSSÁRIO

**Anidro:** substância que não contém água, ou contém pouquíssima, em sua composição.

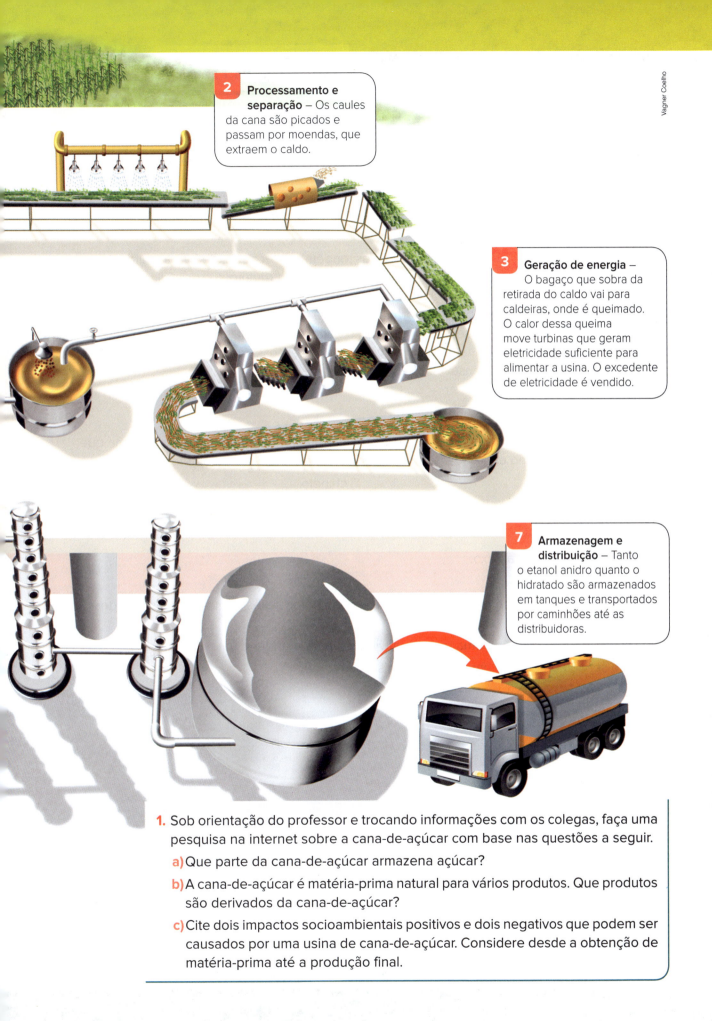

**2 Processamento e separação** – Os caules da cana são picados e passam por moendas, que extraem o caldo.

**3 Geração de energia** – O bagaço que sobra da retirada do caldo vai para caldeiras, onde é queimado. O calor dessa queima move turbinas que geram eletricidade suficiente para alimentar a usina. O excedente de eletricidade é vendido.

**7 Armazenagem e distribuição** – Tanto o etanol anidro quanto o hidratado são armazenados em tanques e transportados por caminhões até as distribuidoras.

**1.** Sob orientação do professor e trocando informações com os colegas, faça uma pesquisa na internet sobre a cana-de-açúcar com base nas questões a seguir.

a) Que parte da cana-de-açúcar armazena açúcar?

b) A cana-de-açúcar é matéria-prima natural para vários produtos. Que produtos são derivados da cana-de-açúcar?

c) Cite dois impactos socioambientais positivos e dois negativos que podem ser causados por uma usina de cana-de-açúcar. Considere desde a obtenção de matéria-prima até a produção final.

61

 **PANORAMA**

**FAÇA AS ATIVIDADES A SEGUIR E REVEJA O QUE VOCÊ APRENDEU.**

Neste tema, você aprendeu que muitos produtos são feitos de matéria-prima, materiais processados ou no estado natural. Viu que existem diferentes fontes de matéria-prima e conheceu o processo de produção de alguns materiais. Você também estudou que o ser humano pode produzir novos materiais, chamados sintéticos, por meio de transformações químicas; conheceu alguns materiais sintéticos e percebeu que fazem parte de nosso cotidiano, tanto em fármacos quanto em tecidos e utensílios domésticos.

Com o avanço da tecnologia, os materiais sintéticos tendem a fazer parte, de forma muito expressiva, de nosso dia a dia, e melhoram nossa qualidade de vida. Entretanto, é preciso ficar atento, porque esses produtos podem causar impactos e danos ambientais. Por isso é fundamental ler rótulos e manuais do produto e buscar informações sobre o descarte desses materiais sem prejudicar o meio ambiente. Atente-se a qualquer tipo de consumo, afinal, independentemente de os produtos serem sintéticos ou naturais, se os consumirmos excessivamente, podemos causar impactos ambientais. Seja responsável!

**1.** Os produtos abaixo passaram pelo processo de transformação da matéria-prima, de forma que podemos usá-los. Cite, no caderno, as possíveis matérias-primas de cada objeto.

a) porta
b) brincos
c) celular
d) chinelo
e) colher
f) régua

**2.** Considere as afirmações abaixo.

> I. Produtos são objetos e equipamentos produzidos pelos seres humanos e distribuídos entre eles.
> II. Serviço é a realização de uma ou mais atividades para atender a uma demanda.
> III. Todo serviço precisa de um produto para ser realizado.

Transcreva em seu caderno a alternativa correta.

a) I e II são falsas.
b) I e III são verdadeiras.
c) I e II são verdadeiras.
d) Somente a III é verdadeira.
e) Todas as alternativas são falsas.

**3.** Associe cada material a uma aplicação, fazendo a correlação entre letras e números em seu caderno.

a) plástico
b) poliéster
c) poliamida
d) acrílico
e) borracha

I. camisa social
II. saboneteira
III. pneu
IV. camiseta *dry fit*
V. embalagens

62

**4.** Considere os itens abaixo.

**I.** vitamina C    **II.** couro    **III.** borracha

Indique no caderno a afirmação correta.

a) Todos os itens são naturais e têm alternativas sintéticas iguais ou parecidas.

b) Todos os itens são produzidos apenas de forma sintética.

c) Todos os itens são produzidos apenas pela natureza.

d) Apenas a borracha é encontrada na natureza.

e) Nenhuma das anteriores.

**5.** Escreva no caderno a alternativa correta.

a) Plástico, aspirina e poliéster são produtos sintéticos.

b) Existem produtos sintéticos comestíveis.

c) Os produtos sintéticos são produzidos em laboratório.

d) Algumas substâncias naturais podem ser reproduzidas, de forma idêntica, em laboratório.

e) Todas as alternativas estão corretas.

**6.** Rubens precisa adquirir um produto e ele pode escolher entre a opção sintética e a natural. Ambos atendem a sua necessidade. Quais são os fatores que Rubens precisa analisar para tomar a melhor decisão?

**7.** "Os materiais sintéticos são uma revolução positiva e colaboram com o desenvolvimento da sociedade."

a) Você concorda com a afirmação? Por quê?

b) Cite os pontos positivos e os negativos que você percebe em relação à popularização de materiais sintéticos.

## DICAS

### ▶ ACESSE

**Akatu – consumo consciente.** Ambiente virtual que possibilita acesso a um conjunto de imagens, textos, áudios e vídeos com as temáticas relacionadas ao consumo sustentável. Para mais informações: <www.akatu.org.br>, (acesso em 5 abr. 2019).

**Projeto A História das Coisas.** <https://storyofstuff.org/>, (acesso em 5 abr. 2019). *Site* do movimento que busca desenvolver uma sociedade mais consciente com relação ao consumo, valorizando o compartilhamento.

### ▶ ASSISTA

**Oceanos de plástico: precisamos de uma onda de mudança.** Esse documentário produzido pela ONG Plastic Oceans revela que os oceanos do planeta estão repletos de plástico. Mostra os impactos da poluição ambiental causada pelo descarte incorreto de materiais sintéticos.

### ▶ LEIA

**A história das coisas: da natureza ao lixo, o que acontece com tudo o que consumimos**, de Annie Leonard (Zahar). Explicando de onde vêm as matérias-primas e os impactos que os processos de produção podem causar na Terra, Annie tenta conscientizar os leitores sobre o consumo exagerado. Seu vídeo sobre o assunto obteve milhões de visualizações na internet.

### ▶ VISITE

**Museu das Minas e do Metal.** Mais informações em: <www.mmgerdau.org.br/>, (acesso em 5 abr. 2019). O museu expõe as diversas eras dos metais e as propriedades que resultam nas ligas metálicas presentes no cotidiano e produzidas pelo ser humano.

# TEMA 3
## Vida e seus diversos níveis

Mergulhador perto de recife de corais no mar da Tailândia.

### NESTE TEMA
VOCÊ VAI ESTUDAR:

- características dos seres vivos;
- a estrutura básica da célula e a teoria celular;
- os níveis de organização dos seres vivos.

1. Que seres vivos você vê nessa fotografia?
2. O que os seres vivos dessa fotografia têm em comum? E quais são as diferenças entre eles?
3. Como podemos diferenciar seres vivos de elementos não vivos?

# CAPÍTULO 1

# Seres vivos

Neste capítulo você vai estudar características comuns aos seres vivos que os distinguem dos elementos não vivos.

 **EXPLORANDO** AS CARACTERÍSTICAS DOS SERES VIVOS

Kamé mora em uma aldeia do povo indígena kaingang, próxima de um rio, localizada no estado de Santa Catarina.

Todas as tardes, após o trabalho na tribo, ele costuma descansar, deitado em uma rede. Às vezes, lê um livro; outras vezes, aprecia ficar observando a natureza, ouvindo o barulho das águas correntes do rio que bate nas pedras do leito.

Gosta também de desenhar o que vê, e assim vai percebendo melhor a variedade de formas dos seres naturais.

Kamé gosta ainda de caminhar pela mata. Nesses passeios, ele observa várias plantas, que nascem, crescem e, depois, morrem. Observa as intermináveis filas de formigas que carregam suas folhas e gravetos, contornando as pedras no meio do caminho; acompanha o desenvolvimento dos cogumelos que crescem nos troncos de árvore caídos no chão; descobre os ninhos de passarinho cheios de ovos dessas aves. Aprende, enfim, a conhecer os processos da vida.

Ele pensa: "Todo dia há novidades... A vida está sempre se renovando!".

**Agora é sua vez.**

1. Você já teve oportunidade de observar a natureza, assim como Kamé?
2. Quais são os seres vivos mencionados nesse texto?
3. Que características próprias dos seres vivos são citadas no texto?
4. Como os seres vivos obtêm os nutrientes necessários para a manutenção de seu organismo?

# Ciclo de vida

Em nosso planeta, a Terra, há grande biodiversidade, isto é, ampla variedade de formas de vida, que inclui plantas, aves, mamíferos, insetos, moluscos, peixes, microrganismos e tantos outros seres. Embora sejam diferentes uns dos outros, todos os seres vivos têm características comuns que os distinguem da matéria não viva. Por exemplo, eles precisam se alimentar, podem se movimentar, reagem a **estímulos** do ambiente, reproduzem-se. Todos os seres vivos nascem, desenvolvem-se e morrem, enfim, têm um **ciclo de vida**. Além disso, o corpo de todos os seres vivos é formado por unidades muito pequenas, chamadas células.

> **GLOSSÁRIO**
>
> **Estímulo:** alteração ou situação no ambiente que provoca uma resposta do organismo.

Todos os organismos passam por um ciclo vital, ou seja, uma sequência de modificações ou fases que vai desde o nascimento até a morte. A duração e as fases de cada ciclo variam entre os seres vivos.

Veja, como exemplos, os ciclos de vida de um gato e de um tomateiro:

Os tons de cores utilizados na ilustração e as dimensões do ser vivo não são reais.

O gato é gerado na barriga da mãe.

Ele nasce e se desenvolve até atingir a fase adulta, quando pode acasalar com outro gato – isto é, um gato macho se acasala com uma fêmea, que, ao ser fecundada, gera os filhotes.

Por fim, os gatos envelhecem e morrem.

↑ Ciclo de vida de um gato doméstico.

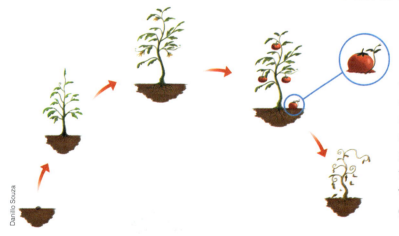

O tomateiro, por sua vez, é gerado de uma semente. A pequena planta cresce e desenvolve flores. A flor tem estruturas masculinas e femininas, e quando a masculina encontra a feminina ocorre a fecundação, originando o fruto (tomate). As sementes do tomate vão gerar novas plantas. Assim como o gato, o tomateiro também morre.

↑ Ciclo de vida de um tomateiro.

# Reprodução

Quando um ser vivo gera outro ser vivo, como a gata que teve um filhote, dizemos que ela se reproduziu. A **reprodução** é a capacidade de gerar descendentes. Ela não é necessária para que um indivíduo viva. No entanto, se não deixar descendentes, à medida que os indivíduos morrem, a espécie tende a desaparecer. Por isso a reprodução é importante para a manutenção da espécie.

# Nutrição

Os seres vivos precisam de energia em todas as fases de seu ciclo de vida. Essa energia é obtida dos alimentos, ou seja, pela **nutrição**.

Há organismos vivos que produzem o próprio alimento, como as algas e as plantas, e existem aqueles que se alimentam de outros seres, como os animais e os fungos.

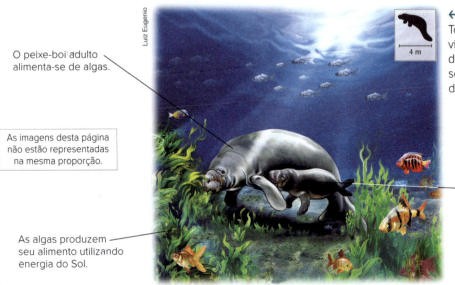

O peixe-boi adulto alimenta-se de algas.

As imagens desta página não estão representadas na mesma proporção.

As algas produzem seu alimento utilizando energia do Sol.

Todos os seres vivos necessitam de nutrientes para sobreviver, obtidos de diferentes formas.

Os filhotes de mamíferos alimentam-se do leite da mãe.

Os alimentos ingeridos pelos seres vivos são transformados nas células dos indivíduos. Dentro de cada célula ocorre o **metabolismo**, que compreende vários processos como a liberação de energia para o crescimento e a manutenção do organismo, tais como respiração e reprodução.

**POSSO PERGUNTAR?**

As plantas carnívoras alimentam-se de carne?

# Movimento e reação a estímulos

Todos os seres vivos se movimentam. Nos animais, os órgãos de locomoção, como patas, nadadeiras, asas, possibilitam que busquem alimento e abrigo, escapem de predadores e encontrem parceiros para se reproduzir.

↑ O guepardo – também conhecido como chita – é o animal mais rápido da natureza. Quando está caçando, sua velocidade pode chegar a 120 km/h.

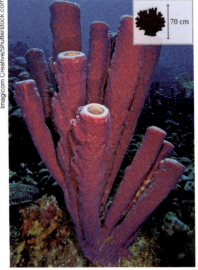

As esponjas-marinhas são um dos raros animais que vivem fixos em um substrato. Elas possuem células com estruturas que se movimentam criando uma corrente de água que traz nutrientes. Os nutrientes são filtrados pelo corpo da esponja e aproveitados por suas células.

68

## As plantas reagem a estímulos

As plantas, apesar de não parecer, também apresentam movimentos, mas eles são mais limitados que os da maioria dos animais. O crescimento das raízes para baixo e dos caules para cima, bem como o abrir e fechar das flores, são alguns de seus movimentos.

Se estiver andando pela calçada e ouvir alguém chamar seu nome, sua reação será imediata, não é mesmo? Você estará respondendo a um estímulo do ambiente; essa é uma das capacidades dos seres vivos. Os animais, em geral, dão respostas rápidas e complexas aos estímulos do ambiente – sons, luzes, toques, cheiros ou sabores –, e isso ocorre porque eles têm sistema nervoso e estruturas (olhos, ouvido, pele) sensíveis aos estímulos externos.

As plantas também reagem a estímulos do ambiente. Entretanto, por não terem sistema nervoso, suas respostas são menos complexas que as dos animais.

Talvez você já tenha visto uma planta próxima à janela cujos galhos estão inclinados na direção da luz. Esse é um tipo de movimento orientado pela direção da luz; é também uma reação ao estímulo.

↑ Os girassóis apresentam heliotropismo, que é o movimento de seguir a posição do Sol.

A planta conhecida como dormideira (ou não-me-toques), por exemplo, ao ser estimulada pelo toque reage fechando-se. Essa reação pode ser interpretada como estratégia natural de defesa contra predadores.

↑ Esquema de como ocorre o movimento foliar da dormideira.

↑ As plantas não precisam de músculo ou sistema nervoso para fazer movimentos. Algumas plantas, como a não-me-toques (ou dormideira), têm células sensíveis a excitações mecânicas (toque), o que leva à deformação das células e à contração. A planta dormideira pode chegar a ter 1 m de altura.

# PENSAMENTO EM AÇÃO  EXPERIMENTO

## As plantas e o Sol

As plantas reagem ao estímulo da luz do Sol?

## Material:

- 1 caixa de sapatos;
- 2 garrafas PET;
- 2 chumaços de algodão;
- sementes de feijão;
- tesoura;
- água.

## Procedimentos

1. Separe o fundo de cada garrafa PET cortando-o com a tesoura. Eles servirão de pires.
2. Umedeça as porções de algodão e coloque cada uma em um pires.
3. Coloque algumas sementes de feijão sobre o algodão de cada pires e deixe os pires em um local no qual incida a luz do Sol.
4. Observe diariamente os pires com as sementes. Quando a primeira semente de um pires germinar, descarte as outras.
5. Faça um buraco na lateral da caixa de sapatos usando a tesoura. Ele deve ser feito na parede lateral da caixa e ter aproximadamente 3 cm de diâmetro.
6. Coloque um dos pires com a semente germinada dentro da caixa, o mais longe possível do buraco, e tampe a caixa. O outro pires deve continuar aberto e em local que receba a luz solar.
7. Coloque a caixa em um lugar bem iluminado pelo Sol.
8. Observe o crescimento da planta de feijão que está no pires aberto e da planta que está no pires dentro da caixa.

### Reflita e registre

1. O que você observou a respeito do crescimento das plantas dentro e fora da caixa?
2. Como você explica essa diferença?
3. Considerando o que aprendeu no capítulo, qual é a importância da reatividade para as plantas?

# ATIVIDADES

### SISTEMATIZAR

1. Que características dos seres vivos possibilitam a eles distinguir-se da matéria não viva?

2. Como as plantas e as algas obtêm energia para seu desenvolvimento?

3. Nós, seres humanos, obtemos nosso alimento do mesmo modo que as plantas? Explique.

4. A reprodução é uma das características comuns a todas as espécies de seres vivos. Por que essa característica é importante?

5. Os seres vivos têm capacidade de responder a estímulos externos. Por que a maioria dos animais dão respostas rápidas e complexas aos estímulos do ambiente, diferentemente das plantas?

### REFLETIR

1. Nos ambientes de água doce e sobretudo nos mares existem inúmeros organismos conhecidos por algas. Assim como as árvores das florestas, esses seres aquáticos fazem fotossíntese. Pela fotossíntese, esses organismos produzem seu alimento e acabam liberando oxigênio na atmosfera. As algas também são fonte de energia, uma vez que abundantes indivíduos aquáticos se alimentam delas.

    a) Que características próprias dos seres vivos são descritas no texto?

    b) Por que a comunidade das algas é comparada com as árvores das florestas?

### DESAFIO

1. A planta popularmente conhecida como onze-horas tem uma característica peculiar: suas flores se abrem e se fecham diariamente. O período mais quente do dia, quando a luz solar é mais intensa, é o momento em que suas flores permanecem abertas. O início desse período ocorre por volta das 11 horas, justificando seu nome popular.
Reúnam-se em duplas e respondam às questões a seguir.

    a) De acordo com o texto, o que desencadeia a abertura das flores da onze-horas?

    b) Quais características mencionadas no texto são comuns aos seres vivos?

    c) Pesquise outras plantas que também reagem a estímulos do ambiente como a onze-horas. Identifique a qual estímulo (ou quais estímulos) elas respondem e de que maneira.

→ A flor da onze-horas permanece aberta somente em um período do dia e tem entre 2 e 3 cm de diâmetro.

**CAPÍTULO 2**

# Os seres vivos e a teoria celular

> No capítulo anterior você estudou algumas características comuns dos seres vivos. Agora você estudará as células (as menores unidades dos seres vivos) e como elas se estruturam, além de conhecer a teoria celular.

 **EXPLORANDO** **A HIDRATAÇÃO DAS CÉLULAS**

Elaine não havia ido para a escola aquele dia. Por conta disso, estava ajudando Sandra, a faxineira, a varrer o quintal.

— Olha, Sandra, como a planta da mamãe está feinha — disse a menina tocando as folhas da única planta naquele espaço.

— É verdade, Elaine. Sua mãe precisa dar mais atenção para ela. Está com folhas murchas e amareladas.

— Sandra, você sabia que as plantas são formadas por células, assim como nós? — perguntou a menina.

— Sim, eu sei. Este é um assunto do qual me lembro muito bem!

— Estou perguntando isso porque acho que tive uma ideia! Eu sei como deixar as folhas da planta bonitas novamente. Já volto! — A garota correu para dentro de casa.

Pouco depois Elaine voltou com um pote de creme antirrugas nas mãos.

— O que é isso? — quis confirmar Sandra, com espanto e incredulidade na voz.

— É a pasta antirrugas da mamãe. Ela gasta uma fortuna neste creme e diz que ele faz as células do rosto dela ficarem hidratadas. E como nós temos células e as plantas têm células... as folhas vão ficar melhorzinhas depois que eu passar este produto!

— Misericórdia! Nem pense nisso! As células das plantas não são iguais às células dos seres humanos, não. Vá guardar este creme e coloque é uma boa quantidade de água nelas. É disso que as células precisam: as das plantas e as nossas.

— Poxa! Alguém precisa — urgentemente — contar isto para mamãe... — E as duas riram.

**Agora é sua vez.**

1. Você acha que Sandra está certa ao dizer que as células das plantas e as dos seres humanos são diferentes? Que diferenças você acredita que há entre elas?

2. Qual é a importância da água para as células das plantas e para as dos animais?

# Seres vivos são formados por células

Todo ser vivo tem o corpo formado por **células**. As células são as menores unidades estruturais e funcionais dos seres vivos.

A multiplicação das células está associada ao crescimento e à regeneração de vários organismos. Por sua vez, é por meio do **metabolismo celular** que o corpo obtém energia para que sejam realizados processos essenciais à vida, como nutrição, respiração, reprodução, entre outros.

Os seres vivos não apresentam o mesmo número de células. Alguns são formados por apenas uma célula – por exemplo, as bactérias; outros são formados por muitas células, como os animais e as plantas que conhecemos.

> **GLOSSÁRIO**
>
> **Metabolismo celular:** conjunto de transformações que ocorrem no interior das células envolvendo os processos de síntese e degradação dos nutrientes. Essas reações constituem a base da vida.

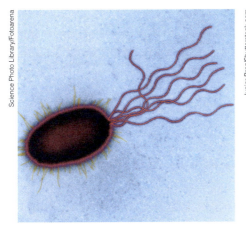

↑ A bactéria é um ser vivo formado por apenas uma célula. Imagem no microscópio com ampliação de 7 500 vezes.

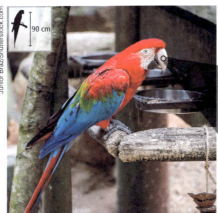

↑ A arara é um ser vivo formado por bilhões de células.

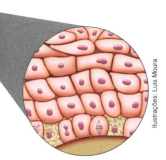

↑ Mesmo uma pequena porção do bico da ave é formada por várias células.

Os esquemas apresentados nesta página são concepções artísticas das estruturas e não reproduzem as cores naturais, nem seguem a proporção real entre as dimensões.

## As células

A célula é a unidade básica que constitui todos os seres vivos. Isso significa que ela é a menor unidade capaz de realizar os processos essenciais à vida, como nutrição, respiração, reprodução, entre outros.

Em 1663, o cientista inglês Robert Hooke (1635-1703), ao observar em microscópio lascas finas de cortiça da casca de uma árvore, verificou que elas tinham estrutura semelhante a favos de colmeia de abelhas, ou seja, uma rede de cavidades preenchidas por ar.

Hooke desenhou o que viu pelo microscópio e denominou as cavidades de célula; nome que vem do latim *cella*, que significa "pequeno quarto, cela". Originou-se, assim, o termo **célula**, embora a cortiça apresente apenas os envoltórios das células e os espaços vazios que eram ocupados por elas quando vivas.

Desenho de cortiça feito por Robert Hooke após visualização feita em microscópio.

Imagem da cortiça produzida por microscópio eletrônico moderno. Ampliação de cerca de 450 vezes.

↑ A cortiça é obtida de parte da casca de algumas árvores.

73

## A teoria celular

Quase dois séculos depois, em 1839, pesquisadores passaram a defender a ideia de que todos os seres vivos são formados por células, a unidade básica dos organismos. Essa ideia foi chamada de **teoria celular**.

A teoria da célula como unidade básica da vida fortaleceu-se em 1858, quando o médico alemão Rudolf Virchow (1821-1902) constatou que toda célula surge de outra célula já existente.

Veja a seguir os princípios da teoria celular.

- Todos os seres vivos são formados por uma ou mais células.
- Todas as células originam-se de outras já existentes. As células contêm informações que são passadas às células-filhas para que sejam semelhantes à célula-mãe, ou seja, transmitem características.
- Muitas das atividades vitais realizadas pelos seres vivos ocorrem no interior das células; é por meio do funcionamento das células que podemos, por exemplo, respirar e obter energia para o que precisamos.

**POSSO PERGUNTAR?**
Quantas células há no corpo humano?

## Organização celular

Já vimos que o corpo de um ser vivo é formado por células, que são suas unidades funcionais básicas. Há seres vivos formados por apenas uma célula (os **unicelulares**) e outros formados por muitas células – os organismos **multicelulares** (ou pluricelulares).

Bactérias e amebas, por exemplo, são organismos constituídos por uma única célula; já o corpo humano é formado por trilhões de células.

Os organismos multicelulares apresentam células mais complexas, que se organizam e trabalham em conjunto.

As células têm tamanhos variados, mas quase todas são tão pequenas que somente podem ser vistas por meio de um microscópio.

## Estrutura das células

As células dos diversos organismos variam em forma, tamanho e outras características. A maioria apresenta as seguintes estruturas básicas: **membrana plasmática**, **citoplasma** e **núcleo**.

↑ Cientista observa lâmina em microscópio.

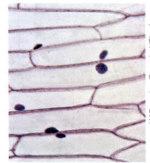

↑ Células de cebola. Fotografia obtida em microscópio óptico; ampliação aproximada de 100 vezes.

↑ A ameba é um ser vivo muito pequeno. Constituída de uma única célula, pode ser vista somente com a ajuda de microscópio. Fotografia obtida em microscópio óptico; ampliação aproximada de 250 vezes.

↑ A gema do ovo não fecundado é uma célula que podemos ver a olho nu. A maioria das células, no entanto, pode ser vista somente com a ajuda de microscópio.

# Células com núcleo

Essas células possuem várias organelas e um núcleo bem definido, ou seja, o material genético envolvido por uma membrana. Os seres formados por esse tipo de célula podem ser unicelulares (protozoários, alguns tipos de algas e de fungos) ou multicelulares (plantas, animais e outros tipos de fungos).

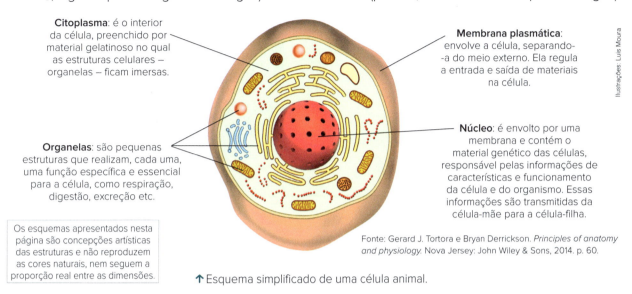

**Citoplasma**: é o interior da célula, preenchido por material gelatinoso no qual as estruturas celulares – organelas – ficam imersas.

**Organelas**: são pequenas estruturas que realizam, cada uma, uma função específica e essencial para a célula, como respiração, digestão, excreção etc.

**Membrana plasmática**: envolve a célula, separando-a do meio externo. Ela regula a entrada e saída de materiais na célula.

**Núcleo**: é envolto por uma membrana e contém o material genético das células, responsável pelas informações de características e funcionamento da célula e do organismo. Essas informações são transmitidas da célula-mãe para a célula-filha.

Os esquemas apresentados nesta página são concepções artísticas das estruturas e não reproduzem as cores naturais, nem seguem a proporção real entre as dimensões.

Fonte: Gerard J. Tortora e Bryan Derrickson. *Principles of anatomy and physiology.* Nova Jersey: John Wiley & Sons, 2014. p. 60.

↑ Esquema simplificado de uma célula animal.

## A célula vegetal

As células vegetais apresentam algumas peculiaridades: uma **parede celular rígida** ao redor da membrana plasmática, composta de celulose; **cloroplasto** é uma organela com **clorofila**, substância verde que absorve a energia luminosa durante a fotossíntese (processo em que as plantas obtêm energia). A cor verde das folhas, de alguns caules e dos frutos deve-se a esse pigmento. Nas células vegetais existem grandes **vacúolos**, estruturas preenchidas por um líquido com nutrientes e outras substâncias.

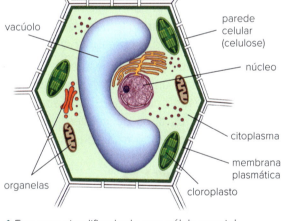

↑ Esquema simplificado de uma célula vegetal.

## Células com material genético disperso no citoplasma

Observe agora a célula ao lado. Compare-a com as outras desta página e observe semelhanças e diferenças entre elas.

Essas células não apresentam a membrana que separa seu material genético do citoplasma. Também não apresentam algumas organelas que encontramos nas células das imagens anteriores. Os seres formados por esse tipo de célula são unicelulares, como as bactérias e cianobactérias (também conhecidas como cianofíceas ou algas azuis).

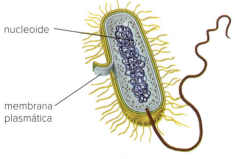

↑ Exemplo de uma célula sem a membrana que isola o material genético.

## CURIOSO É...

Muitos seres unicelulares, como as bactérias, são menores que uma única célula das plantas e dos animais. Veja o esquema ao lado.

Os esquemas apresentados nesta página são concepções artísticas das estruturas e não reproduzem as cores naturais, nem seguem a proporção real entre as dimensões.

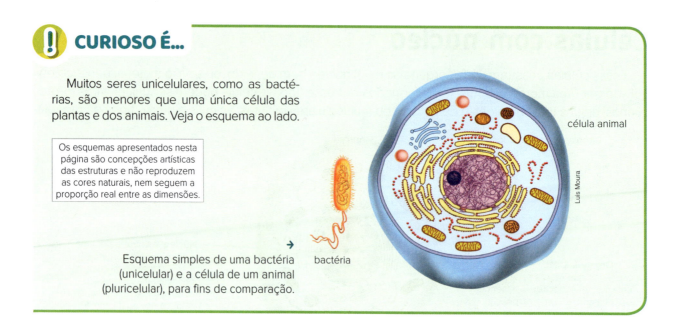

Esquema simples de uma bactéria (unicelular) e a célula de um animal (pluricelular), para fins de comparação.

# Diferenciação celular

O organismo dos seres multicelulares tem células diferentes umas das outras. Ao analisarmos as células de diferentes partes das plantas e animais, podemos verificar essa característica.

No caso do ser humano, as células também apresentam diferenças umas das outras. Por exemplo, temos células alongadas, achatadas, ramificadas, esféricas, cúbicas etc. e com funções muito distintas.

Essa diferenciação ocorre durante a formação do ser vivo ainda **embrião**. A vida do organismo inicia-se com uma única célula, que originará todas as outras por um processo chamado divisão celular. As primeiras células são chamadas de células-tronco. Elas passam por modificações, dando origem aos vários tipos de células, como as células sanguíneas, musculares, nervosas e ósseas. As células-tronco também são encontradas nos adultos.

### GLOSSÁRIO

**Embrião:** fase inicial do desenvolvimento de um organismo.

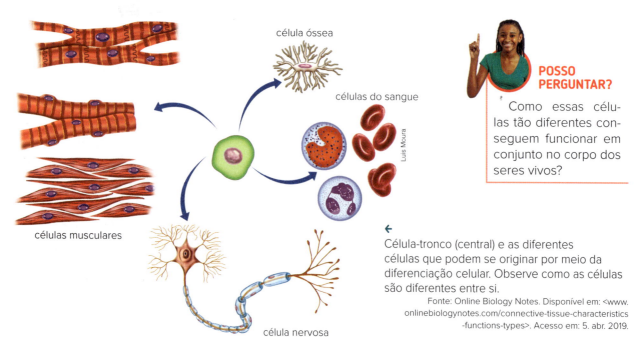

### POSSO PERGUNTAR?

Como essas células tão diferentes conseguem funcionar em conjunto no corpo dos seres vivos?

Célula-tronco (central) e as diferentes células que podem se originar por meio da diferenciação celular. Observe como as células são diferentes entre si.

Fonte: Online Biology Notes. Disponível em: <www.onlinebiologynotes.com/connective-tissue-characteristics-functions-types>. Acesso em: 5. abr. 2019.

## CIÊNCIA, TECNOLOGIA E SOCIEDADE

# Vendo o que não é visível a olho nu

O desenvolvimento do **microscópio** foi fundamental para conhecermos estruturas que não podem ser vistas a olho nu, como as células e os microrganismos. A partir de sua invenção, os saberes científicos acumularam-se e hoje é possível ter mais informações sobre os organismos vivos, as doenças que afetam os seres humanos e as formas de tratá-las.

Vários cientistas e inventores foram importantes no processo de criar um aparelho que utiliza lentes para visualizar melhor estruturas microscópicas. Entre os avanços de alguns pesquisadores, podem-se citar os de Hans e Zacharias Janssen (1590), pai e filho, holandeses fabricantes de óculos; Galileu Galilei (1625), Robert Hooke (1665), Anton van Leeuwenhoek (1675) e de tantos outros que exploraram e aperfeiçoaram o equipamento.

O fato é que muito se avançou na microscopia. Hoje em dia os microscópios são capazes de ampliar uma imagem milhões de vezes, sendo possível, inclusive, observar o interior das células.

A seguir, conheça os tipos mais comuns de microscópios.

- **Microscópio de luz ou microscópio óptico comum** – instrumento dotado de um conjunto de lentes que ampliam a imagem até 2 mil vezes. Como um feixe de luz deve atravessar o objeto, este precisa ser muito fino ou estar cortado em "fatias" finas, quase transparentes. Atualmente, suas imagens podem ser processadas e colorizadas por computador.
- **Microscópio eletrônico** – instrumento que utiliza partículas associadas à eletricidade para atravessar o objeto examinado. Essa tecnologia proporciona maior ampliação da imagem, que pode aumentar até 1 milhão de vezes.

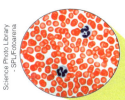

↑ Células vermelhas do sangue vistas ao microscópio óptico. No centro estão dois glóbulos brancos (em azul). Ampliação aproximada de 600 vezes.

↑ Adolescente observa lâmina ao microscópio óptico.

↑ Microscópio eletrônico em uso.

As imagens desta página não estão representadas na mesma proporção.

---

1. Reúna-se com alguns colegas para formar um grupo e discutam as questões a seguir.

    a) Em um livro de Ciências, a legenda de uma imagem obtida com a ajuda de um microscópio informa que ela foi ampliada 100 mil vezes. O microscópio que a ampliou é óptico ou eletrônico?

    b) A ampliação de imagem, muito utilizada em diversas atividades que realizamos, é obtida com o uso de vários dispositivos tecnológicos comuns no dia a dia. Converse com o professor e os colegas para listar alguns desses dispositivos.

# PENSAMENTO EM AÇÃO | EXPERIMENTO

## Observando as células da cebola

### Material:
- lâminas de microscopia;
- lamínula;
- pinça;
- microscópio óptico;
- cebola cortada ao meio;
- corante azul de metileno.

### Procedimentos

1. Descasque a primeira escama ("camada") da cebola.
2. Com o auxílio da pinça, retire uma película fina da escama.
3. Pingue uma gota de água sobre a lâmina.
4. Coloque a película de cebola sobre a gota de água na lâmina.
5. Pingue uma gota de corante sobre a película.
6. Coloque a lamínula sobre a película.
7. Posicione a lâmina no microscópio e observe-a em diversos aumentos.

As imagens desta página não estão representadas na mesma proporção.

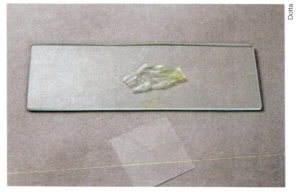

↑ Película de cebola sobre lâmina.

↑ O azul de metileno auxilia na observação das células da película de cebola.

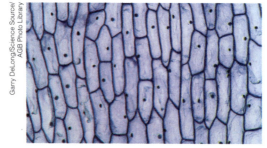

← Células de cebola observadas por microscópio; ampliação de 40 vezes.

### Reflita e registre

1. O que você conseguiu observar? Faça um desenho do que você viu e denomine as estruturas da célula.

# ATIVIDADES

Os esquemas apresentados nesta página são concepções artísticas das estruturas e não reproduzem as cores naturais, nem seguem a proporção real entre as dimensões.

## SISTEMATIZAR

1. Podemos diferenciar um ser vivo de um elemento não vivo por suas características. Uma das principais características é ser constituído por células. Desenhe uma célula animal e dê suas características principais.

2. A imagem a seguir apresenta uma ameba, organismo unicelular. Reproduza a imagem no caderno e indique nela a membrana plasmática, o núcleo e o citoplasma.

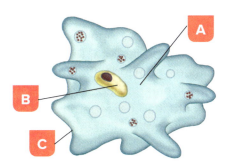

3. Os seres vivos podem ser unicelulares (formados por uma única célula) ou multicelulares (formados por várias células). Na lista de seres vivos a seguir, identifique os unicelulares.

| cogumelo | ameba | pulga |
| bactéria | capim | mosquito |

## REFLETIR

1. Observe as células ilustradas a seguir. Indique as características de cada uma e um exemplo de ser vivo formado por ela.

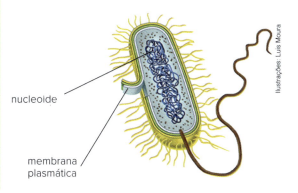

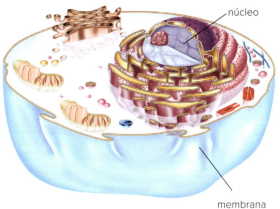

## DESAFIO

1. Em duplas, observem os esquemas das células a seguir. Uma pertence à folha de tomateiro e a outra, à pele humana.

   a) Qual das células é a do tomateiro e qual é a do ser humano?

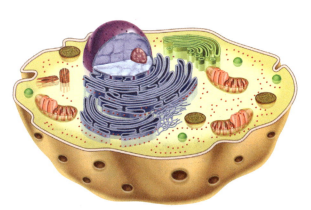

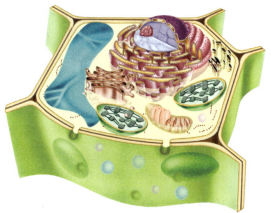

↑ Esquema de organização interna de células.

b) Explique como chegou a essa conclusão.

Ilustrações: Luis Moura

79

CAPÍTULO

# Níveis de organização

> No capítulo anterior você estudou os diferentes tipos de células e as estruturas que as compõem. Agora você estudará como elas se organizam no corpo dos seres multicelulares e também conhecerá os níveis de organização desses seres.

## EXPLORANDO AS DIFERENTES PARTES DO CORPO

Julia e seus amigos participavam da colônia de férias no clube que frequentam.

Durante um dos jogos, que era semelhante a um pega-pega, Renan veio para cima dela com tudo. Sem pensar, Julia saiu em disparada e conseguiu se salvar. No entanto, não percebeu a árvore que havia diante dela e acabou esbarrando e ralando o cotovelo e o joelho.

O monitor e os demais colegas que viram o incidente foram até lá para ver como ela estava.

— Não se preocupe pessoal, tudo aqui se regenera! O machucado da pele vai fechar. Esta é a maravilha das células: até os ossos voltam ao que eram! – disse ela, erguendo-se e sacudindo a poeira. – Agora, essa bermuda rasgada é que vai me render uma boa bronca... não se regenera! Nem tudo no mundo funciona como nosso corpo. – Todos caíram na gargalhada.

**Agora é sua vez.**

1. Algumas partes moles, outras mais duras ou com texturas diversas – por que você acredita que o corpo humano tem partes tão diferentes entre si?

2. Você já viveu a experiência de sofrer um ferimento? Fez algum corte ou quebrou algum osso? Que parte do texto explica como essas estruturas se regeneram?

# Tecidos

Os organismos multicelulares têm muitas células, que são diferentes entre si, tanto no formato quanto na função. Assim, as células semelhantes se organizam em grupos que desempenham funções determinadas. Esse agrupamento de células é denominado **tecido**.

O corpo humano é constituído por diferentes tipos de tecido, dos quais os principais são: epitelial, muscular, ósseo, adiposo, sanguíneo e nervoso.

Os esquemas apresentados nesta página são concepções artísticas das estruturas e não reproduzem as cores naturais, nem seguem a proporção real entre as dimensões.

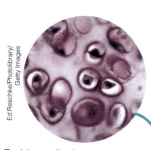

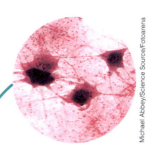

**Tecido nervoso:** é formado por células que conduzem impulsos elétricos. Fotografia obtida em microscópio óptico; ampliação aproximada de 160 vezes.

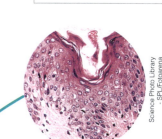

**Tecido epitelial:** é a camada que reveste e protege as superfícies do organismo, como a pele. Fotografia obtida em microscópio óptico; ampliação aproximada de 400 vezes.

**Tecido cartilaginoso:** chamado de cartilagem, é um exemplo de tecido conjuntivo e está presente no nariz, na orelha, nas extremidades das costelas e entre as articulações (ponto de encontro de dois ossos). Fotografia obtida em microscópio óptico; ampliação aproximada de 380 vezes.

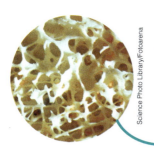

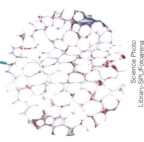

**Tecido ósseo:** é um tecido rígido que forma os ossos. Tem função de proteger e sustentar o corpo, participando dos movimentos. Fotografia obtida em microscópio óptico; ampliação aproximada de 6 vezes.

**Tecido adiposo:** outro exemplo de tecido conjuntivo, composto de células que armazenam energia em forma de gordura. Evita perda de calor do corpo e o protege contra batidas e pancadas. Fotografia obtida em microscópio óptico; ampliação aproximada de 30 vezes.

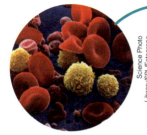

↑ Diferentes tipos de tecidos do corpo humano.

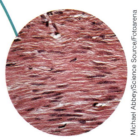

**Tecido sanguíneo:** é o sangue. Atua no transporte de gases e nutrientes do corpo. É formado por células de diferentes tipos e funções, chamadas de glóbulos brancos, glóbulos vermelhos e plaquetas. Fotografia obtida em microscópio eletrônico e colorizada artificialmente. Ampliação aproximada de 2 500 vezes.

**Tecido muscular:** os diversos músculos do corpo humano são formados por diferentes tipos de tecido muscular. Fotografia obtida em microscópio óptico; ampliação aproximada de 160 vezes.

# Órgãos e sistemas

Como visto anteriormente, cada tecido tem uma função específica. Da mesma maneira, dois ou mais tecidos se agrupam formando os **órgãos**. O corpo humano tem vários tipos de órgãos: pele, cérebro, coração, pulmões, estômago, fígado, intestino, rins, bexiga, ossos.

Cada órgão tem uma função específica. O coração, por exemplo, bombeia o sangue para todo o corpo; a bexiga armazena a urina antes de ser eliminada; os ossos dão sustentação ao corpo e contribuem para a locomoção. Mas nenhum órgão funciona sozinho. Eles trabalham em associação para realizar funções específicas, por exemplo, digerir o alimento e levar oxigênio para diferentes partes do corpo.

O agrupamento de órgãos que são responsáveis por uma função recebe o nome de **sistema**. Cada osso, por exemplo, é um órgão; os diferentes ossos do corpo humano trabalham juntos formando um sistema: o sistema esquelético.

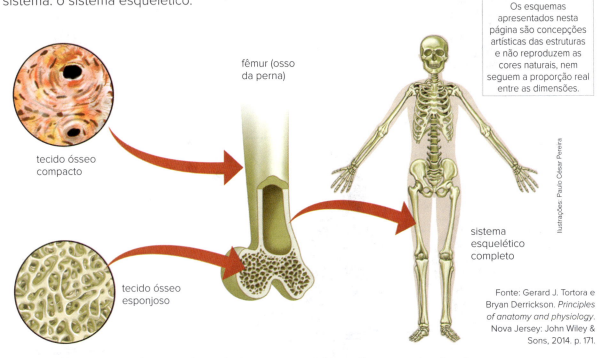

Os esquemas apresentados nesta página são concepções artísticas das estruturas e não reproduzem as cores naturais, nem seguem a proporção real entre as dimensões.

Fonte: Gerard J. Tortora e Bryan Derrickson. *Principles of anatomy and physiology*. Nova Jersey: John Wiley & Sons, 2014. p. 171.

↑ Esquema com dois tipos de tecido ósseo que compõem o fêmur e sua localização no sistema esquelético.

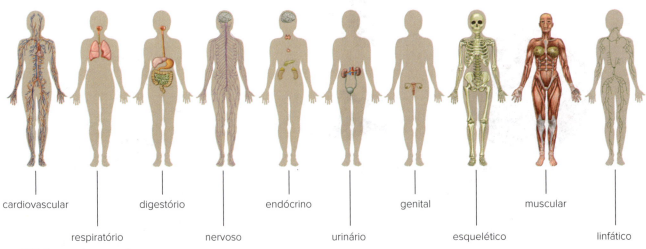

↑ Sistemas do corpo humano.

# Níveis de organização

Assim, podemos dizer que a vida é uma organização em níveis, que pode ir do mais simples (a célula) ao mais complexo (o organismo).

Veja a seguir um exemplo dessa organização no ser humano.

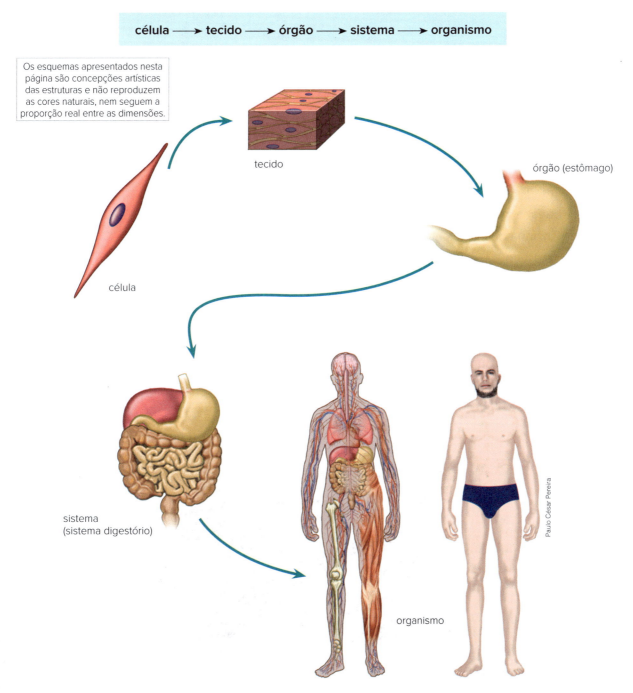

↑ Esquema de níveis de organização do corpo humano, da célula até o indivíduo completo.

A célula é a menor unidade estrutural e funcional dos seres vivos. Elas se agrupam formando os tecidos, que compõem os órgãos e, por fim, os sistemas.

Um organismo é constituído por diferentes sistemas que funcionam de forma integrada e regulada. Eles dependem uns dos outros e todos são importantes, pois juntos são responsáveis por possibilitar a vida.

## PENSAMENTO EM AÇÃO — INVESTIGAÇÃO

# Observação dos tecidos de uma coxa de frango

Que tecidos você acredita que podem ser vistos em uma coxa de frango? Nesta prática você observará uma coxa de frango, por fora e por dentro, para analisar os tecidos que a compõem.

Com esta prática não será possível observar diretamente sua constituição celular ou certos tecidos, como o nervoso. Mas estruturas poderão ser observadas e catalogadas.

## Material:

- coxa de frango;
- estilete ou faca afiada;
- luva (de cozinha ou cirúrgica);
- jornal ou plástico.

> **ATENÇÃO!**
>
> Peça a um adulto que acompanhe o procedimento e ajude-o a fazer os cortes no frango.

## Procedimentos

1. Coloque a coxa de frango sobre o papel ou plástico e observe o que vê. Sinta a textura da pele do frango e a consistência da coxa.
2. Peça ao professor ou outro adulto que estiver ajudando que corte a coxa no sentido do comprimento. Observe e procure identificar se há diferentes tecidos e como eles se organizam.
3. Desenhe tudo o que foi visto por você durante o experimento.

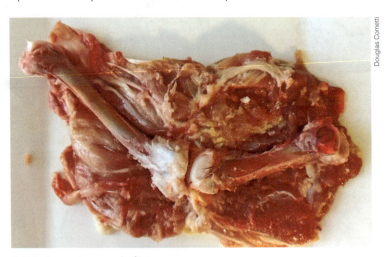

↑ Estruturas da coxa de frango.

### Reflita e registre

1. Quantos tecidos diferentes você identificou?
2. Quais órgãos você consegue identificar na coxa de frango?

# ATIVIDADES

### SISTEMATIZAR

**1.** O que compõe os diferentes órgãos de um corpo?

**2.** Observe as imagens a seguir. O que os símbolos matemáticos sugerem que elas representam?

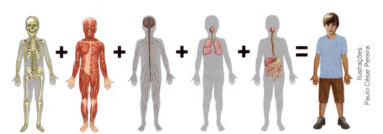

Ilustrações: Paulo César Pereira

Os esquemas apresentados nesta página são concepções artísticas das estruturas e não reproduzem as cores naturais, nem seguem a proporção real entre as dimensões.

### REFLETIR

**1.** A imagem a seguir exemplifica os níveis de organização do organismo de um pato. Analise-a e explique o que os números representam na imagem.

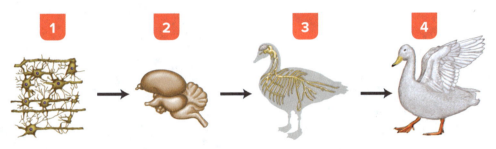

### DESAFIO

**1.** No máximo, por quanto tempo conseguimos ficar em pé?

Se ficarmos em pé, mexendo as pernas, é possível suportar por horas, já que favoreceríamos o retorno do sangue ao coração para seguir bombeando. Mas, totalmente parados, ao longo do tempo, o sangue acabaria acumulando nos membros inferiores e faltaria oxigenação cerebral, afirma o professor Antonio de Nóbrega. "Existem pessoas com mais sensibilidade e que, numa situação dessas, certamente desmaiariam em pouco tempo. Para uma pessoa saudável, a princípio, não haveria desmaio e ela poderia ficar por horas em pé, já que nosso corpo está adaptado para a vida bípede e corrigiria a falta de sangue nos membros e órgãos superiores aumentando os batimentos cardíacos para manter a pressão arterial normal", explica.

Disponível em: <www.curiosidadesnota10.com/2015/07/os-12-maiores-limites-do-corpo-humano.html>. Acesso em: 5 abr. 2019.

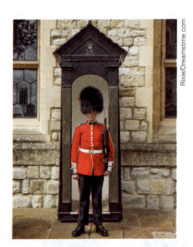

↑ Guarda da Rainha em seu posto, Londres, Inglaterra, 2017. Em algumas profissões é comum passar muito tempo em pé.

Reúnam-se em duplas e respondam às questões a seguir.

**a)** De que órgão e tecido o texto trata?

**b)** Além do sistema circulatório, mencionado no texto, quais outros sistemas poderiam estar funcionando no ato de mexer as pernas?

85

## FIQUE POR DENTRO

# A célula

É a unidade básica de todos os seres vivos e compõe os tecidos e órgãos. Ela atua de modo autônomo e se reproduz de maneira independente. É vista através de microscópio e constituída de duas partes fundamentais – núcleo e citoplasma – circundadas por uma membrana.

### Tipos de célula

Há dois tipos de células: procariontes e eucariontes. As procariontes não têm núcleo, e o material genético fica disperso no citoplasma, como ocorre em bactérias e cianobactérias. Nas eucariontes, o material genético está organizado em um núcleo, é o caso das células das plantas e dos animais.

→ As bactérias *Escherichia coli*, encontradas no intestino humano, são exemplos de células procariontes.
→ A células do ser humano são eucariontes. No detalhe, células do intestino: as estruturas circulares são o núcleo.

**CÉLULAS INTESTINAIS**
Tecido epitelial de revestimento do intestino grosso, imagem de microscópio eletrônico ampliada 570 vezes.

**NÚCLEO**

Steve Gschmeissner/Science Photo Library-SPL/Fotoarena

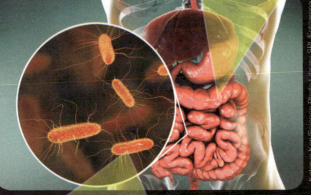

Kateryna Kon/Science Photo Library-SPL/Fotoarena

**CITOESQUELETO**
São filamentos que mantêm a forma da célula e possibilitam o movimento de organelas e os deslocamentos de partículas no interior da célula.

**LISOSSOMO**
Atua na digestão intracelular.

**RETÍCULO ENDOPLASMÁTICO GRANULOSO**
Envolve a síntese e o transporte de proteínas.

**COMPLEXO GOLGIENSE**
Atua no transporte e na distribuição de proteínas produzidas no retículo endoplasmático granuloso.

Carlos Clarivan/Science Photo Library-SPL/Fotoarena

Representação de uma célula bacteriana.

**FLAGELOS**
Atuam na locomoção do microrganismo.

**NUCLEOIDE**
É a região onde se encontra o material genético.

**RIBOSSOMO**
Atua na síntese de proteínas.

**FÍMBRIAS**
São estruturas responsáveis pela fixação da bactéria no intestino humano.

### Tempo de Vida
Há células que vivem entre 3 e 5 dias, outras são ativas durante a vida toda do ser vivo.

## 30 trilhões

É a quantidade aproximada de células que compõem o corpo de um ser humano adulto. Dividem-se em 210 tipos diferentes de células.

**MEMBRANA CELULAR (OU PLASMÁTICA)**
Membrana que reveste a célula.

**NÚCLEO**
Controla a atividade, o crescimento e a reprodução celular.

**NUCLÉOLO**
Região dentro do núcleo composta de ácido desoxirribonucleico (DNA), ácido ribonucleico (RNA) e proteínas.

**DNA**
O ácido desoxirribonucleico (DNA) compõe os cromossomos e armazena informações para a divisão celular.

**CITOPLASMA**
Região situada entre a membrana celular e o núcleo.

**RETÍCULO ENDOPLASMÁTICO NÃO GRANULOSO**
Atua no transporte de substâncias.

**MITOCÔNDRIAS**
Estão situadas no citoplasma. Dentro dessas organelas ocorre a respiração celular, processo que resulta em energia para as atividades celulares.

1. Reúna-se em um grupo de quatro integrantes e, juntos, escolham um dos tipos de células para estudar e reproduzir em um modelo tridimensional. Pesquisem características como forma, organelas e respectivas funções. Reutilizem material (garrafas PET, pedaços de fios ou cordões, tampinhas de garrafa, canudos, embalagens de produtos, botões etc).

2. Apresentem seu modelo de célula aos demais colegas e expliquem as características representadas.

# CAPÍTULO 4
# Ecossistemas

Neste capítulo, você vai estudar o conceito de ecossistema, destacando as interações dos seres vivos com o ambiente e entre si, fluxo de energia e ciclagem de nutrientes.

 **EXPLORANDO** AS INTERAÇÕES NA NATUREZA

Manuela havia visitado o sítio dos pais de Ariel no final de semana e chegou na escola bastante empolgada com tudo o que viu.

Contou para os amigos que lá havia uma composteira, em que jogavam todos os restos de alimentos e folhas das árvores que rastelavam; tudo isso se decompunha e virava um tipo de adubo bom para o solo. Lembrou que o pai de Ariel havia explicado que isso também acontece em uma floresta.

Contou ainda que no sítio tinha muitas plantas e animais. O milho, além de servir para fazer curau, quando seco servia de alimento para as galinhas e patos. As vacas se alimentavam do capim e havia aves em todas as árvores, especialmente nas goiabeiras carregadas de frutas.

Ariel explicou a ela que as aves comiam os frutos da goiabeira, depois defecavam. Como havia sementes de goiaba em suas fezes, novas goiabeiras nasciam delas.

Mas uma coisa lhe deixou triste: ela viu um gavião comendo um filhote de passarinho no ninho de uma dessas árvores!

**Agora é sua vez.**

1. Em sua opinião, por que é importante que as folhas e os demais restos de plantas se decomponham em uma floresta?

2. Você acredita que as outras situações observadas por Manuela no sítio também ocorrem em uma floresta? Explique.

# Níveis de organização dos componentes bióticos

No capítulo anterior você viu que no estudo da vida temos diferentes níveis de organização, que podem ir do mais simples (a célula) ao mais complexo (o organismo). Você conhecerá agora os níveis seguintes desta organização:

Cada ser vivo é um **organismo**.

Diversos organismos de uma mesma espécie interagem entre si, em determinada área, formando uma **população**.

Quando populações diferentes ocupam um mesmo local, elas constituem uma **comunidade**.

Diferentes comunidades interagindo entre si e com os componentes não vivos formam um **ecossistema**.

Veja um exemplo no esquema a seguir.

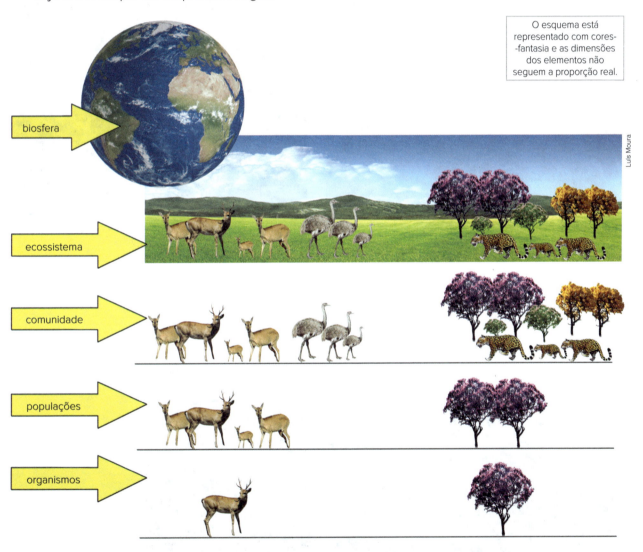

O esquema está representado com cores-fantasia e as dimensões dos elementos não seguem a proporção real.

↑ Esquema simplificado dos níveis de organização dos seres vivos. No primeiro nível (de baixo para cima na imagem), há um organismo animal e um vegetal. No segundo, uma população animal e uma vegetal. No terceiro, uma comunidade formada por diversas populações. No quarto, a reunião dos elementos vivos e não vivos formam um ecossistema. E, no último nível, o conjunto de todos os ecossistemas do planeta compõe a biosfera.

# Ecossistemas

Ecossistemas são formados pelo conjunto das interações entre fatores ambientais, como temperatura, regularidade de chuvas, disponibilidade de água, tipos de solo, relevo etc. e os seres vivos (animais, plantas, microrganismos e fungos) de determinada região. A seguir, você conhecerá melhor essas interações.

Os **ecossistemas** podem variar em dimensão e em seus componentes ou nas relações entre eles. Uma floresta, um recife de coral ou uma plantação são exemplos de ecossistemas.

**POSSO PERGUNTAR?**

As cidades também podem ser consideradas ecossistemas?

↑ Tiê-sangue fêmea, um dos habitantes da floresta tropical se alimentando. A floresta tropical é um exemplo de ecossistema natural. Guaraqueçaba (PR), 2017.

↑ Recifes de corais são exemplos de ecossistemas naturais. Sentosa (Cingapura), 2017.

← Plantações são consideradas ecossistemas artificiais, pois foram implantadas pelo ser humano. Pedra Bela (SP), 2018

# Tipos de ecossistema

Os ecossistemas naturais apresentam grande diversidade. Eles podem ser encontrados nos mais diferentes ambientes, mesmo aqueles que apresentam condições mais extremas, como os topos de montanhas ou as profundezas dos oceanos.

Existem **ecossistemas terrestres** e **aquáticos**, além de **ecossistemas de transição** entre eles, originando sobreposições que podem dificultar a identificação dos limites de cada um.

Podemos citar como exemplos de ecossistemas terrestres os desertos, as savanas, as florestas, entre outros. São ecossistemas aquáticos as lagoas, os rios, os mares etc.

↑ O deserto é um exemplo de ecossistema terrestre. Vicunha no Deserto de Atacama, Chile.

↑ A lagoa é um exemplo de ecossistema aquático de água doce.

↑ Nos mangues, peixes e outros animais encontram as condições ideais para reprodução, motivo pelo qual são considerados grandes "berçários" naturais.

Já os ecossistemas de transição apresentam características tanto de ecossistemas aquáticos quanto terrestres. Entre eles podemos citar os manguezais, os costões rochosos, os brejos e as praias.

Os manguezais são ecossistemas pantanosos alagados, localizados em regiões litorâneas onde há o encontro de águas de rios com a água do mar. Neles são comuns animais como caranguejos, garças e peixes, além de outros seres vivos.

Costões rochosos são ecossistemas de ambiente costeiro, formados por rochas que se estendem desde o fundo do oceano até alguns metros acima do nível do mar. A variação do nível do mar expõe essas regiões ao ambiente seco duas vezes ao dia, submetendo os organismos locais a condições específicas de temperatura, salinidade, hidratação etc.

← Costão rochoso na maré baixa expondo os organismos que vivem fixados às pedras, como cracas, mexilhões e algas. Vila Velha (ES).

# Seres vivos e componentes não vivos do ecossistema

Os **seres vivos** estão em constante interação entre si e com os **componentes não vivos**: o solo é onde as plantas se fixam e de onde retiram os nutrientes necessários para sua sobrevivência; é também onde vivem animais como minhocas, formigas e microrganismos.

↑ Água e luz solar estão entre os componentes não vivos do ecossistema com os quais os seres vivos interagem.

↑ Minhocas e diversos outros seres vivos habitam o solo.

Água e luz solar também são exemplos de componentes não vivos com os quais os seres vivos se relacionam: alguns necessitam de mais água para viver, outros sobrevivem em ambientes com escassez de água. O mesmo ocorre com a luz.

↑ As folhas do cacto são modificadas em espinhos, uma estrutura que evita a perda de água pela transpiração.

→ As características do cacto mandacaru favorecem sua sobrevivência nas condições climáticas do semiárido: o caule tem capacidade de armazenar água. Petrolina (PE), 2012.

92

# Relações entre os seres vivos

↑ Machos de garça-branca-pequena (*Egretta thula*) durante disputa por território em Poconé (MT), 2017.

As **relações entre os seres vivos** ocorrem entre seres da mesma espécie e entre populações de espécies diferentes.

Essas relações são determinadas pela disponibilidade de recursos dos quais os seres dependem para a sobrevivência. Entre esses recursos podemos citar alimento, defesa e obtenção de abrigo.

As relações entre os seres vivos interferem no crescimento e desenvolvimento de uma ou de todas as populações de espécies envolvidas.

**POSSO PERGUNTAR?**
O hábito dos peixes de aquário de mesma espécie comerem uns aos outros é um tipo de relação ecológica?

 **AQUI TEM MAIS**

## Relações entre os seres vivos e seus efeitos sobre as populações

As relações entre os seres vivos podem ter diferentes efeitos sobre as populações envolvidas: positivo (quando resultam em benefícios), negativo (quando resultam em prejuízo) ou neutro (quando uma não é afetada pela outra).

A **competição** é um exemplo de relação que pode ocorrer entre indivíduos da mesma espécie e entre indivíduos de espécies diferentes. Ocorre quando disputam recursos limitados do ambiente. Nessa relação, ambos são afetados negativamente.

Pode haver duas ou mais espécies competindo pelo mesmo recurso. Por exemplo, a jaguatirica, o cachorro-vinagre e as corujas alimentam-se de pequenos animais; nesse caso, as diferentes espécies caçam o mesmo alimento, interferindo na chance de sucesso uns dos outros. Árvores competem à medida que crescem, disputando espaço e cobrindo umas às outras para ter a chance de receber mais luz do Sol, sua fonte de energia.

**Predação** é um tipo de relação entre espécies diferentes. Nela, os indivíduos envolvidos assumem o papel de predador e presa: o primeiro atua nessa relação caçando o segundo para se alimentar. É uma relação comum na natureza que afeta positivamente o predador e negativamente a presa. Podemos citar alguns exemplos: a onça que caça animais como a paca, a coruja que caça pequenos animais como os ratos, o boto-cinza que se alimenta de peixe etc.

Plantas como orquídeas e bromélias mantêm uma relação de **inquilinismo** com outras plantas de maior porte em que se apoiam. É uma relação positiva para as orquídeas e bromélias, que se beneficiam de um bom lugar para obter água e luz do Sol, e neutra para as árvores, que não são afetadas na relação.

1. Faça uma pesquisa sobre outros tipos de relação ecológica. Classifique-os como relações entre indivíduos da mesma espécie e indivíduos de espécies diferentes e identifique as relações como positiva, negativa ou neutra para as populações envolvidas.

## PENSAMENTO EM AÇÃO — CRIAÇÃO DE MODELO

### Testando a adaptação das plantas

Uma mesma planta tem crescimento diferente quando plantada em solos distintos?

Neste experimento, você vai testar o desenvolvimento das plantas em diferentes tipos de solo e observar sua capacidade de adaptação a fatores abióticos.

### Material:

- três vasos ou embalagens descartadas furadas;
- amostras de três tipos de solo;
- etiquetas;
- sementes de planta de rápido crescimento (alpiste, feijão etc).

### Procedimentos

1. Colete amostras de solos de três locais diferentes. É importante que os solos sejam perceptivelmente diferentes uns dos outros: cor (avermelhado, escuro, amarelado) e textura (arenoso, argiloso), por exemplo.
2. Coloque um tipo de solo em cada vaso e identifique-os com as etiquetas.
3. Umedeça a terra colocando água sem exagero e semeie cerca de 20 sementes em cada vaso.
4. Posicione os três vasos próximo à iluminação natural, de forma que todos recebam a mesma quantidade de luz diária.
5. Regue periodicamente, cuidando para não molhar demais nem deixar o solo seco. Coloque sempre a mesma quantidade de água em cada vaso.
6. Observe e registre periodicamente o desenvolvimento das plantas. Caso outras plantas, cujas sementes estavam no solo, comecem a se desenvolver, remova-as, pois podem afetar o resultado do experimento. Estima-se que duas semanas são suficientes para a conclusão do experimento, mas isso vai depender da espécie semeada e das condições climáticas locais.

### Reflita e registre

*NO CADERNO*

Elabore uma ficha de registro com as datas de plantio das sementes, das regas, da germinação, quantidade de plantas germinadas, a altura das plantas em cada dia ou cada semana, cor das folhas, tamanho dos galhos, aparência.

Terminado o experimento, analise os registros e responda:

1. Como se deu o crescimento das plantas nos diferentes tipos de solo em relação à quantidade de sementes germinadas, altura das plantas e aspecto geral (tamanho das folhas e do caule, se houver, cor das folhas, brilho etc.)?

2. Como você explica o resultado? Que relações podem ser estabelecidas entre as plantas semeadas e seu crescimento nos diferentes tipos de solo?

# Os seres vivos e a energia

Todos os seres vivos dependem de energia para realizar suas atividades e produzir os componentes necessários à manutenção da vida e à reprodução. A fotossíntese é um processo fundamental para a obtenção de energia. Por meio dela, as plantas, as algas e o **fitoplâncton** utilizam a energia solar, a água e o gás carbônico que absorvem para produzir glicose (açúcar), que é seu alimento; são os chamados **produtores**.

Os produtores são consumidos por outros seres, como animais e fungos, de modo que a matéria e a energia são transferidas para os seres vivos que se encontram no nível seguinte, formando uma **cadeia alimentar**. A passagem de energia de um nível para outro é chamado de **fluxo de energia**.

Os fungos e as bactérias são chamados de **decompositores**.

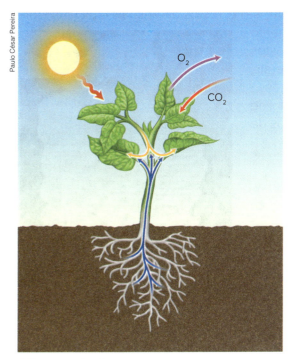

↑ Esquema de planta em corte que mostra os principais fatores envolvidos no processo de fotossíntese.

> **GLOSSÁRIO**
>
> **Fitoplâncton:** organismos aquáticos microscópicos que vivem flutuando na água e têm capacidade de realizar fotossíntese.

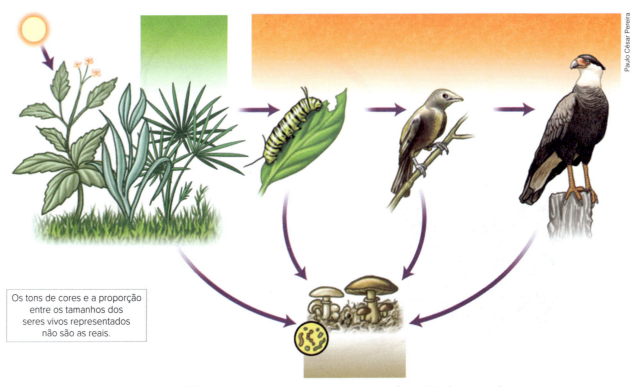

Os tons de cores e a proporção entre os tamanhos dos seres vivos representados não são as reais.

↑ Esquema de cadeia alimentar terrestre. O sentido da seta indica para quem vai a matéria, a partir da qual será obtida a energia.

95

# Ciclagem de nutrientes

Os decompositores consomem matéria orgânica morta, isto é, restos de animais e plantas mortos ou resíduos produzidos por eles quando vivos (fragmento de pele, fezes e urina). Com isso, reciclam naturalmente restos e dejetos no ambiente e disponibilizam água e sais minerais, possibilitando, assim, a renovação da matéria. Esse processo de transformação química e física da matéria é chamado de **ciclagem de nutrientes**. Fungos e bactérias são exemplos de seres decompositores.

→ A orelha-de-pau é um tipo de fungo que cresce sobre a madeira decompondo-a.

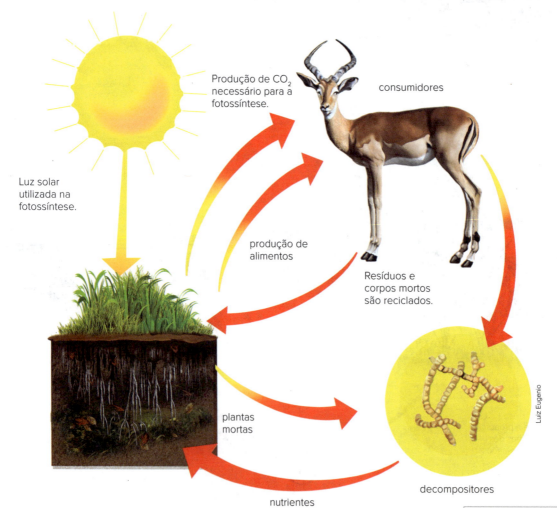

↑ Esquema que representa o processo de reciclagem de nutrientes.

O esquema está representado com cores-fantasia e as dimensões dos elementos não seguem a proporção real.

# Teia alimentar

Nos ecossistemas, as cadeias alimentares não ocorrem de forma isolada. O conjunto de várias cadeias alimentares interligadas recebe o nome de **teia alimentar**.

Essa relação entre cadeias alimentares diferentes é vantajosa para a manutenção das espécies na Terra. O fato de um mesmo organismo alimentar-se de diferentes seres vivos ou ser consumido por outros seres vivos possibilita que, na ausência de determinado alimento, seja possível substituí-lo.

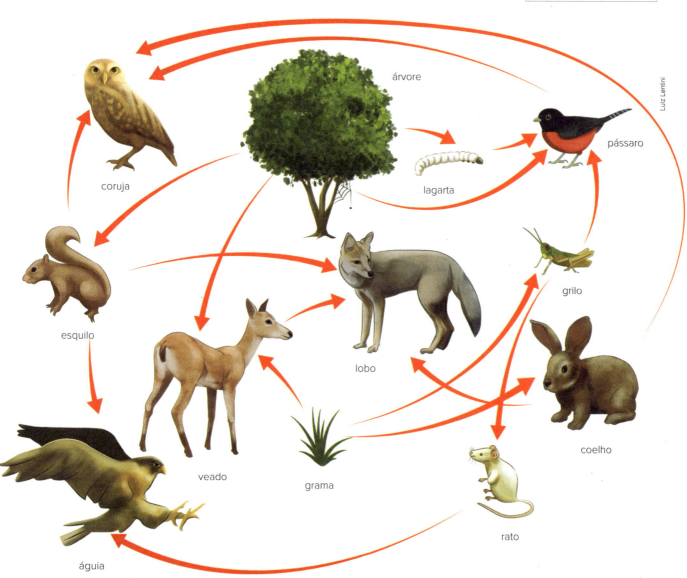

Os tons de cores e a proporção entre os tamanhos dos seres vivos representados não são as reais.

↑ Em uma teia alimentar é possível identificar várias cadeias alimentares, de forma que um mesmo organismo pode participar de mais de uma. Os decompositores não estão representados nesse esquema; no entanto, quando morrem, todos os seres vivos são decompostos por eles.

97

## CIÊNCIA, TECNOLOGIA E SOCIEDADE

## Consumo consciente contribui para reduzir impactos sobre hábitat de animais

[...]

A ameaça de extinção de uma espécie, fruto de milhares de anos de evolução, por mais insignificante, ou distante que possa parecer, pode provocar um grande desequilíbrio no ecossistema de todo o planeta. Assim que uma população diminui, a espécie que servia como alimento da primeira tem um surto de crescimento populacional. Por outro lado, as espécies que tinham como fonte de alimento o animal que está desaparecendo, também tendem a diminuir. Assim, o desequilíbrio vai mudando de nível na chamada cadeia alimentar. Cada animal mantém uma relação com outro nessa cadeia, que inclui, direta ou indiretamente, o homem.

↑ O degelo no Ártico está destruindo o hábitat dos ursos polares e colocando essa espécie em risco de extinção.

A preservação das espécies, o grande desafio para os grupos que trabalham em sua defesa, pode, em boa parte, ser amenizada por hábitos de consumo que considerem os impactos desse ato. As mudanças climáticas provocadas pelo aquecimento global são fatores que contribuem para a extinção de animais como o urso-polar, que sofre as consequências do degelo das calotas. A emissão de gases, como o carbono, está no centro do desequilíbrio, já que provoca o aquecimento global. Por mais distante que possa parecer para o consumidor brasileiro, usar menos o carro e economizar energia elétrica são atitudes com impacto direto na produção dos gases de efeito estufa, contribuindo para a preservação das espécies no planeta.

[...] o impacto ecoa no meio ambiente, pois o seu consumo consciente de combustível e energia vai exigir uma produção menor, e a produção gera gases de efeito estufa. O consumidor consciente estará, assim, poupando recursos naturais e contribuindo para a preservação da vida no planeta.

[...]

Akatu. Consumo consciente contribui para reduzir impactos sobre hábitat de animais Disponível em: <https://www.akatu.org.br/noticia/consumo-consciente-contribui-para-reduzir-impactos-sobre-habitat-de-animais/>. Acesso em: 5 abr. 2019.

**1.** Forme um grupo com alguns colegas e discutam medidas que vocês podem tomar em seu cotidiano para praticar o consumo consciente.

## PENSAMENTO EM AÇÃO — EXPERIMENTO

## Como criar um ecossistema em ambiente fechado

Será possível manter um ecossistema em ambiente fechado? Nesta atividade, criaremos um sistema fechado, ou seja, sem trocas com o meio externo, como de água ou nutrientes. A única exceção será a entrada de luz.

Antes de montar o microecossistema propriamente dito, forme um grupo com alguns colegas e planejem qual será o ecossistema que vocês reproduzirão. Pesquisem o tipo de planta que colocarão, a quantidade de água de que elas necessitam, bem como a luminosidade necessária.

### Material:
- recipiente de vidro com boca larga, transparente e com tampa, como um pote de vidro;
- plantas de pequeno porte (violetas, musgos etc.);
- cascalho ou pedriscos;
- terra para jardim;
- água;
- palito de sorvete (ou uma colher).

↑ Materiais para o experimento.

### Procedimentos

1. Coloque uma camada fina de cascalho no fundo do recipiente (para garantir a drenagem da água).
2. Acrescente a terra de jardim de forma que a camada de solo e cascalho não ultrapasse 1/4 da altura do recipiente.
3. Com o auxílio do palito de sorvete, plante os vegetais escolhidos.
4. Acrescente outros elementos que se adequem ao seu projeto (galhos, rochas etc.).
5. Regue, deixando a água escorrer pelas paredes do recipiente. A quantidade de água vai depender das plantas escolhidas e do tamanho do recipiente utilizado para montar o ecossistema.
6. Feche o terrário e deixe-o em local que tenha as condições necessárias para a reprodução.
7. Realizem observações periódicas. Registrem datas e todas as alterações observadas no terrário.

### Reflita e registre

1. Discuta com os colegas os resultados e depois responda:
   a) Vocês conseguiram reproduzir adequadamente o ecossistema que planejaram?
   b) Quais foram as principais alterações observadas?

2. Experimente manipular alguns elementos em seu microecossistema, como disponibilidade de água, luminosidade ou temperatura, e depois responda: O microecossistema respondeu às alterações induzidas? Descreva como.

# DIÁLOGO

## Ecossistemas ou biomas: do que estamos falando?

As características locais de onde você mora ou de locais próximos ao seu município podem corresponder a ecossistemas costeiros, como o manguezal, ou a outros ecossistemas, como a restinga, a Mata Atlântica de encosta, da Mata Atlântica de interior, campos, Cerrado e Cerradão, da Floresta Amazônica, da Mata de cocais, da Mata de Araucárias, dos Pampas e das planícies alagadas do Pantanal. É comum encontrar informações em que é utilizado o termo **bioma** ao se referir a algum desses ecossistemas.

Você já leu ou ouviu sobre os biomas?

Essa denominação corresponde à organização dos ecossistemas. Os biomas são conjuntos de ecossistemas definidos principalmente por áreas de grandes dimensões e que apresentam tipos de solo e altitude semelhantes e clima característico. A vegetação de cada bioma corresponde a um dos componentes mais importantes da classificação dessas áreas. Os diferentes aspectos do bioma determinam os ecossistemas que o compõem.

Os tons de cores e a proporção entre os tamanhos dos seres vivos representados não são as reais.

← Representação de paisagem de ecossistema típico do Pantanal.

1. Com base na leitura do texto e no que você estudou no capítulo, discuta com seus colegas a diferença entre bioma e ecossistema. Se necessário, recorram a outros textos e pesquisa.

2. Em grupos, façam uma pesquisa em livros, revistas ou na internet (se possível, utilizem *tablets* ou *smartphones*) sobre os biomas mundiais, localizando-os no mapa ou em um globo terrestre. Discutam as diferenças e as semelhanças entre eles.

## PENSAMENTO EM AÇÃO — EXPERIMENTO

### Relações ecológicas entre os seres vivos

Será que existem relações ecológicas entre os seres vivos que vivem próximo à escola?

### Material:

> **! ATENÇÃO!**
> Use filtro solar e repelente ao sair para o trabalho de campo.

↑ Materiais para o experimento.

- binóculos;
- câmera fotográfica ou *smartphone*;
- prancheta;
- caderno.

### Procedimentos

1. Em grupos, investiguem a área externa da escola (ou um ambiente próximo, como jardim de casa, praça pública, terreno baldio etc.) a fim de localizar exemplos das interações estudadas no capítulo.
2. Façam anotações sobre as interações (local encontrado, características, indivíduos envolvidos).

#### Reflita e registre

1. Desenhem (ou fotografem) cada um dos exemplos de interação encontrada.
2. Expliquem o funcionamento das interações.
3. Apresentem os resultados aos demais grupos. Caso a escola tenha rede social ou *blog*, divulguem os resultados do trabalho de campo.

# ATIVIDADES

## SISTEMATIZAR

1. De que tipos podem ser os ecossistemas? Mencione um exemplo de cada tipo.

2. Existem no planeta Terra diferentes ecossistemas. Podemos afirmar que tanto uma floresta quanto uma árvore formam ecossistemas? Explique.

3. Indique três componentes de uma cadeia alimentar e explique como eles obtêm energia.

4. O esquema a seguir representa um ecossistema. Analise-o e, depois, liste componentes vivos e não vivos que o compõem.

Os tons de cores e a proporção entre os tamanhos dos seres vivos representados não são as reais.

5. Observe o gráfico a seguir que mostra a evolução de duas populações de animais que se relacionam por meio da predação.

   a) Com base no que aprendeu neste capítulo, explique como ocorre o controle populacional para as espécies envolvidas na relação.

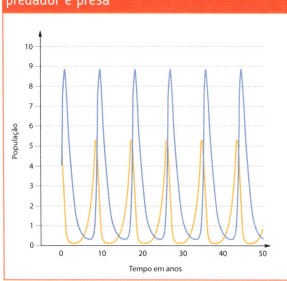

Fonte: Elizabeth Machado Baptestini. *Um sistema presa-predador com evasão mediada por feromônio de alarme*. Viçosa (MG): UFV, 2006. p. 11.

102

## REFLETIR

**1.** Observe a imagem.

↑ Gado em área de Floresta Amazônica desmatada. Curionópolis (PA), 2016.

Agora, responda:

**a)** Que consequências o desmatamento do ecossistema trouxe para os seres vivos que o habitam?

**2.** Leia o trecho do texto a seguir e, depois, faça o que se pede.

[...] Como podemos ver, cada vez mais espécies silvestres migram para o meio urbano, o crescimento das cidades avança sobre o hábitat dos animais, deixando-os sem opção, levando-os a buscar uma nova forma de sobrevivência. Hoje em dia é comum ver abelhas, periquitos, araras entre outros bichos circulando pelos grandes centros urbanos. [...].

As ações do homem e o desequilíbrio ecológico. Pensamento verde, 5 fev. 2014. Disponível em: <www.pensamentoverde.com.br/atitude/acoes-homem-desequilibrio-ecologico>. Acesso em: 5 abr. 2019.

**a)** Por que é comum ver abelhas, periquitos, araras, entre outros bichos, nos grandes centros urbanos?

**b)** Cite outro ecossistema que pode ser afetado com o desenvolvimento dos centros urbanos.

## DESAFIO

**1.** Em grupos, leiam o texto a seguir e façam o que se pede.

"Os produtores apresentam clorofila e realizam fotossíntese, processo por meio do qual obtêm seu alimento. Durante a fotossíntese, esses seres vivos retiram água e gás carbônico do ambiente e absorvem luz solar, que resulta na produção de glicose (açúcar) e liberação de gás oxigênio e água para o ambiente. O gás oxigênio é utilizado na respiração de grande parte dos seres vivos."

**a)** Elabore uma hipótese que explique a importância dos seres fotossintetizantes e as consequências para os ecossistemas caso ocorra a extinção desses seres vivos.

**2.** Faça uma pesquisa na internet e responda: A poluição do ar afeta a fotossíntese das plantas?

# PANORAMA

**FAÇA AS ATIVIDADES A SEGUIR E REVEJA O QUE VOCÊ APRENDEU.**

NO CADERNO

Neste tema aprendemos que os seres vivos se distinguem dos não vivos por terem ciclo de vida, movimento e reação a estímulos. Vimos ainda que muitas atividades vitais realizadas pelos seres vivos ocorrem no interior das células.

As células diferem umas das outras quanto ao formato e à função que exercem e como se organizam segundo essa função no corpo dos seres vivos multicelulares, constituindo os tecidos. Um conjunto de tecidos forma os órgãos, e estes se organizam em sistemas.

Conhecemos também conceitos importantes como: bioma, ecossistema, comunidade e população.

**1.** As ilustrações a seguir representam esquemas simplificados de células. Observe-as atentamente e faça o que se pede.

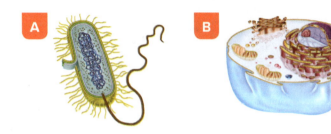 

a) Identifique quais ilustrações representam células com material genético disperso no citoplasma e quais representam aquelas com material genético envolvido em uma membrana nuclear.

b) Identifique a célula vegetal. Como chegou a essa conclusão?

**2.** A membrana plasmática é uma estrutura que reveste as células de todos os seres vivos. Escreva no caderno a alternativa que indica a função dessa membrana.

a) Envolver o material genético.

b) Regular a entrada e saída de materiais na célula.

c) Reter o material genético.

d) Fazer fotossíntese.

**3.** Na imagem a seguir, identifique a célula, o tecido, o órgão e o sistema.

Os esquemas apresentados nesta página são concepções artísticas das estruturas e não reproduzem as cores naturais, nem seguem a proporção real entre as dimensões.

**4.** Tecidos, células, órgãos, organismo e sistemas compõem os níveis de organização de um ser vivo. Em seu caderno, indique a alternativa que corresponde à organização correta.

a) tecidos – células – órgãos – organismo – sistemas – população – comunidade – ecossistema
b) células – tecidos – órgãos – organismo – população – comunidade – ecossistema – sistemas
c) células – órgãos – tecidos – organismo – comunidade – população – ecossistema – sistemas
d) células – órgãos – tecidos – comunidade – organismo – sistemas – população – ecossistema
e) células – tecidos – órgãos – sistemas – organismo – população – comunidade – ecossistema

**5.** Observe a seguir o esquema de uma cadeia alimentar e responda às questões.

a) Que importantes aspectos dos ecossistemas estão representados na sequência 1 – 2 – 3? E em 4?
b) A que corresponde a seta de 4 para 1?

Os tons de cores e a proporção entre os tamanhos dos seres vivos representados não são reais.

Esquema que representa a cadeia alimentar.

## DICAS

### ▶ ACESSE
**Por que a árvore tem casca?**: <http://www.universidadedascriancas.org/perguntas/por-que-a-arvore-tem-casca/>. Acesso em: 5 abr. 2019. Página da Universidade Federal de Minas Gerais (UFMG) que disponibiliza texto simples sobre os tecidos das árvores.

### ▶ ASSISTA
**A célula – A química da vida (episódio 1)**, Reino Unido, 2009. Produção: BBC, 58 min. Documentário sobre a descoberta da célula, suas estruturas e funções.

### ▶ LEIA
**Curta suas células**, de Fran Balkwill (Funpec). Livro paradidático que apresenta o mundo das células vivas no corpo humano, bem como o início da vida.

### ▶ VISITE
**Museu da Vida**. Nesse museu você pode conhecer aspectos relacionados à saúde, ciência e tecnologia. Para mais informações sobre as exposições em cartaz: <www.museudavida.fiocruz.br/index.php/exposicoes>. Acesso em: 5 abr. 2019.

↑ Os sistemas que constituem o corpo dos animais – como o corpo do ser humano e o do cachorro – possibilitam a realização de atividades como brincar, alimentar-se e perceber o mundo ao redor.

# TEMA 4
# Sistemas integrados

## NESTE TEMA
**VOCÊ VAI ESTUDAR:**

- o sistema nervoso e os órgãos ligados a ele;
- como o corpo percebe o ambiente e coordena os movimentos;
- o sistema sensorial, que nos possibilita sentir as coisas ao redor, e os órgãos que fazem parte dele;
- as características dos ossos, articulações e músculos do corpo dos animais e como eles atuam na locomoção.

**1.** Quais estruturas possibilitam aos seres humanos e a muitos outros animais levantar-se, correr, saltar?

**2.** Alguns animais, como os cães, são capazes de aprender, por exemplo, a pegar uma bola ou saltar um obstáculo. Isso ocorre graças ao mesmo sistema que possibilita aos seres humanos aprender a falar e escrever, entre outras coisas. Você sabe que sistema é esse?

**CAPÍTULO 1**

# Sistema nervoso

No tema anterior, você estudou que o corpo dos seres vivos é formado por diferentes sistemas que trabalham de forma integrada. Neste capítulo, você vai conhecer o sistema nervoso, que coordena as ações do corpo recebendo e enviando informações de todos os órgãos.

## EXPLORANDO O ATO REFLEXO

Alexandra sempre gostou muito de cavalos.

O avô dela é um exímio cavaleiro. No sítio em que ele mora há alguns cavalos. Um dia desses, a garota foi passar as férias com o avô e pediu a ele que a ensinasse a cavalgar.

Todos os dias de manhã eles saíam para um passeio a cavalo. Numa dessas manhãs, ela levou um baita tombo! De repente, o cavalo topou com uma serpente, uma jararacuçu. O avô correu para socorrê-la.

Alexandra levantou-se sentindo muitas dores nas costas e as pernas moles. Caminhou até a casa e contou o ocorrido à avó. Rapidamente, todos foram procurar um hospital.

A doutora fez Alexandra sentar-se na maca, de modo que suas pernas ficassem suspensas, depois bateu levemente no tendão logo abaixo do joelho da menina, com um martelinho próprio para essa finalidade, o que fez a perna subir sem que Alexandra sequer pensasse em fazer esse movimento.

– Por que você bateu no meu joelho com esse martelinho?

– Estou apenas testando seu reflexo. O nome desse teste é reflexo patelar.

– Que interessante, minha perna se mexeu sem que eu quisesse!

– É justamente isso que eu quero verificar. Quando bato com o martelo no tendão, logo abaixo do seu joelho, estou estimulando as células nervosas, que, em situação normal, têm uma resposta rápida, fazendo com que a perna se mova. Com isso, pude ver que seus nervos e medula estão intactos, não sofreram danos com a queda.

– Uia! Eu achava que só existiam células nervosas no cérebro!

### Agora é sua vez.

1. Você já fez o exame descrito no texto ou conhece alguém que já o fez?

2. Com esse exame médico, Alexandra descobriu que há células nervosas em outras partes do corpo além do cérebro. Pense em outro exemplo que reafirme essa ideia.

3. Piscar é um movimento muito importante para a lubrificação de nossos olhos. Fazemos isso sem nos darmos conta. Tente ficar sem piscar e veja quanto tempo consegue. Por que você acha que isso acontece? O que ocorre em nosso corpo para não conseguirmos evitar o movimento de piscar?

# Sistema nervoso

Você já deve ter passado pela experiência de brincar a tarde toda, ficar com muita fome e de repente sentir o cheiro de seu prato preferido. Só de sentir o cheiro já dá água na boca, não é? Você sabe por que isso acontece?

A salivação é uma resposta acionada pelo **sistema nervoso**. Só de sentir o cheiro de sua comida favorita, esse sistema prepara seu corpo para a digestão do alimento, que começa na boca, com a salivação. É a interação do sistema nervoso com o sistema digestório.

Para entender como isso ocorre, vamos conhecer o sistema nervoso e seu funcionamento.

Observe a imagem ao lado. Nela está representado o sistema nervoso. Você conhece alguma de suas estruturas? Tente identificá-las.

De acordo com seu funcionamento, o sistema nervoso é dividido em **sistema nervoso central (SNC)**, representado em tons de bege, e **sistema nervoso periférico (SNP)**, representado em lilás.

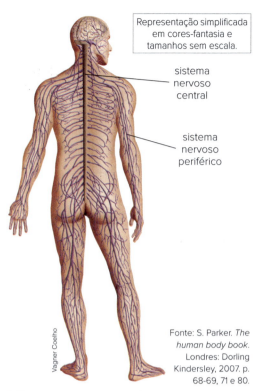

Representação simplificada em cores-fantasia e tamanhos sem escala.

Fonte: S. Parker. *The human body book*. Londres: Dorling Kindersley, 2007. p. 68-69, 71 e 80.

↑ Esquema que mostra o sistema nervoso central (SNC) e o sistema nervoso periférico (SNP). O sistema nervoso controla várias ações do organismo, como sentir sono, salivar diante de um prato de comida e ler um livro.

## Sistema nervoso central

O sistema nervoso central (SNC) é formado pela medula espinal e pelo encéfalo.

A **medula espinal** (também conhecida como medula espinhal), pode ser entendida como um tubo nervoso protegido pelos ossos da coluna vertebral. É por meio da medula espinal que todo o corpo se comunica com o encéfalo. Ela leva informações do SNP para o encéfalo e, da mesma forma, capta mensagens do encéfalo e as distribui por todo o corpo por meio do mesmo sistema.

O **encéfalo** é constituído pelo cérebro, cerebelo e tronco encefálico. Ele é protegido pelos ossos do crânio.

> **GLOSSÁRIO**
> **Involuntário:** que não depende de nossa vontade.

Fonte: Cleveland P. Hickman. *Integrated principles of zoology*. Nova York: McGraw-Hill, 2001. p. 737.

↑ Esquema com destaque para o sistema nervoso central humano.

**Cérebro:** responsável por processar informações como pensamento, controle emocional, movimentos e fala, além da percepção de sensações como dor, temperatura, forma, cor, movimento e sons.

**Cerebelo:** controle da postura e do equilíbrio. Faz isso com base em informações captadas pelos órgãos sensoriais de todo o corpo.

**Tronco encefálico:** controla funções vitais **involuntárias**, como respiração, digestão, frequência cardíaca e pressão arterial.

↑ Regiões do encéfalo e a ligação com a medula espinal.

## Componentes do sistema nervoso periférico

O **SNP** é constituído por vários **nervos** que fazem a comunicação entre o SNC e as demais partes do corpo.

Os nervos que trazem as informações dos órgãos sensoriais (olhos, orelhas, pele, língua e nariz) são chamados de **nervos sensoriais**. É graças a eles que sentimos calor, frio e dor, por exemplo. Os nervos que levam informações do SNC para os órgãos são chamados de **nervos motores** porque produzem algum tipo de movimento.

## Interação entre SNC e SNP

De modo geral, podemos dizer que o SNC recebe, analisa e integra dados e informações, e o SNP leva informações dos órgãos sensoriais (orelha, língua, pele e olhos, por exemplo) ao SNC, bem como este envia comandos aos músculos e às **glândulas**, que dão uma resposta aos estímulos.

Vamos retornar ao exemplo inicial deste capítulo: sentir o cheiro de seu prato preferido. Por meio do olfato e da visão, seu corpo capta as informações do meio externo (aparência, cheiro, onde está a comida). Essas mensagens são levadas pelos nervos sensoriais (SNP) até o cérebro (SNC). As informações são processadas no cérebro (SNC) e levadas pelos nervos motores (SNP) até suas mãos, que pegam a comida e a levam à boca. Ao mesmo tempo, as glândulas salivares são estimuladas e a saliva é secretada para ajudar na digestão.

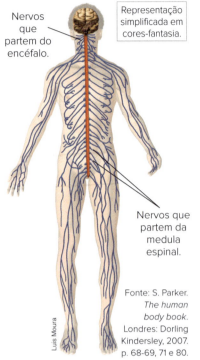

↑ Sistema nervoso periférico. Observe que há nervos que partem do encéfalo e outros da medula espinal.

### GLOSSÁRIO

**Glândula:** órgão responsável por produzir substâncias importantes para o funcionamento do corpo, como saliva, suor e lágrima.
**Nervo:** feixe de fibras formado por prolongamentos dos neurônios.

← Nervos levam mensagens do meio externo para o cérebro e deste para a mão, que leva o alimento à boca. Como resposta, ocorre a salivação, iniciando o processo de digestão.

Perceba, nesse exemplo, que a ação de pegar o alimento e levá-lo à boca depende de sua vontade. Mas você é capaz de parar ou impedir a salivação nessa situação? A resposta é não. Não temos controle sobre esse tipo de resposta dada pelo corpo. Existem muitas outras ações que acontecem dessa forma, ou seja, que não dependem de nossa vontade e são importantes, pois delas depende o bom funcionamento do corpo. As batidas do coração e o funcionamento dos sistemas digestório e circulatório são exemplos de respostas involuntárias.

# Transmissão de informações no sistema nervoso

Os órgãos do sistema nervoso são formados por tecido nervoso. Os **neurônios** são as principais células do tecido nervoso. É por meio delas que as mensagens são recebidas e transmitidas por todo o corpo.

→ Representação de tecido nervoso. A informação passa do axônio de um neurônio para os dentritos do outro.

Fonte: N. A. Campbell et al. *Biology: concepts and connections*. 6. ed. São Francisco: Benjamin Cummings, 2008.

## AQUI TEM MAIS

### Ato reflexo

Muitas vezes, nosso corpo produz respostas automáticas e involuntárias a algum estímulo sensorial; essa resposta é chamada **ato reflexo**.

Quando uma pessoa encosta o dedo em uma panela quente, por exemplo, seu reflexo é afastar imediatamente a mão. O indivíduo não precisa pensar: "É melhor eu afastar meu dedo da panela". A resposta é rápida e independe de nossa vontade.

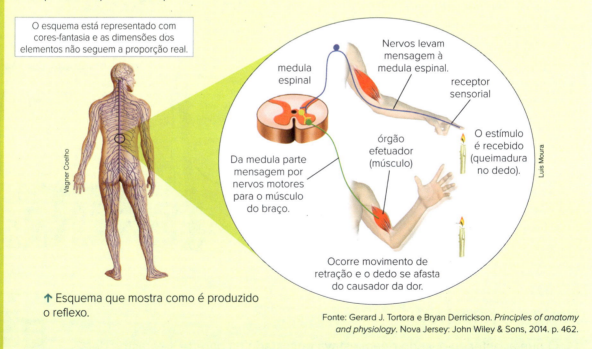

↑ Esquema que mostra como é produzido o reflexo.

Fonte: Gerard J. Tortora e Bryan Derrickson. *Principles of anatomy and physiology*. Nova Jersey: John Wiley & Sons, 2014. p. 462.

Observe que a informação chega ao cérebro só depois de passar pela medula, quando a resposta (tirar o dedo) já foi dada.

**1.** Reúna-se com um colega e, juntos, pesquisem por que o corpo responde a alguns estímulos com um ato reflexo.

# PENSAMENTO EM AÇÃO — CRIAÇÃO DE MODELO

## Testando respostas do corpo

Neste experimento, você testará uma reação de nosso corpo e aplicará seus conhecimentos sobre o tema para explicá-la. Esta atividade deve ser feita em dupla.

### Material:
- uma parede na frente da qual seja possível ficar em pé;
- cronômetro.

### Procedimentos

1. Peça ao colega que se apoie de lado na parede, com um dos braços encostado nela.
2. Solicite que tente levantar o braço contra a parede, fazendo força na direção dela, como se fosse uma ave que quer abrir a asa. Ele deve tentar fazer esse movimento por 90 segundos, que serão marcados no cronômetro. É importante não desistir do movimento, apesar do cansaço proporcionado por ele.
3. Após os 90 segundos, peça-lhe que se afaste da parede e observe o que acontece.
4. Troque de posição com o colega. Enquanto ele marca o tempo, você tenta fazer o mesmo movimento.

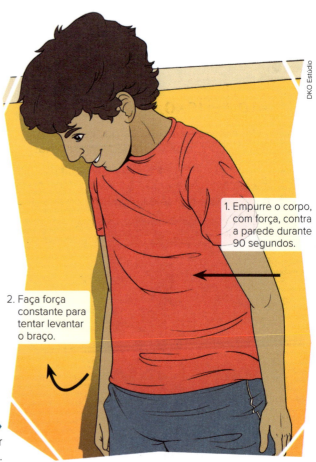

1. Empurre o corpo, com força, contra a parede durante 90 segundos.

2. Faça força constante para tentar levantar o braço.

→ Exemplo de como realizar o experimento.

### Reflita e registre

1. O que aconteceu quando quem estava encostado na parede se afastou dela?
2. Qual foi a ação do apoio na parede? Ela teve alguma relação com o resultado da prática?
3. Elabore uma hipótese para explicar o ocorrido. Pense nas forças exercidas: para cima e contra a parede; na forma pela qual nosso braço recebe a "ordem" de ficar encostado na parede e também em como o corpo envia as mensagens.

# ATIVIDADES

O esquema está representado com cores-fantasia e as dimensões dos elementos não seguem a proporção real.

## SISTEMATIZAR

**1.** Sabendo que o sistema nervoso central é constituído pelo encéfalo e pela medula espinal e que o sistema nervoso periférico é formado por nervos, escreva no caderno quais estruturas estão indicadas no esquema pelos números 1, 2 e 3.

**2.** Qual é a função do sistema nervoso periférico?

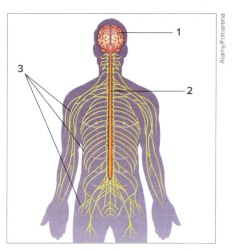

↑ Sistema nervoso central e periférico.

## REFLETIR

**1.** As drogas são prejudiciais ao organismo como um todo, mas afetam sobretudo o sistema nervoso. A respeito disso, leia o texto a seguir e depois responda às questões.

[...]
O consumo de drogas entre adolescentes tem crescido de maneira alarmante, o que pode contribuir para o atraso educacional, além de aumentar a criminalidade. O objetivo desse estudo foi avaliar o padrão de consumo de drogas entre estudantes [...]. Do total de participantes, 46,2% eram do sexo masculino e 53,8% do sexo feminino, com idades de 15 a 21 anos. O maior índice de consumo foi observado para o álcool (78,8%) e o tabaco (65,8%). Das drogas de abuso, as mais usadas foram os solventes (32,2%) e a maconha (30,5%). [...]

Fabiane Rocha Dezontinel et al. Uso de drogas entre adolescentes estudantes da rede privada em São Paulo. *ConScientiae Saúde*. Disponível em: <http://periodicos.uninove.br/index.php?journal=saude&page=article&op=view&path%5B%5D=1124>. Acesso em: 5 abr. 2019.

**a)** Na página seguinte, faça a leitura da seção **Fique por dentro** "Substâncias psicoativas" e responda: Quais os efeitos do uso de drogas, incluindo o álcool, nos adolescentes?

**b)** Por que você acha que os jovens são atraídos pelas drogas?

**c)** Por que você acha que o álcool, o tabaco e os solventes (benzinas, colas industriais, acetonas etc.) são as drogas mais utilizadas pelos estudantes brasileiros?

## DESAFIO

**1.** Leia a tirinha e responda às questões.

**a)** Qual situação estudada neste capítulo a tirinha aborda?

**b)** Como é chamado esse tipo de resposta?

**c)** A personagem da tirinha teve de pensar para fazer o movimento demonstrado? Explique.

## FIQUE POR DENTRO

# Substâncias psicoativas

Substâncias psicoativas são as que atuam principalmente no sistema nervoso central (SNC) produzindo alterações no funcionamento do corpo, no comportamento, no humor e na aquisição de conhecimento do usuário, podendo levar à dependência.

**A** Área do cérebro responsável pelo raciocínio, pelo planejamento e por tomadas de decisão.

### CONEXÕES NEURAIS

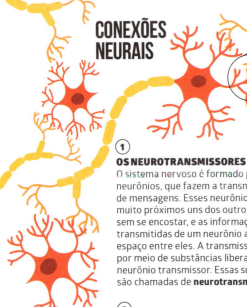

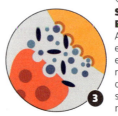

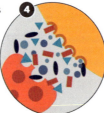

**① OS NEUROTRANSMISSORES**
O sistema nervoso é formado por neurônios, que fazem a transmissão de mensagens. Esses neurônios estão muito próximos uns dos outros, mas sem se encostar, e as informações são transmitidas de um neurônio a outro pelo espaço entre eles. A transmissão é feita por meio de substâncias liberadas pelo neurônio transmissor. Essas substâncias são chamadas de **neurotransmissores**.

**② COMUNICAÇÃO**
Os neurotransmissores são liberados pelo neurônio transmissor, excitando ou inibindo o neurônio seguinte, isto é, o receptor.

**③ SUBSTÂNCIAS ESTIMULANTES**
As substâncias estimulantes podem elevar a quantidade de neurotransmissores ou impedir que eles sejam absorvidos pelo neurônio receptor.

**④ SUBSTÂNCIAS DEPRESSORAS E PERTURBADORAS**
As **substâncias depressoras** diminuem a quantidade de neurotransmissores ou impedem a ligação destes com os receptores. As **substâncias perturbadoras** introduzem novos elementos, confundindo a interpretação das informações pelo cérebro.

### A DROGA NO SNC
*As substâncias psicoativas costumam afetar principalmente três porções do SNC: A, B, e C*

---

### CLASSIFICAÇÃO DAS SUBSTÂNCIAS PSICOTRÓPICAS

*As substâncias psicotrópicas podem ser classificadas em três tipos.*

**TIPO 1**
**ESTIMULANTES:** substâncias que estimulam o funcionamento do SNC. Fazem com que o usuário fique "ligado", em estado de vigília, com aumento da atividade motora. Exemplos: cocaína, anfetamina, tabaco ou nicotina.

**TIPO 2**
**DEPRESSORAS:** substâncias que desestimulam o funcionamento do SNC. Fazem com que o usuário fique lento, com diminuição da atividade motora. Exemplos: álcool, solventes ou inalantes (cola de sapateiro, esmalte e acetona), morfina e heroína.

**TIPO 3**
**PERTURBADORAS OU ALUCINÓGENAS:** substâncias que alteram o funcionamento do SNC. Fazem com que o usuário tenha uma percepção alterada da realidade. Exemplos: LSD, *ecstasy* e maconha.

### TIPO 1
**NICOTINA (OU TABACO)**
Ativa receptores e aumenta a liberação de neurotransmissores. A abstinência, em dependentes, pode causar irritabilidade, hostilidade, depressão, diminuição do ritmo cardíaco e aumento do apetite. O uso contínuo aumenta a probabilidade de ocorrerem doenças como enfisema pulmonar, câncer, derrame cerebral, entre outras.

### TIPO 1
**COCAÍNA**
Impede a recepção de neurotransmissores, prolongando seus efeitos. A abstinência da droga em dependentes pode levar à depressão. O uso pode prejudicar a aprendizagem, causar deficiências motoras, diminuição no tempo de reação, comportamento violento, irritabilidade e paranoia (sentir-se perseguido, vigiado).

### TIPO 2
**ÁLCOOL**
O álcool aumenta os efeitos inibitórios de algumas substâncias do corpo e diminui os efeitos estimulantes de outras. A abstinência em dependentes pode ocasionar tremores, fraqueza, dores de cabeça, náuseas e convulsões. O uso contínuo pode comprometer o funcionamento do fígado, coração e sistema digestório, entre outros.

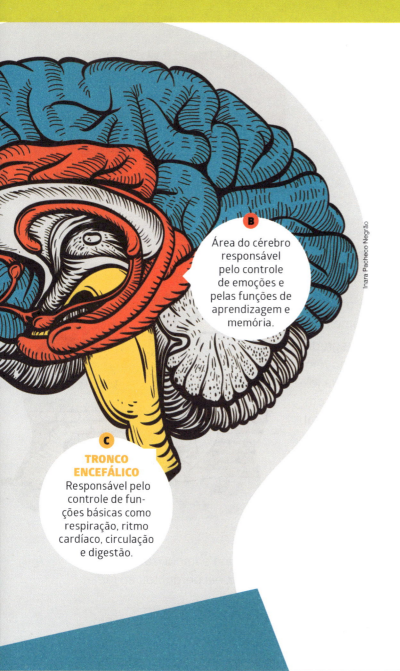

**B** Área do cérebro responsável pelo controle de emoções e pelas funções de aprendizagem e memória.

**C TRONCO ENCEFÁLICO** Responsável pelo controle de funções básicas como respiração, ritmo cardíaco, circulação e digestão.

Inara Pacheco Negrão

### TIPO 2

**SOLVENTES E INALANTES**
São substâncias que se evaporam rapidamente, sendo inaladas (aspiradas pelo nariz ou pela boca). São encontradas em produtos como cola de sapateiro, esmalte, tintas e acetona. Podem causar depressão, alucinações, lesões na medula óssea, nos rins, no fígado e nos nervos periféricos que controlam os músculos.

### TIPO 3

**LSD**
Também chamada de ácido lisérgico ou simplesmente ácido, essa droga interfere no mecanismo de ação do neurotransmissor, afetando o funcionamento do cérebro. Provoca distorções na percepção do ambiente (cores, formas e contornos) e causa alucinações. O uso contínuo pode levar à esquizofrenia, depressão e morte.

### TIPO 3

**MACONHA**
Seus efeitos no organismo dependem da composição do tipo de maconha fumado e da sensibilidade do usuário aos compostos. O uso contínuo pode afetar a produção de hormônios (por exemplo, os hormônios masculinos responsáveis por características sexuais secundárias) e interferir na capacidade de aprendizagem e memorização.

## Consequências do álcool na adolescência

[...]
O ideal é que os jovens não experimentem álcool antes dos 18 anos de idade. Mas, afinal, por que eles não devem beber? [...]
As respostas para essa questão são muitas – e complementares. Vamos a algumas delas:
- Porque o sistema nervoso central ainda está em desenvolvimento e o álcool pode prejudicar seu amadurecimento normal e alterar a estruturação da personalidade.
- Como o cérebro ainda está se desenvolvendo, o álcool pode trazer prejuízos de memória e atenção que, por sua vez, vão atrapalhar a aprendizagem.
- Os adolescentes têm mais dificuldade do que os adultos para administrar a quantidade ingerida.
- A adolescência tem características próprias que podem favorecer o uso de álcool em excesso.

[...]

SÃO PAULO (Estado). Secretaria da Educação; Secretaria da Saúde; FMUSP. *Movimento pé no chão: um guia prático para educadores*. Disponível em: <ses.sp.bvs.br/lildbi/docsonline/get.php?id=5547>. Acesso em: 12 abr. 2019.

1. Por que, na adolescência, o consumo de álcool e outras drogas pode ser mais prejudicial do que na idade adulta?

2. Existe uma lei em nosso país que criminaliza a oferta de bebida alcoólica para menores de 18 anos. Em grupos de quatro alunos, pesquisem essa lei e também se há consumo de álcool na adolescência. Elaborem uma apresentação com as informações coletadas e discutam entre si ações para esclarecimento dos jovens da comunidade.

115

**CAPÍTULO 2**

# Sistema locomotor

No capítulo anterior, você estudou o sistema nervoso. Neste capítulo, vamos aprofundar esse assunto conhecendo um pouco melhor o funcionamento desse sistema para entender como ele interage com os sistemas ósseo e muscular.

 **EXPLORANDO** O PULO DO GATO

Aos 3 anos, Milena ganhou de sua madrasta o animal que tanto queria: um gatinho. Deu-lhe o nome de Caramelo.

O bichano cresceu bastante e eles não se desgrudavam. Um dia, ela brincava no quintal de puxar um novelo de lã para que o gato a seguisse. Quanto mais alto ela jogava o novelo, mais alto Caramelo pulava. Empolgada com o jogo, Milena começou a pular também, imitando o animal.

Em certo momento, o gato pulou sobre um muro baixo. A menina levou um susto e se desequilibrou. Na queda ela colocou o braço na frente para se proteger e ele bateu com força contra o muro. Na mesma hora ela sentiu muita dor.

Ieda, a madrasta de Milena, levou a menina às pressas ao hospital.

O médico examinou o braço machucado da menina e imobilizou-o com um gesso. Quando estava mais calma e sem dor, ela perguntou ao médico, em tom de brincadeira:

— Doutor, por que eu caí tão desajeitada e meu gato caiu sem sofrer nada? Os ossos dele são de borracha, é?

— Parece, não é mesmo? Mas os ossos do seu gato são constituídos do mesmo material que o seu. É que o esqueleto deles é um pouco diferenciado e eles têm as articulações bem molinhas.

— Ouviu, não é, Milena? — comentou a madrasta. — É melhor você não imitar mais o Caramelo na hora dos saltos. Porque, como dizem, os gatos têm sete vidas, mas nós não.

**Agora é sua vez.**

1. O que aconteceu com o braço de Milena? Você já se machucou dessa maneira?
2. Você também acha que o esqueleto dos gatos é diferenciado? Todos os outros animais que têm ossos são flexíveis como os gatos?
3. Como você acha que o braço de Milena se recuperou?

# Sistema esquelético

Você já reparou quantos movimentos somos capazes de fazer com o corpo? Agora, compare seus movimentos aos de animais como as serpentes, os golfinhos, os peixes, os sapos e os macacos. O que faz com que eles executem movimentos tão distintos entre si?

A primeira coisa que devemos ter em mente é que a realização dos movimentos está bastante relacionada à estrutura dos animais, que, no caso dos vertebrados, é constituída pelos **sistemas esquelético** e **muscular**. Esses dois sistemas atuam de forma integrada e caracterizam o **sistema locomotor**. No entanto, o movimento só é possível graças à interação desses sistemas entre si e com o sistema nervoso.

Mas essa interação diferencia-se de espécie para espécie. No caso dos seres humanos, os bebês nascem bastante desajeitados e vão ganhando maior controle e consciência corporal ao longo do tempo. Isso ocorre porque seu sistema nervoso ainda está em formação.

Observe a imagem a seguir. Você consegue identificar as diferenças e as semelhanças entre os esqueletos? Pense nos movimentos que cada esqueleto possibilita.

O esquema está representado com cores-fantasia e as dimensões dos elementos não seguem a proporção real.

Vertebrados são animais que têm coluna vertebral. Observe que os esqueletos dos vertebrados têm um eixo formado pelo crânio e pela coluna vertebral. Compare as estruturas das três espécies mostradas.

→ Esquema comparativo dos esqueletos de gato, de cobra e de lagartixa.

A coluna vertebral é constituída por uma série de ossos sobrepostos chamados vértebras. Esses ossos estão empilhados e têm, em seu interior, um orifício onde se aloja a medula espinal.

A coluna vertebral protege a medula espinal e os nervos que partem dela. Ela também atua na manutenção da postura e na locomoção, além de proporcionar flexibilidade ao corpo.

Entre as vértebras há estruturas formadas por tecido flexível, que possibilita movimentos da coluna e absorve impactos.

O crânio protege o encéfalo, e a coluna vertebral protege a medula. A maioria dos vertebrados tem membros anteriores e posteriores. O esqueleto determina a forma do animal, e os músculos ligam-se aos ossos, possibilitando os diversos movimentos.

O esquema está representado com cores-fantasia e as dimensões dos elementos não seguem a proporção real.

← Coluna vertebral de peixe e de ser humano.

# Conhecendo o esqueleto humano

O **esqueleto humano** pode ser dividido em três partes: cabeça, tronco e membros (superiores e inferiores).

A **cabeça** é uma estrutura dividida em crânio e face. Com exceção da mandíbula, os demais ossos da face e do crânio não se movem. O **tronco** é formado pela coluna vertebral, característica dos animais vertebrados, e pela caixa torácica.

Os ossos não são todos iguais. Alguns, como o osso da escápula, são chatos, outros são longos, como os das pernas; outros ainda são curtos, como os ossos dos pés e das mãos, e há os que têm formatos irregulares, como os ossos das vértebras.

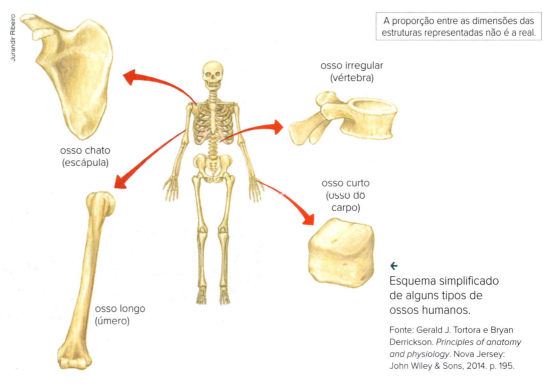

A proporção entre as dimensões das estruturas representadas não é a real.

Esquema simplificado de alguns tipos de ossos humanos.

Fonte: Gerald J. Tortora e Bryan Derrickson. *Principles of anatomy and physiology*. Nova Jersey: John Wiley & Sons, 2014. p. 195.

Os **membros superiores** ligam-se ao tronco por meio das escápulas e clavículas, e os **membros inferiores**, pelos ossos da bacia (ílio). Observe na ilustração alguns ossos importantes dessas regiões.

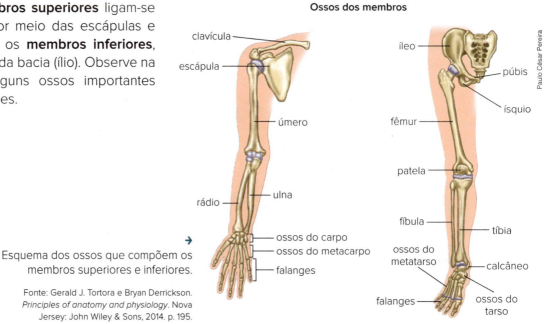

Esquema dos ossos que compõem os membros superiores e inferiores.

Fonte: Gerald J. Tortora e Bryan Derrickson. *Principles of anatomy and physiology*. Nova Jersey: John Wiley & Sons, 2014. p. 195.

## As articulações

Os ossos conectam-se uns aos outros, e a essa conexão damos o nome de **articulações**. Observando seu corpo, você é capaz de dizer onde ficam essas articulações? E já percebeu também que elas possibilitam diferentes graus de mobilidade? Observe as articulações de seu corpo e tente identificar as diferenças de mobilidade que elas proporcionam.

Algumas são fixas, como as articulações dos ossos do crânio e da face (com exceção da mandíbula). Outras são pouco móveis, como as articulações entre as vértebras, e há aquelas que possibilitam vários tipos de movimento, por exemplo, as articulações dos ombros, cotovelos e joelhos.

As extremidades dos ossos ligados por articulações que se movem são revestidas por uma camada de **cartilagem**, que evita o atrito dos ossos e seu desgaste. Além disso, em algumas regiões, essa membrana externa é constituída por faixas fibrosas – os ligamentos –, que proporcionam maior estabilidade à articulação.

> **GLOSSÁRIO**
>
> **Cartilagem:** tecido firme e flexível presente em várias partes do corpo: nariz, orelha, traqueia, brônquios, laringe, extremidades das costelas e entre as articulações.

↑ Esquema que representa uma articulação móvel. Observe a localização da cartilagem.

Representação simplificada em cores-fantasia.

## Cuidado com as fraturas

Apesar de resistentes, os ossos podem quebrar, gerando uma **fratura**.

Graças ao desenvolvimento de tecnologias relacionadas à Medicina, é possível visualizar ossos fraturados por meio de radiografias.

Os equipamentos de raios X emitem ondas semelhantes à luz, mas que não são visíveis ao olho humano. Elas são capazes de atravessar os tecidos moles do corpo, mas são absorvidas pelos ossos, gerando um contraste. Isso permite a produção de radiografias, que são imagens onde é possível visualizar os ossos com nitidez. Com base nessas imagens, o médico pode identificar fraturas.

Depois de verificar onde o osso foi fraturado, é possível imobilizar esta área para que ela se recupere de forma correta, devido à capacidade de regeneração óssea.

> **POSSO PERGUNTAR?**
>
> O esqueleto das mulheres é igual ao dos homens?

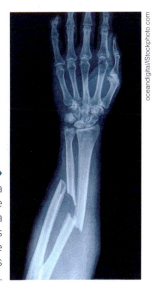

→ Imagem produzida por meio de radiografia de fratura nos ossos rádio e ulna, localizados no braço.

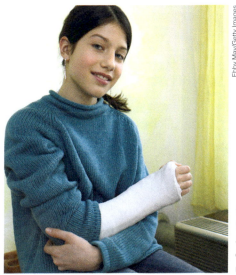

← Muitas vezes, a imobilização é feita com o uso de gesso.

## CIÊNCIA, TECNOLOGIA E SOCIEDADE

# A importância dos biomateriais

A utilização de materiais artificiais, feitos pelo ser humano, para substituir partes do corpo que tenham se deteriorado é uma prática que vem sendo realizada há muitos anos. Existem registros dessa utilização desde o Egito Antigo.

Essa busca pelo que podemos chamar de "próteses" (o que seria uma rústica bengala, pau ou estaca senão uma perna postiça?) tem adquirido, nos tempos atuais, e graças à evolução da ciência, um papel decisivo para a melhoria da qualidade de vida das pessoas. Hoje, o principal objeto de pesquisa são os **biomateriais**, que, uma vez implantados, agem como se fizessem parte, mesmo artificiais, dos órgãos e tecidos.

Buscar meios de aperfeiçoá-los, evitando reações adversas e tornando-os mais úteis e práticos funcionalmente, é a principal preocupação da Medicina moderna.

Mesmo sendo maior a disponibilidade de próteses feitas com biomateriais, é preciso que haja mais investimentos para popularizar o uso dessas estruturas, visto que boa parte dos dispositivos tecnologicamente mais avançados está restrita ao uso de uma pequena parcela da população mundial.

Tatiani A. G. Donato. *A importância dos biomateriais*. (Texto elaborado especialmente para esta obra.)

← Prótese para ligação entre quadril e fêmur.

### GLOSSÁRIO

**Biomaterial:** material com propriedades físicas, químicas e biológicas ideais para ser implantado no ser humano, tanto para substituir quanto para reparar tecidos em falta, sem causar danos ao organismo. Pode ser de origem natural ou produzido em laboratório. Exemplos: aço inoxidável, titânio, zircônia, biovidro.

→ Além dos biomateriais implantados no corpo da pessoa, as próteses móveis atuais são tão eficientes que estão sendo usadas largamente por paratletas de alta performance. É o caso do alemão Markus Rehm, que ganhou duas medalhas de ouro nas paraolimpíadas do Rio de Janeiro, em 2016, uma em salto em distância e outra na corrida de 100 metros com revezamento.

1. Cite próteses utilizadas habitualmente pelas pessoas e indique suas funções.

2. Por que será que o uso das próteses ainda se destina a uma pequena parcela da população?

## AQUI TEM MAIS

### Desvios posturais

O tipo de mochila e a forma de carregá-la, a falta de atividade física, o uso de calçados inadequados (como os de saltos muito altos), posturas corporais erradas durante as aulas ou ao utilizar o computador podem favorecer o aparecimento de desvios posturais. Eles podem causar alterações na coluna vertebral e, posteriormente, doenças como hérnias de disco, bursites e artroses.

↑ Para evitar problemas na coluna é importante sentar corretamente em frente ao computador.

Entre os tipos de desvio de coluna, temos:

- **escoliose** – a coluna entorta para um dos lados, e um ombro fica mais alto que o outro. Os sintomas são dores nas costas, nos braços e nas pernas;
- **cifose** – aumento da curvatura no meio das costas, ombros e pescoço se inclinam para a frente, formando uma leve corcunda. Os sintomas são dores nas costas, nos braços e nas mãos;
- **lordose** – as nádegas parecem empinadas, devido ao aumento da curva próxima à base da coluna. Os sintomas são, principalmente, dores nas pernas.

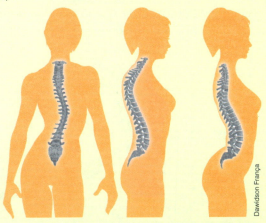

O esquema está representado com cores-fantasia e as dimensões dos elementos não seguem a proporção real.

→ Representação de alguns tipos de desvios de coluna. Da esquerda para a direita: escoliose, cifose e lordose.

Fonte: Gerard J., Tortora e Bryan Derrickson. *Principles of anatomy and physiology*. Nova Jersey: John Wiley & Sons, 2014. p. 227.

1. Apesar de aparecerem, na maioria dos casos, na vida adulta ou mesmo na velhice, os problemas na coluna podem ter origem em posturas ou hábitos inadequados na infância ou adolescência. Explique como isso é possível.

2. Faça uma pesquisa com pessoas que tenham algum tipo de problema na coluna e traga o relato delas para a sala de aula. O importante é definir qual é o problema, suas características e se algum mau hábito o gerou.

121

# A ação dos músculos

Os músculos relacionados à locomoção são aqueles que se ligam às articulações e aos ossos do esqueleto e que produzem contrações rápidas e voluntárias.

Esses músculos nos ajudam a ficar em pé, andar, falar, sorrir, correr e praticar muitas outras atividades.

Os músculos têm a capacidade de se contrair. Ao fazer isso, boa parte deles consegue puxar os ossos aos quais estão ligados.

A movimentação de cada parte do corpo depende da ação de músculos antagônicos, ou seja, que atuam de modo inverso. Observe a imagem ao lado: para o antebraço se flexionar, ocorre a contração do músculo bíceps e o relaxamento do músculo tríceps. Por outro lado, se o tríceps é contraído, o bíceps relaxa e o antebraço se abaixa.

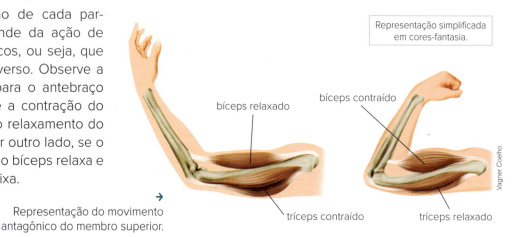

Representação simplificada em cores-fantasia.

→ Representação do movimento antagônico do membro superior.

Fonte: Gerard J., Tortora e Bryan Derrickson. *Principles of anatomy and physiology*. Nova Jersey: John Wiley & Sons, 2014. p. 389-390.

O movimento acontece porque existe a coordenação entre o sistema muscular e o sistema nervoso. O tecido muscular contrai-se devido a estímulos (por exemplo, a "vontade" ou a necessidade de levantar o objeto) desencadeados por terminações nervosas ligadas às fibras musculares. Quando o músculo se contrai, ele traciona os ossos a que está conectado, realizando o movimento.

Assim, podemos dizer que o sistema nervoso capta as sensações e "ordena" os movimentos a serem realizados pelos músculos e ossos.

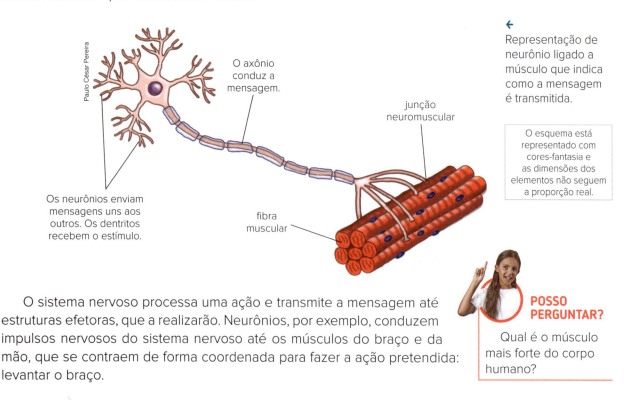

← Representação de neurônio ligado a músculo que indica como a mensagem é transmitida.

O esquema está representado com cores-fantasia e as dimensões dos elementos não seguem a proporção real.

O sistema nervoso processa uma ação e transmite a mensagem até estruturas efetoras, que a realizarão. Neurônios, por exemplo, conduzem impulsos nervosos do sistema nervoso até os músculos do braço e da mão, que se contraem de forma coordenada para fazer a ação pretendida: levantar o braço.

**POSSO PERGUNTAR?**
Qual é o músculo mais forte do corpo humano?

# ATIVIDADES

## SISTEMATIZAR

1. Por que a coluna vertebral recebe esse nome? Qual é sua importância?

2. O cálcio é encontrado em uma variedade de alimentos, como o leite e seus derivados, e em verduras de folhas verde-escuras, como espinafre e brócolis. Por que uma alimentação que inclua esses alimentos é importante para a saúde de nosso esqueleto?

3. Observe a imagem ao lado. Qual é o nome das estruturas, estudadas neste capítulo, apontadas na ilustração?

Os tons de cores utilizados na ilustração e as dimensões do ser vivo não são os reais.

→ Representação das estruturas que conectam os ossos entre si.

## REFLETIR

1. Observe a imagem abaixo e responda à questão.

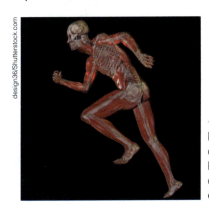

← Representação das estruturas locomotoras de uma pessoa em movimento.

Quais estruturas são fundamentais para que o corpo representado na imagem realize o movimento? Justifique sua resposta.

## DESAFIO

1. As imagens a seguir apresentam os ossos do braço humano e da asa do morcego. A asa do morcego tem os mesmos ossos que o braço humano (representados pela mesma cor), mas com comprimentos diferentes. Conclui-se com isso que essas estruturas tiveram mesma origem, mas têm funções diferentes.

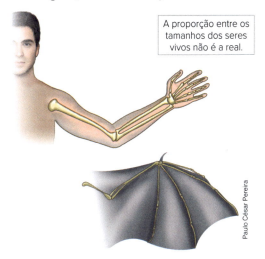

A proporção entre os tamanhos dos seres vivos não é a real.

Fonte: Northern Arizona University's Web Server. Disponível em: <www2.nau.edu/lrm22/lessons/chicken_wing/wing.html>. Acesso em: 12 abr. 2019.

↑ Ilustração comparativa entre os ossos do braço de um humano e da asa de um morcego.

a) Reúna-se com três colegas e, juntos, elaborem hipóteses para responder às seguintes perguntas:
- Quais são as funções do braço humano e da asa do morcego?
- Além dos ossos, esses animais têm outras estruturas que possibilitam que eles realizem essas ações. Quais são elas?

b) Façam uma pesquisa em *sites* de universidades ou institutos de pesquisa zoológica e verifiquem se suas hipóteses se confirmaram. Ampliem a pesquisa elaborando um quadro comparativo para as seguintes estruturas locomotoras: patas dianteiras de um gato, asas de uma ave e a nadadeira peitoral de uma baleia. Não esqueçam de desenhar no quadro a organização dos ossos e de descrever as funções desses membros locomotores.

CAPÍTULO

# Sistema sensorial

No capítulo anterior, você conheceu o sistema locomotor e estudou como se dá sua interação com o sistema nervoso. Neste capítulo, você vai conhecer os órgãos responsáveis pela percepção dos cinco sentidos (tato, gustação, olfato, audição e visão) e suas estruturas constituintes, entendendo de que modo os estímulos recebidos do ambiente são levados ao cérebro e como as respostas são dadas.

## EXPLORANDO OS SENTIDOS

Era um dia chuvoso e Juliana estava na casa da avó com os primos. Todos estavam entediados porque não podiam brincar no quintal e não tinham o que fazer em casa.

Juliana então teve a ideia de realizar uma brincadeira que tinha aprendido em um chá de cozinha. Recolheu alguns quitutes e suco que sobraram do lanche, alguns objetos e propôs um desafio aos primos: de olhos vendados, eles deveriam provar as comidas e descobrir que alimento estavam experimentando.

A primeira a brincar foi Marina. Ela cheirava e provava:

– Hum... que cheiro bom! Que delícia! Me parece que é um quindim, especialidade da tia Isaura! O doce é dela! Acertei?

Para Mateus, também de olhos vendados, Juliana entregou um objeto. Ele o tocou e balançou para saber que som fazia. Tinha de adivinhar o que era.

– Bem, este aqui é meio pesado, tem som de madeira... É uma peneira? Não?

Quem errava pagava um castigo: tinha de dançar, cantar etc. Todos os primos participaram. Receberam vários castigos engraçados, divertiram-se à beça e nem perceberam que a chuva havia parado!

**Agora é sua vez.**

1. Em sua opinião, Marina conseguiu identificar todos os alimentos apenas os provando? Que características ela conseguiu perceber?

2. E como Mateus pôde identificar um objeto sem vê-lo? Você já esteve em situação semelhante?

# O sistema sensorial

Recebemos, o tempo todo, diversos **estímulos** do meio em que vivemos. Cores, sons, calor, odores, texturas, entre outros, são percebidos por nosso organismo dia e noite. Para reconhecermos o que há ao redor, dispomos de um conjunto de órgãos que formam o sistema sensorial.

O **sistema sensorial** humano é composto de cinco sentidos. Cada um deles pode ser associado a um órgão distinto: o **tato** está relacionado à pele; a **gustação**, à língua; o **olfato**, ao nariz; a **visão**, aos olhos; e a **audição**, às orelhas.

↑ Jovens no pátio da escola.

Você já pensou na importância de cada um desses sentidos em sua vida? Pense como seria se seu olfato não funcionasse; que dificuldades você teria ao longo de um dia? Como seria sua vida se não pudesse sentir o gosto dos alimentos? Haveria algum risco para sua saúde?

Quais sentidos estão sendo usados pelos jovens na imagem acima? Qual sentido não está representado?

Cada órgão do sentido tem células especializadas em captar estímulos; essas células são chamadas de **receptores externos**.

Os estímulos captados são transformados em **impulsos nervosos**: mensagens que são conduzidas por nervos até o cérebro.

O cérebro atua como um **receptor interno**, interpretando os estímulos e transformando-os em sensações de luminosidade, odores, cores, sabores, entre outras.

O sistema sensorial nos possibilita interagir com o que está ao redor.

Essa capacidade contribui para nossa sobrevivência e integração com o ambiente em que vivemos.

> **GLOSSÁRIO**
>
> **Estímulo:** informação do ambiente que, ao ser percebida por órgãos do sistema sensorial, causa alteração no organismo ou no comportamento de um indivíduo.

O esquema está representado com cores-fantasia e as dimensões dos elementos não seguem a proporção real.

→ Esquema simplificado da localização das diferentes regiões do cérebro em que se processam as informações percebidas pelos órgãos dos sentidos.

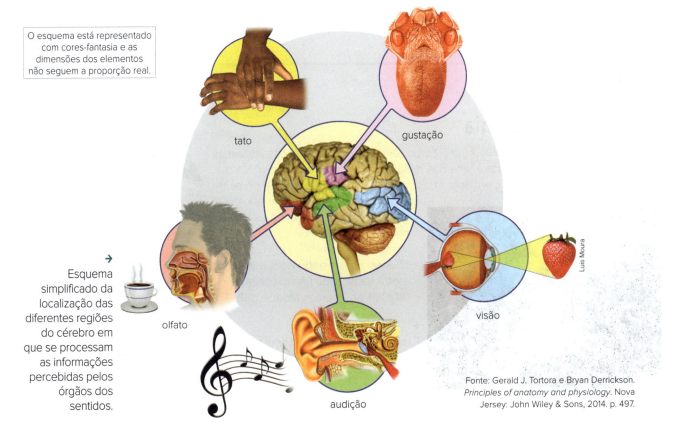

Fonte: Gerald J. Tortora e Bryan Derrickson. *Principles of anatomy and physiology*. Nova Jersey: John Wiley & Sons, 2014. p. 497.

# O tato

O **tato** nos possibilita sentir as diferenças de temperatura, pressão e textura, bem como as sensações de dor. O principal órgão relacionado às sensações táteis é a pele. Nela há diferentes tipos de receptores, e cada um deles é especializado em um ou mais estímulos do ambiente, como apresentado na figura a seguir.

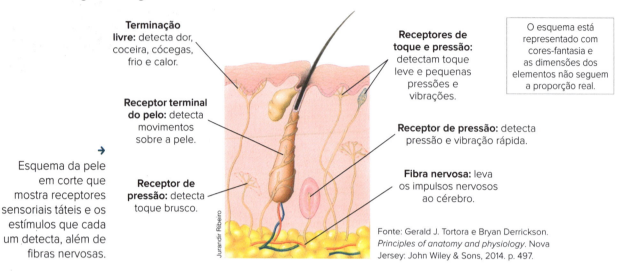

→ Esquema da pele em corte que mostra receptores sensoriais táteis e os estímulos que cada um detecta, além de fibras nervosas.

O esquema está representado com cores-fantasia e as dimensões dos elementos não seguem a proporção real.

Fonte: Gerald J. Tortora e Bryan Derrickson. *Principles of anatomy and physiology*. Nova Jersey: John Wiley & Sons, 2014. p. 497.

Os receptores táteis captam os estímulos do ambiente e geram informações que são enviadas até o cérebro pelas células nervosas. No cérebro, as mensagens são interpretadas sob a forma de sensação de frio, calor, dor, textura etc.

O tato é um sentido importante para a proteção do corpo humano, pois os receptores da pele nos possibilitam perceber, por exemplo, se um objeto está muito quente ou sendo pressionado a ponto de nos machucar.

Os anestésicos podem atuar diretamente nesses receptores ou diretamente no cérebro, inibindo a sensação de dor.

## ! CURIOSO É...

### O fim da agonia

Sentir dor é importante para o corpo ter consciência de riscos iminentes. Contudo, o alívio da dor é uma das maiores conquistas da ciência. No dia 16 de outubro de 1846, em Boston, Estados Unidos, foi realizada a primeira intervenção cirúrgica com anestesia geral, sem que o paciente sentisse nenhum tipo de dor. Na ocasião foi extraído um tumor no pescoço de um garoto de 17 anos anestesiado com a inalação de éter. A técnica foi desenvolvida pelo dentista Willian Thomas Morton (1819-1868).

**POSSO PERGUNTAR?**

Por que o tato é mais sensível em algumas regiões do corpo, como a ponta dos dedos ou os lábios?

← Robert Hinckley. *Primeira anestesia com éter*, (1894). Pintura a óleo sobre tela, 243,84 m × 292,1 m. Registro da operação com uso de técnica de anestesia geral, desenvolvida por Willian Thomas Morton, em 1846.

## PENSAMENTO EM AÇÃO · CRIAÇÃO DE MODELO

# Verificação de sensações táteis nas diferentes partes do corpo

Quais são algumas das regiões do corpo mais sensíveis ao tato? Faça esta atividade para esclarecer essa questão.

## Material:
- dois lápis;
- venda para cobrir os olhos.

**ATENÇÃO!**
Encoste com cuidado a ponta do lápis nas regiões do corpo do colega.

## Procedimentos

1. Coloque a venda sobre os olhos de um colega.
2. Ao mesmo tempo e alternadamente, encoste um ou os dois lápis em diferentes regiões do corpo dele, por exemplo, palma da mão, braços, costas e sola do pé. Toda vez que tocar o corpo do colega pergunte quantos lápis ele está sentindo.
3. Repita a atividade trocando de posição com o colega e teste as mesmas regiões.

→ Segure os dois lápis com apenas uma das mãos e encoste-os levemente em diferentes regiões do corpo do colega.

## Reflita e registre

**NO CADERNO**

1. Elabore uma tabela e anote as respostas do colega, assim como se ele acertou ou não. Ao finalizar, observe e compare as tabelas elaboradas para responder às questões a seguir.

   a) As respostas de vocês foram parecidas? Por que você acha que isso aconteceu?

   b) Houve regiões do corpo em que foi mais fácil identificar a quantidade de lápis utilizada no toque?

   c) Por que isso ocorreu?

# A gustação

O sentido da **gustação**, também chamado paladar, é o que nos possibilita identificar o gosto dos alimentos. Esse sentido ajuda ainda a proteger o organismo, pois, ao colocar um alimento estragado na boca, podemos reconhecer um gosto diferente e não ingeri-lo.

A língua é o principal órgão relacionado ao sentido da gustação. Na parte superior da língua há muitas elevações minúsculas, denominadas papilas gustatórias. Cada papila é formada por um conjunto de células ligadas a terminações nervosas. As papilas captam sensações táteis, como quente, frio, duro, mole etc., bem como o gosto dos alimentos.

Os alimentos têm substâncias que lhes conferem gostos característicos (doce, salgado, azedo, amargo e *umami*). Essas substâncias, em contato com a língua, entram pelos poros das papilas, e esses estímulos são enviados ao cérebro pelos neurônios. Identificamos o gosto quando o cérebro interpreta esses estímulos.

Você já observou sua língua? Que tal fazer uma exploração para visualizar as papilas gustatórias? Passe na língua um pedaço de algodão com um pouco de anilina comestível azul. Com a ajuda de um espelho observe a língua e tente localizar as papilas. Uma lupa simples pode ajudar!

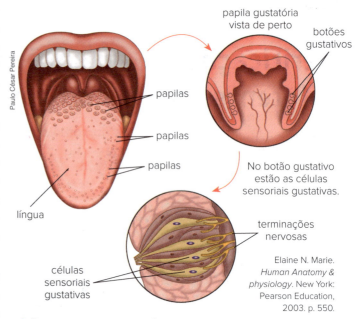

O esquema está representado com cores-fantasia e as dimensões dos elementos não seguem a proporção real.

↑ Esquema que mostra a língua, onde se encontram as papilas gustatórias.

Elaine N. Marie. *Human Anatomy & physiology*. New York: Pearson Education, 2003. p. 550.

### GLOSSÁRIO

**Umami:** palavra de origem japonesa que significa "gosto prazeroso". Foi o último gosto básico a ser descrito pelos cientistas. Ele representa o gosto de glutamato, encontrado, por exemplo, no peixe, no tomate e na carne vermelha.

## CURIOSO É...

### Apurando o paladar

O bebê já nasce gostando do leite materno, que é doce. Por outro lado, rejeita o gosto amargo. O que se sabe é que o alimento doce estimula o apetite e a vontade de comer, e acredita-se que isso seja uma forma de o corpo garantir a energia de que necessitamos diariamente, já que o açúcar é bastante energético.

No entanto, aprendemos a gostar de sabores antes desagradáveis ao paladar, como jiló, almeirão, agrião, tucupi.

Na natureza essa relação também ocorre. Frutas ainda verdes são amargas e repulsam os animais. Por outro lado, as frutas maduras têm polpas suculentas e adocicadas, ricas em açúcares. Isso atrai os animais, que, além de apreciar o alimento, fazem a dispersão de sementes.

→ O gosto doce dos frutos é apreciado por muitos seres vivos. Papagaio papa-cacau se alimenta de bacuri. Manaus (AM), 2012.

# O olfato

O órgão do sentido do **olfato** é o nariz. Quando inspiramos, o ar entra pelas cavidades nasais e passa pelas células olfatórias presentes no alto dessas cavidades. Essas células captam as partículas aromáticas que, desprendidas dos materiais, estão dissolvidas no ar e as enviam aos nervos, que transportam a mensagem para o cérebro, o qual, por sua vez, interpreta as sensações dos diferentes odores.

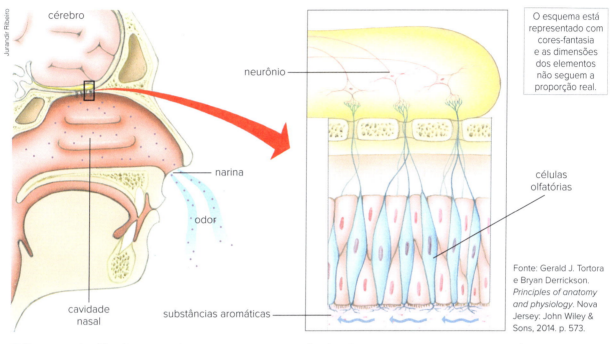

O esquema está representado com cores-fantasia e as dimensões dos elementos não seguem a proporção real.

Fonte: Gerald J. Tortora e Bryan Derrickson. *Principles of anatomy and physiology*. Nova Jersey: John Wiley & Sons, 2014. p. 573.

↑ Esquema simplificado que mostra como ocorre a captação do odor.

## Por que não sentimos o sabor dos alimentos quando estamos resfriados?

Você aprendeu que as papilas gustatórias identificam o gosto doce, por exemplo. Mas como o organismo reconhece a diferença entre um doce de abóbora e um doce de goiaba? Enquanto as células olfatórias enviam ao cérebro os estímulos de odor, simultaneamente, os órgãos gustativos enviam os estímulos do gosto do alimento, e o órgão do tato, os estímulos de sua textura. O sabor do alimento é, assim, percebido por causa da combinação entre os estímulos recebidos pelo olfato, pela gustação e pelo tato.

→ Experimentar alimentos também é uma profissão. Pessoas com paladar apurado (o que significa sentir bem gostos e cheiros) ganham para degustar amostras de alimentos, apreciando o sabor, o aroma e outras qualidades, para classificar o produto.

# DIÁLOGO

## Que cheiro é esse?

Existem coisas que têm cheiro e outras que não têm, por exemplo, o vidro. Alguns materiais, como os perfumes, a comida ao ser preparada, as flores, desprendem partículas que se misturam no ar que respiramos. Essas partículas são captadas por nosso olfato, e a isso denominamos cheiro (ou odor).

Mas você sabia que alguns animais conseguem identificar cheiros que nós não percebemos?

[...]

Através dos cheiros os bichos podem reconhecer e localizar alimentos, fugir de animais predadores e encontrar parceiros para o acasalamento. Nessa hora, os animais liberam uma secreção com algumas substâncias que atraem o parceiro, como os feromônios, por exemplo.

Mas nem todos os animais sentem os cheiros da mesma maneira. Os que possuem um sistema olfatório extremamente desenvolvido são chamados de hipermacrosmáticos, como, por exemplo, o ornitorrinco, o gambá, o canguru e o coala. O porco também tem um excelente olfato, embora menor que o grupo anterior. Ele e todos os animais carnívoros e ungulados (mamíferos cujos dedos têm cascos) são considerados macrosmáticos.

O sistema olfatório dos humanos e dos primatas é pouco desenvolvido, ou seja, nós e os macacos somos microsmáticos. Existem também alguns animais que não possuem esse sistema, como o boto e a toninha, que são anosmáticos. [...]

Se para a gente é difícil identificar os odores, para os cachorros essa é uma tarefa bem simples. O pastor-alemão, por exemplo, tem cerca de 2 bilhões de receptores olfatórios. Nós temos aproximadamente 40 milhões. Por isso, os pastores costumam ajudar os policias na localização de pessoas desaparecidas e no rastreamento de drogas ilícitas em aeroportos internacionais. [...]

O olfato. *Ciência Hoje das Crianças*, 28 jul. 2010. Disponível em: <http://chc.org.br/o-olfato>. Acesso em: 5 abr. 2019.

← Os cães têm grande capacidade olfatória, por isso são utilizados em aeroportos para inspecionar bagagens e verificar se não estão carregando drogas.

1. Segundo o texto, quais são os animais com olfato menos desenvolvido?

2. Junte alguns colegas para um teste olfatório e descubra quem tem o olfato mais desenvolvido. Escolha alguns alimentos cheirosos, como café, cebola, alho, chá-mate, e coloque-os em recipientes separados. De olhos vendados, seus colegas devem cheirar os recipientes (um de cada vez). Anote o número de acertos de cada um e depois compartilhe o resultado com a turma.

## A audição

As orelhas são os órgãos do sentido da **audição**. Por meio delas percebemos estímulos sonoros, como uma música, a voz do professor, a buzina do carro etc.

As orelhas captam o som e o transformam em impulsos nervosos, que são enviados ao cérebro.

Cada orelha é composta de uma parte externa, chamada de pavilhão auricular, e estruturas internas responsáveis por conduzir o som e transmitir as informações ao cérebro.

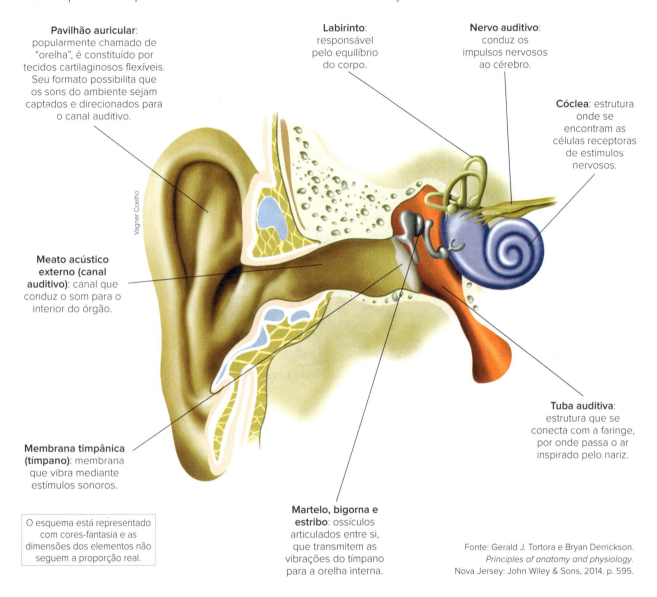

**Pavilhão auricular:** popularmente chamado de "orelha", é constituído por tecidos cartilaginosos flexíveis. Seu formato possibilita que os sons do ambiente sejam captados e direcionados para o canal auditivo.

**Meato acústico externo (canal auditivo):** canal que conduz o som para o interior do órgão.

**Membrana timpânica (tímpano):** membrana que vibra mediante estímulos sonoros.

**Labirinto:** responsável pelo equilíbrio do corpo.

**Martelo, bigorna e estribo:** ossículos articulados entre si, que transmitem as vibrações do tímpano para a orelha interna.

**Nervo auditivo:** conduz os impulsos nervosos ao cérebro.

**Cóclea:** estrutura onde se encontram as células receptoras de estímulos nervosos.

**Tuba auditiva:** estrutura que se conecta com a faringe, por onde passa o ar inspirado pelo nariz.

O esquema está representado com cores-fantasia e as dimensões dos elementos não seguem a proporção real.

Fonte: Gerald J. Tortora e Bryan Derrickson. *Principles of anatomy and physiology*. Nova Jersey: John Wiley & Sons, 2014. p. 595.

↑ Esquema que representa as estruturas da orelha.

## Funcionamento da orelha

A orelha externa capta o som e o direciona para o interior. O som faz vibrar a membrana timpânica, o que movimenta os três ossículos da orelha. Então, os ossículos transmitem essas vibrações para o interior da orelha. As células receptoras de estímulos nervosos captam os movimentos vibratórios e os transformam em mensagens, que são enviadas ao cérebro por meio do nervo auditivo.

**POSSO PERGUNTAR?**

Por que temos cera na orelha?

131

## Equilíbrio e senso de direção

O **labirinto** é a estrutura responsável pelo **equilíbrio do corpo** (orientação postural) e pelo **senso de direção**. Ele é estimulado por movimentos. Na extremidade de cada canal há uma dilatação, onde estão as células sensoriais ciliadas.

Quando movimentamos a cabeça, ele percebe sensações de posição do corpo em relação ao ambiente, bem como de aceleração e desaceleração. Essas sensações são transmitidas ao cérebro pelos nervos. Então, o cérebro envia mensagens aos músculos e órgãos internos que participam da manutenção do equilíbrio do corpo e do senso de direção.

**POSSO PERGUNTAR?**
Por que ficamos tontos quando giramos?

← Girar afeta o labirinto auditivo e nos deixa tontos. Isso já aconteceu com você?

## CURIOSO É...

### O estranho som de nossa voz

É possível que você já tenha ouvido uma gravação com o som de sua voz. O que você achou? É comum ficarmos espantados quando ouvimos a gravação de nossa própria voz porque ela é muito diferente da que ouvimos quando falamos.

Você sabe por que nossa voz é tão estranha quando a ouvimos em uma gravação? A maioria dos sons que ouvimos chega pelo ar, mas, quando falamos, percebemos uma combinação de nossa voz transmitida pelo ar com o som que, produzido no interior do corpo em decorrência das vibrações das pregas vocais que ressoam na garganta e na boca, é transmitido pelos ossos para a cóclea. Durante esse processo, as frequências mais agudas dos sons que foram transmitidos são abafadas, criando uma falsa sensação de que o som de nossa voz é mais grave.

→ Muitas vezes as pessoas não gostam de sua própria voz quando a ouvem em uma gravação ou cantando ao microfone, por achá-la estranha.

## CIÊNCIA, TECNOLOGIA E SOCIEDADE

# Alexander Graham Bell e os aparelhos auditivos

O escocês Alexander Graham Bell (1847-1922) ficou bastante conhecido pela invenção do telefone, mas ele também contribuiu para desenvolver a Medicina.

Graham Bell nasceu em uma família envolvida com problemas de audição e fala. A mãe era surda, e o pai, professor, lecionava técnicas de fala gestual, articulação de palavras e leitura labial para pessoas com deficiência auditiva. Ainda muito jovem, Graham Bell resolveu seguir a carreira do pai e, aos 25 anos, abriu uma escola para surdos. Mais tarde casou-se com uma ex-aluna, também surda.

↑ Alexander Graham Bell.

Durante o período em que pesquisava uma forma de transmitir o som da fala por meio de um aparelho, que veio a se chamar telefone, ele conseguiu amplificar o som utilizando um microfone de carbono e uma bateria.

Naquela época já existiam os aparelhos auditivos, que eram trombetas de variados tamanhos. No início, elas eram imensas; depois diminuíram, mas não eram muito eficientes.

A tecnologia desenvolvida por Graham Bell para amplificar o som foi adotada pelos fabricantes de aparelhos auditivos, e foi assim que surgiram os primeiros aparelhos auditivos elétricos.

↑ Homem demonstra o uso de uma trombeta auditiva, século XIX.

Os aparelhos auditivos (chamados de próteses auditivas) passaram por aperfeiçoamentos tecnológicos ao longo dos anos e, hoje, oferecem mais potência e conforto aos usuários. Alguns são até mesmo à prova de água.

Mas é importante lembrar que sua função é aumentar o volume dos sons externos. Eles não são capazes de reparar perda de audição nos casos em que foram danificadas as células nervosas responsáveis por receber o som e transmiti-lo ao nervo acústico do cérebro. Nesses casos, a linguagem de sinais é necessária.

As pessoas surdas precisam ser respeitadas e ter garantidas condições para participação efetiva na sociedade.

↑ Aparelho auditivo que se encaixa no canal auditivo.

1. Os aparelhos auditivos curam a deficiência auditiva? Eles funcionam para todo tipo de perda auditiva?

2. Discuta com os colegas as ações que vocês podem tomar para que colegas surdos ou com alguma deficiência auditiva participem plenamente das atividades escolares.

3. Como o desenvolvimento e o aperfeiçoamento dos aparelhos auditivos pode facilitar a inclusão social das pessoas com perda auditiva? Forme um grupo com alguns colegas e, juntos, façam uma pesquisa que aponte outras medidas que podem ser tomadas nesse sentido.

## A visão

O sentido da **visão** possibilita admirar as paisagens, apreciar uma fotografia, observar uma situação de perigo, como um buraco na rua, entre outras coisas. Isso porque os olhos diferenciam as variadas cores, percebendo a forma e o tamanho de um objeto sem a necessidade de tocá-lo.

Os olhos são os órgãos do sentido da visão. Trata-se de estruturas esféricas, situadas nas cavidades do crânio. Os olhos são protegidos tanto pelos ossos do crânio quanto por estruturas acessórias – como as pálpebras, os cílios e as glândulas lacrimais –, que também auxiliam na lubrificação deles.

Observe a imagem a seguir para conhecer as estruturas que compõem o olho humano.

↑ Representação do olho humano e estruturas que o compõem.

Você já observou tudo o que seu olho faz? Que movimentos consegue fazer com os olhos? Consegue movê-los em direções opostas?

Nossos olhos piscam periodicamente para garantir a lubrificação necessária. Como forma de proteção, eles se fecham em resposta a estímulos como luz intensa, cisco e poeira. Os cílios também contribuem para a proteção dificultando a entrada de partículas. Os músculos dos olhos têm ações coordenadas, o que os leva a se moverem de forma harmônica para vermos o que está a nossa volta.

## Como o olho funciona

No interior do globo ocular estão localizadas as células receptoras de estímulos luminosos. Essas células transformam esses estímulos em mensagens, que são enviadas, por meio dos nervos ópticos, até o cérebro. No cérebro as informações de cada olho são processadas e reunidas, formando uma imagem única. Veja o esquema ao lado.

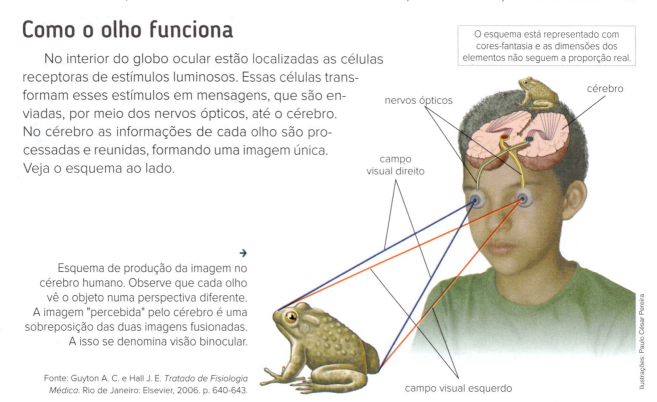

→ Esquema de produção da imagem no cérebro humano. Observe que cada olho vê o objeto numa perspectiva diferente. A imagem "percebida" pelo cérebro é uma sobreposição das duas imagens fusionadas. A isso se denomina visão binocular.

Fonte: Guyton A. C. e Hall J. E. *Tratado de Fisiologia Médica*. Rio de Janeiro: Elsevier, 2006. p. 640-643.

## Visão binocular

Outra característica importante da visão é podermos perceber as três dimensões de um corpo: profundidade, altura e largura. Isso também propicia que identifiquemos quando um corpo está na frente e outro atrás – o que pode parecer óbvio, mas não é! Como veremos mais adiante, no Tema 6, a parte do olho responsável pela visão é um tecido chamado retina, que fica no fundo do globo ocular. Lá são projetadas as imagens das coisas que vemos como se fossem fotos.

Mas, se a visão é como ter uma foto dentro dos olhos, como somos capazes de perceber a profundidade? A resposta a essa pergunta é uma combinação de duas características.

A primeira é o fato de termos dois olhos separados. Chamamos isso de **visão binocular**. Cada um deles consegue ver o objeto numa perspectiva diferente. Quando o cérebro junta as duas imagens, uma de cada olho, percebemos a terceira dimensão que faltava – a profundidade.

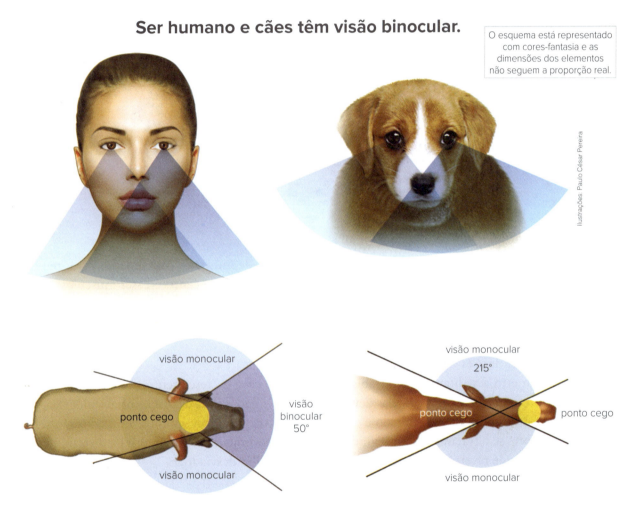

↑ Na parte superior vemos um ser humano e um cão, que têm visão binocular, isto é, são capazes de perceber a profundidade nas imagens. O porco tem uma área de visão que é binocular e outra, lateral, que é monocular. Os cavalos apresentam apenas visão monocular, o que, no entanto, aumenta sua visão periférica e até mesmo traseira. O ponto cego representa aquela área em que não se consegue enxergar o ambiente.

A segunda característica está relacionada à aprendizagem coletiva de nossa espécie (não só dela). Aprendemos muito cedo a guardar na memória a imagem das coisas mais comuns a nossa volta, como animais, casa, árvores, cadeiras, lápis etc. Quando vemos um objeto de frente, sabemos que ele tem mais uma dimensão e lembramos como ele é. Assim, juntamos a imagem do objeto visto com as outras imagens guardadas na memória.

135

## AQUI TEM MAIS

## Estrabismo

Estrabismo é um distúrbio que afeta o paralelismo entre os dois olhos, que apontam para direções diferentes. [...]

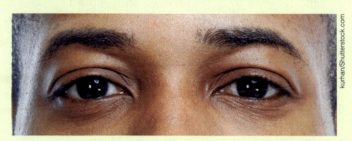

↑ Alinhamento normal dos olhos.

↑ Estrabismo.

### Causas

O movimento dos olhos é controlado por seis pares de músculos comandados pelos nervos cranianos que, por sua vez, estão conectados ao sistema nervoso central. Esses músculos precisam agir em perfeito equilíbrio e sincronia para que os olhos permaneçam alinhados.

Entretanto, alguns fatores podem comprometer esse funcionamento harmônico e provocar o estrabismo. [...]

### Recomendações

\*É um erro acreditar que o estrabismo desaparece com o crescimento. Assim que o desvio ocular for notado nas crianças, elas devem ser encaminhadas para avaliação oftalmológica.

\*O estrabismo pode ser tratado e corrigido em qualquer idade, mas os resultados são sempre melhores se o tratamento for seguido à risca e precocemente iniciado. A falta de tratamento adequado pode reverter-se na perda total da visão do olho desviado.

Maria Helena Varella Bruna. Estrabismo. *Portal Drauzio*, 3 set. 2012. Disponível em: <https://drauziovarella.uol.com.br/doencas-e-sintomas/estrabismo>. Acesso em: 5 abr. 2019.

1. O estrabismo é um desvio ocular que afeta o paralelismo entre os dois olhos. Pesquise como podem ser esses desvios e suas possíveis causas.

2. Qual é a melhor idade para tratar o estrabismo?

3. Pesquise mais informações sobre estrabismo e escreva um texto resumindo as formas de tratamento desse distúrbio.

# ATIVIDADES

## SISTEMATIZAR

1. Observe a imagem a seguir, de uma onça que espreita uma presa. Que órgãos sensoriais são importantes para a presa e o predador nesse momento? Justifique sua resposta.

2. As informações do ambiente são captadas por receptores externos e enviadas ao cérebro, onde são interpretadas e transformadas em sensações. Onde se localizam esses receptores externos?

3. Para a recepção dos estímulos ambientais, o corpo humano conta com cinco sentidos. Desenhe um esquema que represente os sentidos humanos, sua localização e o principal órgão ao qual cada um deles é relacionado.

4. Somos capazes de reconhecer com precisão incontáveis sabores. Como nosso corpo os detecta?

5. Organize as expressões e frases a seguir na sequência correta, considerando o processo pelo qual o som, por meio do sentido da audição, é percebido até chegar ao cérebro.

> vibração do ar
> movimentação dos ossículos
> envio de estímulos nervosos ao cérebro
> captação do som e direcionamento para o interior da orelha

## REFLETIR

1. Leia o texto a seguir e responda à questão.

### Mais de 1 bilhão de adolescentes e jovens podem perder a audição, alerta OMS

Mais de 1 bilhão de adolescentes e jovens correm o risco de perda de audição devido ao uso inseguro de dispositivos de áudio, como telefones inteligentes, e à exposição a som muito alto ou lugares barulhentos. [...]

O estudo realizado pela agência da ONU com adolescentes e jovens entre 12 e 35 anos revelou que cerca de 50% são expostos a um volume prejudicial para a saúde, através do uso de aparelhos de áudio pessoais e 40% a níveis de som potencialmente perigosos em ambientes de diversão, como discotecas, eventos esportivos ou bares. [...]

ONU BR – Nações Unidas no Brasil, 3 mar. 2015. Disponível em: <https://nacoesunidas.org/mais-de-1-bilhao-de-adolescentes-e-jovens-podem-perder-a-audicao-por-exposicao-a-som-alto-alerta-oms>. Acesso em: 6 abr. 2019.

Que medidas os jovens podem tomar para evitar a perda de audição decorrente do uso de fone de ouvido?

## DESAFIO

1. Os deficientes visuais podem ler textos, pautas musicais, cardápios de restaurantes etc. por meio da escrita baseada no sistema braile. Hoje existem embalagens de produtos com informações que utilizam esse sistema.

Separe algumas embalagens com informações escritas em braile. Em seguida, procure na internet o mapa com os significados de cada código, estude-o e tente fazer a leitura com os dedos. Compartilhe com os colegas como foi essa leitura.

↑ Leitura de texto escrito em braile.

# PANORAMA

**FAÇA AS ATIVIDADES A SEGUIR E REVEJA O QUE VOCÊ APRENDEU.**

NO CADERNO

Neste tema, estudamos a interação entre os sistemas nervoso, sensorial e locomotor.

Vimos que todas as funções do corpo são controladas pelo sistema nervoso, que pode ser dividido em sistema nervoso central (encéfalo e medula espinal) e sistema nervoso periférico (nervos). No entanto, o sistema nervoso, tanto de humanos quanto de outros animais vertebrados, não age sozinho, e sim de maneira conjunta com outros sistemas na coordenação corpórea e no controle das reações do organismo a estímulos.

Aprendemos que é por meio do sistema sensorial que nosso corpo capta os estímulos do meio ambiente. Os nervos levam essas mensagens ao cérebro, que as transforma em sensações por meio das quais reagimos.

**1.** Observe a imagem a seguir. Que sistema ela mostra? Qual é a função dele?

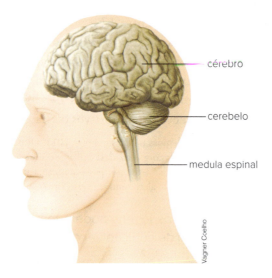

cérebro
cerebelo
medula espinal

Vagner Coelho

**2.** Leia o texto a seguir e responda à questão.

Os répteis e os peixes apresentam sistema nervoso diferente dos mamíferos em alguns aspectos importantes, mas compartilham a estrutura básica de organização de vias nervosas centrais. Peixes e répteis demonstram a maior parte do comportamento de dor dos mamíferos. Na maioria das espécies há, inclusive, **vocalização**, embora não seja audível para nossos ouvidos.

**GLOSSÁRIO**

**Vocalização:** capacidade de produzir sons por via oral.

Peter Singer. *Libertação animal*. Porto Alegre: Lugano, 2004. p. 195.

Qual dos sentidos nos ajuda a perceber estímulos de dor?

**3.** Desde 2013, as regras da chamada Lei Seca estão ainda mais rígidas. O condutor que ingerir qualquer quantidade de bebida alcoólica e for submetido à fiscalização de trânsito estará automaticamente sujeito a multa, suspensão do direito de dirigir e retenção do veículo. Agora, o agente de trânsito não precisa do etilômetro (bafômetro) para confirmar a embriaguez. O condutor que se recusar a fazer o teste poderá ser autuado se apresentar um conjunto de sinais que configurem a ingestão de bebida alcoólica.

Detran, Acre

Com base nos conhecimentos acerca dos efeitos do álcool no organismo, justifique a necessidade da regulamentação acima.

138

**4.** Observe este cartaz, de uma sorveteria. Se considerarmos que os receptores gustativos da língua distinguem apenas cinco gostos básicos, explique qual é o erro no cartaz.

**5.** Lucio está cozinhando e, sem querer, encosta a mão em uma panela quente. Ele rapidamente retira a mão. O movimento de afastar a mão da panela deve-se à ação conjunta de que partes do corpo? Escreva no caderno.

a) Tato, órgão olfativo e nervos.
b) Ossos, pele e olhos.
c) Olhos, ossos e nervos.
d) Músculos, ossos e nervos.

**6.** Selecione no conjunto de palavras a seguir aquelas que completam corretamente o texto e transcreva-o em seu caderno.

> sensações – nervos – corpo – odores – língua – impulsos – sensorial – sentidos – táteis – orelhas – gustação – estímulos – cérebro – receptores – ambiente – órgãos

Para captar sensações que nos são enviadas do ▓▓▓, nosso corpo depende do sistema ▓▓▓, que é composto dos seguintes órgãos: pele, ▓▓▓, nariz, olhos e orelhas. Esses diferentes órgãos captam os ▓▓▓ do meio ambiente, transformam-nos e os enviam ao cérebro, onde a informação é interpretada por meio de ▓▓▓.

**7.** Leia o texto a seguir e responda à questão.

[...]
Quando o estúdio Pixar colocou no filme *Procurando Nemo* uma peixinha que esquecia tudo em poucos segundos, estava brincando com uma ideia que por muito tempo existiu na comunidade científica: peixes teriam memória de apenas três segundos. Estudos recentes mostram que isso é balela. Esses animais são capazes de lembrar e ainda guardam as informações a longo prazo.
[...]

↑ Os personagens Marlin e Dory do filme *Procurando Nemo*.

Giovana Girardi. Inteligência animal. *Superinteressante*, Abril, ed. 209, jan. 2005. Disponível em: <https://super.abril.com.br/ciencia/inteligencia-animal/>. Acesso em: 5 abr. 2019.

Que sistema é responsável pelas lembranças e informações que os peixes guardam?

### DICAS

**▶ ACESSE**

**Instituto Benjamin Constant**: <www.ibc.gov.br>, (acesso em: 5 abr. 2019). *Site* que disponibiliza várias informações sobre a visão, desde as relativas às deficiências até as referentes às tecnologias empregadas atualmente.

**▶ ASSISTA**

**Para que temos pele?** 2 min. Vídeo que aborda as funções da pele, como proteção e captação de estímulos táteis. Disponível em: <www.universidadedascriancas.org/perguntas/para-que-temos-pele>. Acesso em: 5 abr. 2019.

**▶ LEIA**

**Aventuras de um neurônio lembrador**, de Roberto Lent (Vieira & Lent). Coleção que aborda, de modo lúdico, temas de neurociências, como o funcionamento do cérebro, a visão e a memória.

**Almanaque dos sentidos**, de Carla Caruso (Moderna). Com um capítulo para cada sentido, esse livro fornece respostas a muitas dúvidas que o público juvenil costuma ter sobre os sentidos e seus órgãos.

**▶ VISITE**

**Museu de Anatomia Humana (MAH) da USP**. Localizado na Avenida Prof. Lineu Prestes, 2415, Butantã, São Paulo. O visitante pode observar o sistema nervoso, muscular, esquelético, articular, entre outros. Mais informações em: <http://museu.icb.usp.br/>. Acesso em: 5 abr. 2019.

↑ A vida segue noite adentro, pois os seres humanos foram capazes de iluminar os ambientes no período em que não há luz solar. Rio de Janeiro (RJ), 2018.

# TEMA 5
## Luz e imagens

## NESTE TEMA
**VOCÊ VAI ESTUDAR:**

- a luz como condição para a visão;
- corpos luminosos, iluminados e transparentes;
- a formação das imagens;
- a propagação retilínea da luz;
- a câmara escura;
- imagens em lentes esféricas.

1. Como seria o mundo se não houvesse lâmpadas? Como essas luzes interferem nos horários de dormir e acordar das pessoas?
2. Como seria esta fotografia se não houvesse a iluminação dos fogos de artifício, dos celulares, dos holofotes e de outras lâmpadas? O que você enxergaria?
3. Você já viu uma lupa? Em caso positivo, sabe para que ela é utilizada?

# CAPÍTULO 1

# Luz e visão

> Neste capítulo você estudará a luz, sua importância para a visão e de que modo vemos os objetos. Conhecerá as ideias de antigos estudiosos sobre o processo de visão e como os corpos que emitem luz nos possibilitam ver os corpos que não a emitem.

## EXPLORANDO COMO FUNCIONA A VISÃO

Lucas assistiu na TV a um filme do Super-Homem. Era um filme antigo, daqueles em que os efeitos especiais ainda não eram tão bons como os dos filmes atuais. Mesmo assim, Lucas ficou intrigado com a visão de raios X do super-herói – ele via através das paredes. Lucas pensou na possibilidade de um ser humano comum um dia poder desenvolver a tal visão de raios X. Sua imaginação o levou a pensar no que poderia haver no olho de uma pessoa que conseguisse ver através das barreiras. Seria, talvez, a "força" do olhar do Super-Homem? Será que dos olhos de um humano também sai algum tipo de raio invisível, mas menos intenso do que o do Super-Homem?

Ele imaginou que a visão de raios X do herói deveria funcionar como as máquinas de raios X dos hospitais, que visualizam os ossos de uma pessoa e os registram em uma radiografia.

Lucas decidiu pesquisar na internet e encontrou muitas informações interessantes. Vamos estudar suas descobertas neste capítulo.

Ilustrações: Claudia Marianno

**Agora é sua vez.**

1. O que Lucas descobriu ao desvendar o mistério da visão do Super-Homem?

2. Assim como uma das hipóteses levantadas por Lucas, será que a visão ocorre por que saem raios dos olhos? Em sua opinião, como funciona a visão?

142

# Luz e corpos

Conseguimos enxergar porque nossos olhos captam e decifram a luz. Um exemplo é quando estamos em um local escuro com uma vela acesa. A vela emite luz em todas as direções e parte dessa luz chega aos olhos das pessoas.

O bolo não tem luz própria. Então, como conseguimos enxergá-lo?

Nem todos os objetos emitem luz. Na cena da festa, o bolo está iluminado pelas velas. As pessoas o enxergam na escuridão porque a chama da vela emite a luz que é refletida no bolo. Parte dessa luz chega aos olhos das pessoas.

↑ As pessoas enxergam parte da luz emitida pelas velas.

Os objetos são vistos quando a luz refletida por eles chega aos olhos.

Um mesmo objeto pode ser visto de lugares diferentes? Pense no bolo e nas velas da fotografia ao lado. Todas as pessoas conseguem ver o bolo e as velas. No caso da vela é fácil entender porque ela emite luz em todas as direções. E o bolo, também emite luz em todas as direções? De certa maneira, sim.

↑ Parte da luz da vela que incide sobre o bolo é refletida em todas as direções.

As imagens desta página não estão representadas na mesma proporção.

## Corpos luminosos

O Sol é a fonte de luz que regula o ritmo de vida na Terra. Para lidar com os momentos de ausência dessa luz, a humanidade aprendeu a produzir pequenas fontes de luz, como tochas, fogueiras, velas e lâmpadas.

Os corpos que conseguimos ver são classificados em dois grandes grupos. Os que emitem luz são chamados de fontes de luz ou **corpos luminosos**, como o Sol, uma vela, uma lâmpada, uma tocha etc. Os demais corpos são iluminados, como a folha deste livro.

↑ O vaga-lume produz luz no interior de seu corpo por meio de reações químicas.

↑ As tochas são corpos luminosos. Ilha de Barbados (América Central), 2008.

↑ Fogueiras são corpos luminosos. Esperança (PB), 2015.

↑ As telas de televisores, *tablets* e telefones celulares são corpos luminosos quando estão em uso.

## Corpos iluminados

Os **corpos iluminados** não têm luz própria. Eles refletem a luminosidade que incide sobre eles.

← As lâmpadas dos postes e das fachadas das casas são corpos luminosos, pois emitem luz. A Lua é um corpo iluminado, pois ela reflete a luz do Sol. Rio de Janeiro (RJ), 2018.

↑ Os objetos em uma exposição são iluminados por fontes de luz artificial. À esquerda, fóssil de Tiranossauro Rex (Montana, Estados Unidos, 2017). À direita, pinturas de Vincent van Gogh (São Petersburgo, Rússia, 2015).

## Corpos opacos

Os corpos iluminados podem ser **opacos** ou transparentes. Os opacos recebem a luz emitida por um corpo luminoso; parte da luz é refletida e a outra parte absorvida. Uma folha de papel sulfite, um estojo e uma tampa de mesa de madeira são corpos opacos.

**GLOSSÁRIO**

**Opaco:** objeto que não deixa a luz atravessá-lo.

→ Os objetos opacos impedem a passagem da luz.

## Corpos transparentes

Nos **corpos transparentes**, uma parte da luz emitida sobre eles é refletida, outra absorvida e outra o atravessa. Vidros, alguns tipos de plásticos e líquidos são corpos transparentes. Esses materiais são usados para fazer vários tipos de objetos.

↑ Parte da luz atravessa janelas e portas de vidro, potes de acrílico e outros objetos transparentes, por isso conseguimos enxergar o que está do outro lado ou dentro deles.

As imagens desta página não estão representadas na mesma proporção.

← Conseguimos enxergar objetos, plantas e animais em um aquário porque as paredes e a água são transparentes, de modo que a luz atravessa o vidro e chega até nós. Aquário de Okinawa (Japão), 2016.

 **AQUI TEM MAIS**

### Espalhando luz em todas as direções

O Sol é nossa grande fonte de luz. A luz emitida por ele chega à Terra em grande quantidade e ilumina os corpos sobre ela. É tanta luz emitida que é perigoso olhar diretamente para o Sol, pois há risco de queimar a retina. Uma árvore não tem luz própria, mas reflete a luz solar que chega até os olhos do observador.

É importante lembrar que o Sol, as árvores e os corpos em geral podem ser vistos por pessoas posicionadas em lugares diferentes. Isso porque a luz refletida por eles se espalha em várias direções.

↑ Sol visto do espaço.

**1.** A imagem acima possibilita ver a superfície do Sol em detalhes. Ele parece uma bola de fogo. Pesquise as características da luz emitida pelo Sol, como cor, intensidade etc.

**2.** De acordo com os dados de sua pesquisa, você pode afirmar que o Sol é muito quente? Compare a temperatura dele com a de outros objetos quentes, como fogueiras, chama emitida na combustão de gases etc.

# DIÁLOGO

## A visão na Antiguidade

Muitos pensadores na Antiguidade se questionavam sobre o modo de funcionamento da visão. O grego Leucipo de Mileto (480-420 a.C.) acreditava que enxergávamos por causa de pequenas partículas, chamadas *eidola*, que eram emitidas pelos objetos e chegavam aos nossos olhos. Outro modelo do processo da visão foi pensado pelo grego Empédocles (490-430 a.C.), com base na ideia de que "raios visuais" saíam dos olhos das pessoas, rebatiam nos objetos e voltavam aos olhos.

Após chocarem-se com o objeto, as partículas voltariam para os olhos, e o resultado da comparação entre o trajeto de ida e volta possibilitaria a identificação das características do objeto, como forma, cor etc. Essa ideia aproxima-se muito do funcionamento dos radares atuais e do mecanismo de **ecolocalização** dos morcegos. Veja as imagens a seguir.

> **GLOSSÁRIO**
>
> **Ecolocalização:** forma de orientação própria de certos animais, como morcegos, baleias e golfinhos, que lhes possibilita identificar a posição e a forma dos obstáculos pela emissão de sons de alta frequência produtores de ecos.

Representação simplificada em cores-fantasia e tamanho sem escala.

↑ Composição digital de morcego e mariposa da floresta. Por meio da propagação de sons, representados em amarelo, e da interpretação do eco, representado em roxo, o morcego pode detectar sua presa.

↑ Os navios mapeiam o assoalho oceânico por meio de sonares.

Você deve estar intrigado sobre o papel da luz nesse modelo grego de funcionamento da visão. Afinal, naquela época as pessoas já sabiam que não era possível "ver" sem luz! O interessante é que os gregos antigos já suspeitavam que a luz era fundamental para a visão.

A hipótese levantada por eles era explicada por um modelo no qual a visão só era possível em ambientes iluminados. O processo de emitir partículas pelos olhos era condição essencial para que os objetos fossem vistos.

A visão de raio X do Super-Homem foi inspirada nesse modelo grego e explorada pelos autores de quadrinhos Joe Shuster e Jerry Siegel.

1. Em grupo, pesquisem na internet como funciona o sonar de um navio. Depois elaborem um texto com as informações obtidas.

## CIÊNCIA, TECNOLOGIA E SOCIEDADE

# Luzes artificiais e a mudança nos hábitos de vida

Você deve ter percebido que a luz é um elemento essencial para a visão, já que no escuro não enxergamos os objetos. A busca por fontes de luz para substituir o Sol, depois que ele desaparece no horizonte, foi uma das primeiras necessidades do ser humano. Na Pré-História, a humanidade usava o fogo para obter calor, preparar alimentos, proteger-se e iluminar o ambiente durante a noite. Foi descoberto um grande número de tochas de aproximadamente 100 mil anos atrás, assegurando-nos de que nossos antepassados da Idade da Pedra buscavam vencer a escuridão.

↑ A obra *Noite estrelada*, de Vincent van Gogh (1853-1890), representa corpos luminosos e iluminados no céu e na Terra.

À medida que a organização social se desenvolveu, aumentou a necessidade de iluminação artificial para ambientes domésticos, iluminação de ruas, tornar visível o interior das minas de exploração mineral etc.

A dificuldade do ser humano interagir com o mundo, por meio de outros sentidos, levou-o a desenvolver as fontes artificiais de iluminação. Atualmente, as noites em cidades de todo o mundo são muito "claras" por causa da iluminação pública e de imóveis comerciais. Entretanto, a distribuição de luz artificial no mundo é ainda muito desigual. Observe a seguir a fotografia tirada por satélite em uma noite em todo o globo terrestre.

As imagens desta página não estão representadas na mesma proporção.

↑ Na Pré-História o fogo já era usado para o preparo de alimentos, proteção e iluminação.

↑ Distribuição de iluminação nos continentes da Terra no período noturno. (Imagem montada com fotografias noturnas tiradas por satélite.)

1. Reúna-se com um ou mais colegas e escrevam uma explicação para a distribuição de luz no mapa-múndi da fotografia acima.

2. Explique a afirmativa: A invenção de tochas e fogueiras foi importante para o cotidiano dos seres humanos na Pré-História. De que modo isso mudou os hábitos das pessoas?

# DIÁLOGO

## Iluminação artificial/fotopoluição

↑ É importante adequar a iluminação da orla para não prejudicar as tartarugas marinhas. Flórida (EUA), 2007.

A incidência de luz artificial nas praias, resultado da expansão urbana sobre o litoral, prejudica fêmeas e filhotes. As fêmeas deixam de desovar, evitando o litoral, se a praia está iluminada inadequadamente. Os filhotes, por sua vez, ficam desorientados: ao invés de seguir para o mar, guiados pela luz do horizonte, caminham para o continente, atraídos pela iluminação artificial – e fatalmente são atropelados, devorados por predadores como cães e raposas, ou morrem de desidratação.

O **Tamar** conseguiu aprovar leis que impedem a instalação de novos pontos de luz em áreas de desova e faz campanhas permanentes para substituição, nessas áreas, das luminárias convencionais por outras, especialmente desenhadas com a orientação do Projeto, para que a luz não incida diretamente sobre a praia.

**Cartilha de Fotopoluição:** documento elaborado pelo Projeto Tamar que orienta as melhores práticas para a redução dos impactos causados às tartarugas marinhas pela fotopoluição e informa a legislação sobre essa temática.

**Tamar:** projeto brasileiro que tem como principal objetivo a preservação de espécies de tartarugas ameaçadas de extinção. O nome Tamar é uma contração das palavras tartaruga e marinha.

**Orientações básicas sobre iluminação nas praias** – veja o que pode ser feito para iluminar a orla de forma adequada, sem prejudicar as tartarugas marinhas.

As orientações estão na **Cartilha de Fotopoluição**. O documento busca esclarecer aos proprietários de residências, empreendedores e comerciantes sobre a importância do Litoral Norte baiano para a proteção das tartarugas marinhas e orienta quanto à legislação vigente e melhores práticas para minimizar os impactos gerados pela iluminação artificial. Pode servir como base para qualquer região do Brasil que queira implantar projetos de iluminação de forma a não prejudicar os animais que desovam na praia.

[...]

Iluminação artificial/fotopoluição. Projeto Tamar. Disponível em: <tamar.org.br/interna.php?cod=106>. Acesso em: 6 abr. 2019.

**1.** Pesquise outros locais onde o excesso de iluminação noturna acarreta prejuízos aos seres humanos e demais seres vivos.

**2.** Como as leis podem regular o uso de iluminação artificial?

# ATIVIDADES

## SISTEMATIZAR

1. Reproduza a tabela no caderno e classifique os elementos do quadro escrevendo-os na coluna correta.

> lâmpada   espelho   lente de aumento   Lua   fogo   *flash*   vaga-lume
> tela de cinema   parede   Sol   lente dos óculos   sapato   vidro   água   atmosfera

| Produz luz | Reflete a luz (devolve a luz) | Transparente (devolve a luz e deixa a luz passar) |
|---|---|---|
|  |  |  |
|  |  |  |
|  |  |  |
|  |  |  |
|  |  |  |

2. Nathália e Lucas estavam no campinho do bairro jogando futebol, à noite. O campinho estava iluminado por um poste de luz.

   No caderno, faça um esquema que mostre:

   a) os feixes de luz que permitem a Nathália ver Lucas;

   b) os feixes de luz que permitem a Lucas ver Nathália.

→ Adolescentes jogam bola em campo iluminado por luz artificial.

## REFLETIR

1. Explique por que não conseguimos enxergar quando está totalmente escuro.

2. Observe a imagem ao lado e explique:

   a) Por que os personagens conseguem enxergar os peixes dentro do aquário?

   b) Como eles conseguem enxergar o vidro do aquário se a luz passa por ele?

↑ O menino e a menina observam peixes no aquário.

## DESAFIO

1. Forme um grupo com alguns colegas. Inicialmente, respondam à questão a seguir individualmente, no caderno. Depois discutam apresentando argumentos para explicar o fenômeno e cheguem a um consenso entre o grupo.

   • Por que enxergamos a lousa da sala de aula se ela é um corpo que não produz luz?

149

CAPÍTULO

# Formação de imagens

Neste capítulo, você estudará como a luz se propaga e as sombras se formam. Verá também como são formadas as imagens em telas de projeção de cinema e dentro de câmaras fotográficas.

## EXPLORANDO O CAIXOTE DO SEU IVÃ

Léo gosta muito de fotografias tiradas em câmaras fotográficas antigas, como as que usam rolos de filme.

O irmão mais velho dele tem um *smartphone* e as fotos aparecem instantaneamente na tela. Mas Léo prefere mesmo olhar as máquinas fotográficas antigas, como a de seu Ivã, que mora perto de sua casa.

Seu Ivã tem uma máquina bem antiga, que é conhecida como máquina-caixote. Ele gostou da curiosidade do garoto e mostrou-lhe como a máquina funciona:

"Olha, Léo, aqui é o obturador, é por ele que a luz entra. No outro lado fica a tela e o local de colocar a chapa. A luz que vem do objeto passa pelo obturador, entra na máquina e se projeta do outro lado. Mas ela aparece de cabeça para baixo".

Léo gostou da explicação, mas sabia que faltava informação para entender tudo.

**Agora é sua vez.**

1. Como a luz que entra na câmara forma uma imagem tão perfeita?
2. Por que a imagem é projetada de cabeça para baixo?

# Como a luz se propaga

Você já percebeu que a luz se propaga? Como isso ocorre? Junte-se a um colega, observem as imagens e registrem suas hipóteses.

↑ Luz da lâmpada.

↑ Luz do Sol refletida em uma floresta. Campo Limpo Paulista (SP).

A luz que sai do projetor e atravessa o *slide* ou filme percorre um caminho reto para refletir-se na tela. Se não fosse assim, a imagem projetada seria distorcida.

Se você já projetou sombras na parede, deve ter visto que elas são muito semelhantes ao que você usa para produzi-las. Isso ocorre porque a luz se propaga em linha reta e, ao passar pela borda da mão ou do objeto, mantém a direção até a tela ou parede onde será projetada.

Ao longo do dia, o Sol projeta luz sobre todos os corpos. As sombras que se formam são áreas onde a luz não pode chegar. No amanhecer e no entardecer, as sombras são mais longas, pois o Sol está mais baixo no horizonte. Ao meio-dia, as sombras atingem seu menor tamanho, pois o Sol está na posição mais alta no céu.

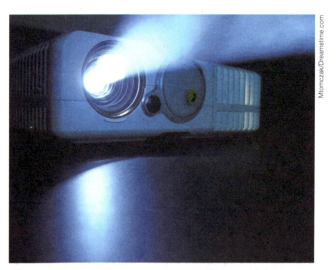
↑ O projetor de imagens tem uma fonte de luz muito intensa.

↑ As sombras das mãos projetam uma figura na parede.

↑ A luz do Sol incide nas pessoas e nos objetos projetando as sombras vistas no chão. Praia de Ipanema, Rio de Janeiro (RJ), 2017.

151

# Câmara escura

Alhazen, um estudioso árabe que viveu nos anos 1000 d.C., utilizou um método interessante para "aprisionar imagens". Ele construiu uma sala sem janelas onde havia um pequeno orifício em uma parede. Na parede oposta ao orifício fixou um tecido branco que funcionava como uma tela, na qual eram projetadas as imagens de objetos que estavam do lado de fora. A descoberta de Alhazen foi usada durante muito tempo como uma técnica de pintura em que o artista reproduzia a imagem projetada na tela.

↑ O cientista árabe Abu Ali al-Hasan ibn al-Haythan, conhecido como Alhazen (965-1040), deixou grande contribuição para os princípios da Óptica.

→ Antigamente, a câmara escura era uma técnica usada por pintores. Por meio de um orifício, a paisagem do ambiente externo é reproduzida em uma tela posicionada em frente ao buraco e a uma distância que mantém o foco.

Você reparou que as imagens estão projetadas de cabeça para baixo na ilustração? Sabe dizer por que isso ocorre? Que tal investigarmos? Faça a montagem da página ao lado para descobrir. Leia o texto a seguir somente após realizar os testes propostos.

## O que ocorre na câmara escura?

Vamos relembrar que, quando os objetos estão iluminados, as suas partes refletem luz em todas as direções. Observe abaixo o esquema do boneco: a maioria dos raios de luz refletidos por ele foi bloqueada pela tampa da câmara, apenas aqueles que foram em direção ao furo conseguiram atravessá-lo.

Ora, sabemos que cada ponto do boneco reflete luz em todas as direções. Veja, por exemplo, na imagem a luz emitida por um ponto que parte do boneco. Os raios representados atravessam o orifício da caixa. Assim, a imagem é projetada na parede da caixa devido aos raios que, mesmo partindo de diferentes pontos do boneco, seguiram na direção do orifício. O raio de luz que partiu do ponto mais alto do boneco atinge a região inferior do fundo da caixa, e o raio de luz refletido pelo ponto mais baixo do boneco chega à região superior do fundo da caixa, isto é, os raios se cruzam ao passar pelo orifício e depois seguem seus trajetos retilíneos.

Representação simplificada em cores-fantasia e tamanho sem escala.

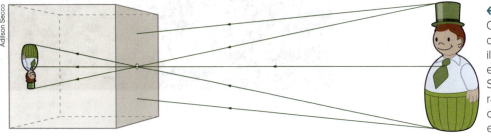

← Cada ponto de um objeto em um ambiente iluminado reflete a luz em várias direções. Somente alguns desses raios refletidos atingem o orifício da câmara escura e formam a imagem.

# PENSAMENTO EM AÇÃO ) CRIAÇÃO DE MODELO

## Câmara escura de lata

### Material:
- uma lata vazia (de leite em pó) com tampa plástica;
- martelo;
- papel-cartão preto ou cartolina preta;
- um pedaço de papel vegetal de 15 cm × 15 cm;
- cola plástica;
- um elástico;
- fita-crepe;
- um prego de espessura fina.

**! ATENÇÃO!**
Nunca use a câmara para focalizar a imagem do Sol.

### Procedimentos

1. Forre o interior da lata com o pedaço de papel-cartão preto ou a cartolina preta: corte uma tira com cerca de 12 cm de largura e 40 cm de comprimento e coloque-a no interior da lata, ajustando para que fique bem rente à parede da lata.
2. Com o prego bem fino ou uma tachinha e o martelo faça um orifício no centro do fundo da lata.
3. Emborque a lata em cima do papel vegetal e recorte-o, deixando uns 3 centímetros a mais do que a circunferência da lata.
4. Use o elástico para prender o papel vegetal na borda da lata, de modo que fique bem esticado.
5. Enrole o restante do papel-cartão em volta da lata, deixando uma grande aba, como um canudo, para proteger o papel vegetal da luz do ambiente. Fixe o papel-cartão com cola e fita-crepe.
6. Sua câmara escura portátil está pronta! Aponte o orifício na direção de uma janela ou de um local bem iluminado e verifique a imagem formada sobre o papel vegetal. Olhe bem perto do tubo de papel-cartão, pois assim a luz ambiente atrapalhará menos a visualização.

↑ Papel vegetal fixado na lata.

### Testes de observação

1. Escolha um objeto, como uma lâmpada ou uma janela bem iluminada, e direcione a parte da câmara com orifício. Observe a imagem formada do outro lado e a reproduza em uma folha de papel.
2. Aproxime sua câmara do objeto e veja o que acontece com a imagem.
3. Escolha outros objetos e repita os procedimentos 1 e 2.
4. Organize seus resultados em um texto e descreva o resultado dos dois procedimentos.
5. Elabore uma hipótese para explicar os resultados observados, citando o caminho dos raios de luz que saem do objeto, passam pelo orifício e vão até a parede oposta.
6. Aumente um pouco o furo de sua câmara escura. O que aconteceu com a imagem?

### Reflita e registre

1. Por que o interior da lata deve ser forrado com cartolina ou papel-cartão preto?
2. Por que a imagem refletida é invertida?

# ATIVIDADES

### SISTEMATIZAR

1. O que é uma sombra e como ela é obtida? Explique.

2. Como uma imagem pode ser projetada no interior de uma câmara escura?

3. De que maneira a distância entre o objeto e a fonte de luz influencia na definição da sombra?

4. Como a intensidade da luz influencia na definição da imagem projetada na câmara escura? Explique.

### REFLETIR

1. Em um dia sem nuvens, ao meio-dia, a sombra de um estojo retangular projetada no chão é nítida, caso o objeto esteja próximo ao solo. Entretanto, ao distanciar o estojo do solo, verifica-se que a nitidez da sombra se altera.

    a) Por que isso acontece?

    b) Relacione a situação da nitidez da sombra do estojo no chão com a definição da imagem em sua câmara escura, à medida que você aproxima ou afasta a câmara do objeto.

2. Imagine uma sala vazia. No teto da sala há quatro pontos de luz e as lâmpadas estão ligadas.

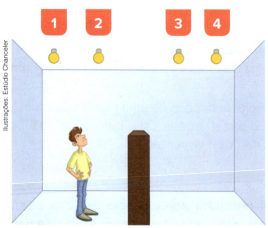

← Cômodo com quatro lâmpadas acesas.

a) Escreva em seu caderno a opção que indica as luzes que iluminam diretamente a pessoa.

b) Copie a imagem ao lado no caderno e represente a propagação dos raios de luz que iluminam diretamente o pé do personagem.

3. Imagine a mesma sala, só que agora apenas duas lâmpadas estão ligadas. Com base na figura abaixo, que lâmpadas estão ligadas? Justifique.

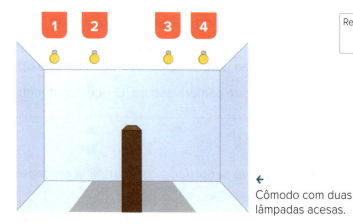

Representação simplificada em cores-fantasia e tamanho sem escala.

← Cômodo com duas lâmpadas acesas.

**4.** O fenômeno representado na ilustração abaixo é possível? Justifique.

Representação simplificada em cores-fantasia e tamanho sem escala.

← Menina segurando uma lanterna.

**5.** Uma brincadeira sugerida pelo professor de Ciências consiste em construir uma grande câmara escura na qual seja possível passar a cabeça de uma pessoa por um dos lados. O orifício deve ficar na parte superior de um lado e uma folha branca deve ser colada na face interna oposta. Com esse arranjo, o aluno com a cabeça dentro da caixa pode ver as imagens invertidas da parte exterior. Como você explica esse fenômeno?

→ Menino observando a projeção da luz.

## DESAFIO

**1.** A certa distância de uma câmara escura de orifício, a imagem de uma vela é projetada na parte interna oposta da câmara.

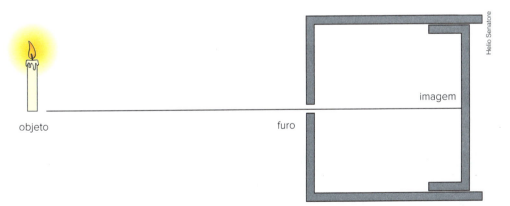

objeto / furo / imagem

A parede móvel da câmara, onde a imagem é projetada, pode ser aproximada ou afastada do furo. Se a vela for afastada do furo, para que a imagem obtida no fundo da câmara tenha o mesmo tamanho inicial, a parede móvel deve ser aproximada ou afastada do furo? Justifique.

CAPÍTULO

# 3 Imagens em lentes

Neste capítulo, você estudará que as lentes são capazes de modificar a aparência dos objetos. Verá que algumas lentes aumentam e outras diminuem as imagens.

**EXPLORANDO A LUPA DO VOVÔ**

Claudia Marianno

Duda sempre observava com curiosidade uma lupa na mesinha ao lado da cama de seu avô. Quando era menor, ela pensava que seu avô era detetive. No entanto, o avô de Duda explicou a ela que usava a lupa para ler bulas de remédio. Depois que cresceu um pouco, o avô de Duda deixou-a brincar com a lupa.

Duda testou-a e logo viu que a lente aumentava a imagem dos objetos pequenos. Mas, para ver com nitidez, ela percebeu que precisava ajustar a distância entre a lupa e o objeto. Em uma das vezes que afastou muito a lente, a imagem do objeto que ela estava olhando ficou de cabeça para baixo!

A menina achou aquilo muito estranho, pois, neste caso, a lupa não ajudava em nada. Além de inverter a imagem, não a aumentava.

Duda resolveu levar a lupa para o quintal e testá-la em outros objetos. Ela ficou por muito tempo observando cada detalhe, da textura do muro às folhas bem fininhas da grama. Observou também algumas flores e até uma carreira de formigas. Para cada nova descoberta ela aproximava e distanciava a lupa, e observava o que acontecia. Até que sua avó resolveu acabar com a investigação, chamando a menina para jantar. – Duda! Venha que a comida já está na mesa!

**Agora é sua vez.**

1. Quantas vezes uma lupa pode aumentar os objetos? O que diferencia uma lupa que aumenta muito de uma que aumenta pouco?

2. Por que a distância da lupa até o objeto precisa ser ajustada? O que significa **nitidez** no texto?

# Lentes esféricas convexas

As lupas foram as primeiras **lentes convexas** a serem utilizadas. Sua principal função era aumentar o tamanho dos objetos.

Observe a fotografia ao lado.

Uma lente convexa modifica o caminho da luz refletida por um objeto aumentando o tamanho da imagem dele.

A figura abaixo mostra um inseto observado com o auxílio de uma lupa. Veja que a lupa se posiciona bem próxima do inseto.

Outra característica importante é que o olho da pessoa consegue enxergar a imagem em qualquer posição que estiver, pois a imagem está no mesmo lado que o inseto.

↑ Com uma lupa é possível visualizar detalhes que não são vistos a olho nu.

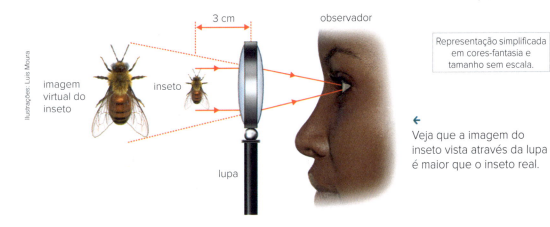

Veja que a imagem do inseto vista através da lupa é maior que o inseto real.

# Imagem maior e invertida

Mas a lupa também pode fornecer uma **imagem invertida**. Se ela for se afastando do objeto, em determinado ponto a imagem se inverterá, como mostrado na figura abaixo.

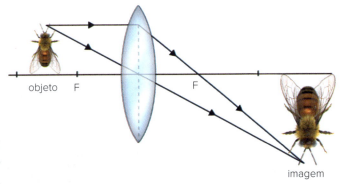

↑ Observe que, ao afastar a lente, a imagem aparece aumentada e invertida. A letra F representa o foco da lente.

Neste caso, a imagem continua **maior**, porém está invertida. Observe que a imagem está do outro lado da lente. O inseto invertido só seria visível se o olho se colocasse exatamente na posição onde a imagem se forma.

157

## Imagem menor e invertida

Na figura ao lado, a árvore está bem distante da lupa e a **imagem aparece invertida**; no entanto, **menor** que o objeto.

Nesse caso, o objeto observado ficou mais longe da lente. Veja o esquema explicativo de como a lente projeta a imagem.

→ Ao usar uma lente convexa para observar objetos que estão distantes, a imagem é refletida menor e de cabeça para baixo.

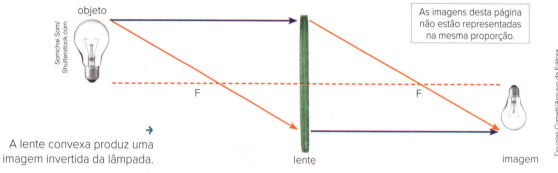

As imagens desta página não estão representadas na mesma proporção.

→ A lente convexa produz uma imagem invertida da lâmpada.

## Concentradores de luz

Uma lente convexa também **concentra a luz**. Com uma lupa é possível fazer fogo captando a luz solar. A lupa concentra os raios de Sol, direcionando-os para um ponto. Se direcionarmos esse ponto para uma folha de papel, por exemplo, ela pode pegar fogo devido à alta temperatura.

A lente convexa é também chamada de convergente, justamente porque concentra em um ponto a luz que nela incide.

Lentes convergentes/convexas concentram a luz e fornecem imagens maiores, menores ou iguais ao tamanho real dos objetos, dependendo da posição que estes se encontram da lente.

### ! CURIOSO É...

#### Imagem real × imagem virtual

O termo **virtual**, antes de ser utilizado no mundo da internet, já era empregado pelos estudiosos da formação de imagens. Uma imagem real pode ser projetada, ou seja, você observou exemplos nos quais a lupa forma imagens invertidas que podem ser projetadas, pois estão do mesmo lado do observador. Já na situação em que a lupa aumenta a imagem do inseto, a imagem está do outro lado, ou seja, não pode ser projetada. O mesmo acontece na imagem da lente divergente, em que as imagens são produzidas apenas no lado oposto ao observador.

As imagens produzidas pela lente do equipamento de projeção são reais. Se você se posicionar no local da tela, a imagem é projetada sobre seu corpo.

↑ Imagem projetada no corpo de uma pessoa que entrou na frente da tela de projeção.

# Lentes esféricas côncavas

As **lentes côncavas** são menos conhecidas do que as convexas. Elas são muito utilizadas para aumentar o campo visual. Elas também são conhecidas como lentes divergentes. Veja que, na imagem ao lado, praticamente toda a página do livro pode ser vista dentro da pequena superfície da lente.

As lentes divergentes formam imagens sempre menores que o objeto original, por isso são capazes de aumentar o campo visual. Outra característica das imagens produzidas por esse tipo de lente é que elas são sempre virtuais.

Representação simplificada em cores-fantasia e tamanho sem escala.

↑ A lente divergente (côncava) mostra a imagem reduzida e amplia o campo de visão.

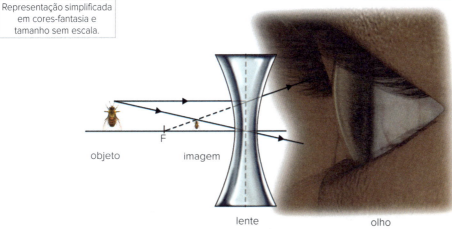

← Esquema que mostra como a imagem é formada ao se observar o objeto com uma lente divergente.

Lentes divergentes/côncavas diminuem o tamanho da imagem dos objetos e aumentam o campo de visão.

# Formas e nomes das lentes esféricas

O **nome das lentes esféricas** é determinado pela forma de sua superfície. No esquema abaixo há vários tipos de lentes. Veja que, no final das contas, o que determina o resultado da imagem visualizada é a relação entre a espessura das bordas e o centro da lente.

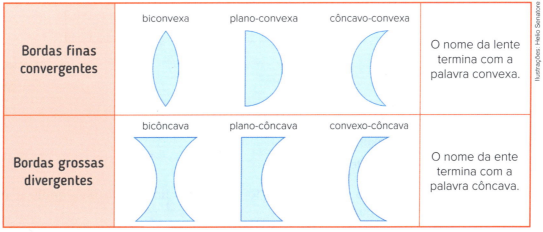

↑ Classificação das lentes esféricas.

# PENSAMENTO EM AÇÃO — EXPERIMENTO

## Lentes e a formação de imagens

Como as imagens são formadas quando usamos uma lente côncava? E uma lente convexa? Vamos testar?

### Material:
- lentes de óculos usadas;
- lupas;
- outras lentes, como de lunetas e câmeras fotográficas antigas.

### Procedimento

1. Inicie a exploração das lentes observando um desenho ou um objeto (um apontador, um relógio ou qualquer outro objeto não simétrico).
2. Observe o objeto ou o desenho usando cada lente. Comece com a lupa: inicialmente, aproxime a lupa do objeto e acomode seu rosto para ver o objeto com nitidez. Em seguida, afaste o objeto da lupa e observe o que acontece. Anote as características da imagem: tamanho, posição e forma.
3. Repita o mesmo procedimento com as demais lentes disponíveis.
4. Monte no caderno uma tabela como esta para cada lente.

↑ Observação com lente convexa.

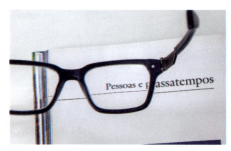

↑ Observação com lente côncava.

| Observações | Lupa | Lente 1 | Lente 2 | Lente 3 |
|---|---|---|---|---|
| distância entre o objeto e a lente (cm) | | | | |
| tamanho da imagem | | | | |
| posição da imagem | | | | |
| distância da imagem | | | | |

### Reflita e registre

1. Como a imagem se forma com uma lente convergente:
   a) quando a lente está próxima do objeto?
   b) quando a lente está distante do objeto?

2. Explique as diferenças entre uma imagem formada com uma lente divergente e outra formada com uma lente convergente.

# DIÁLOGO

## O comportamento da luz ao mudar de meio e os povos indígenas

A luz, ao mudar de meio, como no caso das lentes, muda de direção. É interessante como em algumas tarefas aparentemente simples nos deparamos com esse comportamento da luz. A pesca é uma delas. Veja como os povos indígenas lidam com isso.

Os tapirapé e os kamaiurás são duas etnias indígenas brasileiras que habitam o Parque Indígena do Xingu.

Ao estudar essas tribos, o cientista Eduardo Sebastiani Ferreira se deparou com uma interessante explicação dos indígenas sobre o que acontece com a luz quando ela passa da água para o ar, leia a seguir.

↑ Indígena da etnia kamayurá pescando com arco e flecha em lagoa. Aldeia Kamayurá, Gaúcha do Norte (MT), 2012.

[...] Outro fato interessante da aldeia Tapirapé ocorreu no dia em que um dos índios resolveu me ensinar a pescar com arco e flecha. Evidentemente que não aprendi. Mas ele, de pé no barco, lançou a flecha na metade da distância entre onde víamos o peixe e a proa do barco, conseguindo pescá-lo. Minha primeira reação foi de espanto: Como ele podia conhecer a **lei da refração**? Perguntei como ele sabia que deveria atirar a flecha não no ponto onde víamos o peixe, e sua resposta foi ainda mais intrigante: "O peixe não estava lá, os olhos da gente estão errados".

Eduardo Sebastiani Ferreira. Racionalidade dos índios brasileiros. *Scientific American Brasil*, São Paulo: Duetto Editorial, Edição Especial n. 11 – Etnomatemática, p. 92, 8 ago. 2005.

> **GLOSSÁRIO**
>
> **Lei da refração:** a luz se propaga em linha reta, no entanto, ao passar de um meio para outro, sua direção é alterada.

Para a Ciência, a explicação está no fenômeno da refração. Além da pesca, há outros exemplos de refração. A luz do Sol, ao entrar na atmosfera terrestre, muda de meio: do vácuo para as diversas camadas de ar da atmosfera. Do mesmo modo, a luz que é emitida por um objeto e entra nos olhos passa do ar para as partes do corpo que constituem a estrutura ocular.

↑ A Ciência explica, pela lei da refração, por que há diferença entre a posição real e a posição aparente do peixe.

**1.** Pense no modo que os cientistas estudam a natureza e na explicação dada pelo indígena tapirapé.

a) Que diferenças há entre essas duas abordagens? 🎤

b) Pode parecer que a explicação do indígena é mais simplista, porém, dentro do seu modo de vida, ela é plenamente satisfatória e eficiente, a julgar a precisão e eficácia com que ele realiza a pesca. Você considera válidas explicações não científicas para os fenômenos da natureza? Discuta essa questão com seus colegas e tentem chegar a um consenso. Depois elaborem uma redação sobre o assunto.

# ATIVIDADES

### SISTEMATIZAR

1. Qual é a diferença ou quais são as diferenças entre a lente côncava e a convexa?

2. Cite ao menos três exemplos de uso de uma lente convergente e três de uma lente divergente.

3. Nas lentes representadas a seguir, desenhe em seu caderno a trajetória dos raios luminosos mostrados após atravessarem as lentes.

> Representação simplificada em cores-fantasia e tamanho sem escala.

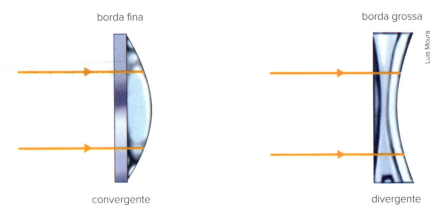

4. Observe a imagem de um texto visto através de duas lentes esféricas, 1 e 2. A imagem formada pela lente 1 é menor do que o texto original, e a imagem formada pela lente 2 é maior.

↑ Lente esférica 1.

↑ Lente esférica 2.

a) De que tipo é a lente 1?

b) De que tipo é a lente 2?

### REFLETIR

1. Observe a fotografia do menino com a lupa em um dos olhos.
   Observe também o tamanho do olho do menino e responda: A lente da lupa é convergente ou divergente? Explique.

→ Menino usando uma lupa.

162

2. As imagens a seguir representam o perfil de três lentes de vidro. Se alguém quiser uma lente para diminuir o tamanho de um objeto, qual ou quais ele pode utilizar? Justifique.

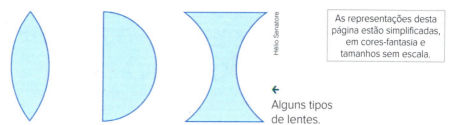

As representações desta página estão simplificadas, em cores-fantasia e tamanhos sem escala.

← Alguns tipos de lentes.

3. Leia o texto a seguir.

[...] Em condições de tempo seco e quente como as atuais, a Defesa Civil do Estado recomenda cuidado até com o descarte de garrafas de vidro em áreas florestais ou beira de estrada, porque elas funcionam como lente de aumento para os raios solares, gerando calor. [...]

Renan Almeida. Incêndios já destruíram 460 mil metros quadrados de reserva ambiental em Niterói este ano. *O Globo*, 28 ago. 2016. Disponível em: <https://oglobo.globo.com/rio/bairros/incendios-ja-destruiram-460-mil-metros-quadrados-de-reserva-ambiental-em-niteroi-este-ano-17327778>. Acesso em: 11 abr. 2019.

a) O que ocorre com a luz que incide no vidro da garrafa para que haja o aquecimento da vegetação e surja o foco de incêndio?

b) Nesse caso, o vidro da garrafa funciona como qual tipo de lente?

4. A figura abaixo mostra o esquema de um projetor de *slides*.

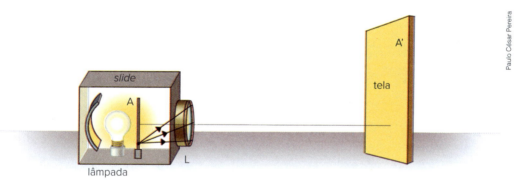

↑ Esquema de um projetor de *slides*.

a) Que tipo de lente L é usado nesse projetor?

b) Reproduza o esquema no caderno. Se A fosse uma vela, desenhe como seria sua imagem projetada na tela.

c) O que aconteceria com a imagem se a lente fosse deslocada da posição original: a imagem ficaria borrada, não seria projetada nenhuma imagem ou não afetaria a imagem? Justifique.

## DESAFIO

1. Neste capítulo foi destacada a fala de um indígena tapirapé. O que a Ciência denomina fenômeno da refração, ele afirmou que "os olhos da gente estão errados", uma forma diferente de explicar. Participe de um debate com a turma e convide os professores de Filosofia e de Sociologia para comparar a visão dos tapirapés com a da Ciência, a observação da natureza *versus* o conhecimento científico.

Ao final do debate, registre por escrito o que foi discutido em uma ata.

## FIQUE POR DENTRO

A refração é o desvio sofrido pelos raios de luz ao passar de um meio para outro. Isso permite ampliar ou reduzir imagens e corrigir defeitos ou anomalias de visão, quando esses raios atravessam a superfície de uma lente.

# Lente

## DESVIANDO A LUZ

As lentes modificam a trajetória da luz, que se desvia ao passar pela sua superfície, concentrando ou dispersando esses raios.

**❶ A LUZ SE PROPAGA ATRAVÉS DO AR**
O ar é um meio transparente e a luz o atravessa em linha reta com uma velocidade de aproximadamente 300 000 km/s.

**❷ PENETRA NA LENTE E SE DESVIA**
Quando a luz passa de um meio para outro (nesse caso, do ar para a lente), sua trajetória é desviada.

**Esse desvio depende do ângulo de incidência entre o raio de luz e a superfície da lente, bem como da relação entre a velocidade da luz no ar e no material da lente (chamado de índice de refração).**

Se a luz incide a 90° na superfície da lente, o raio continua sua trajetória sem desvio. Em qualquer outro ângulo, a trajetória é desviada.

**❸ AO SAIR DA LENTE, A LUZ DESVIA-SE NOVAMENTE**
Aqui, os raios trocam novamente de meio (lente para o ar) e sua trajetória volta a desviar-se, concentrando a luz num ponto.

**❺ OS RAIOS SE SEPARAM**
Após se cruzarem no foco (F), os raios se separam indefinidamente.

**❹ OS RAIOS CONVERGEM PARA O FOCO DA LENTE**
Os raios de luz vindos de longe se concentram em um ponto F, chamado foco da lente.

A luz do Sol é concentrada num único ponto, possibilitando a queima do papel.

## Tipos de lente

De acordo com as características geométricas da lente, ela pode aumentar ou reduzir a imagem. O grau da lente é indicado em uma unidade de medida chamada **dioptria**.

### CÔNCAVA
face bicôncava

Os raios de luz divergem. Esse tipo de lente forma uma imagem reduzida.

Nesse caso, a dioptria tem valor negativo.

### CONVEXA

face biconvexa

Os raios de luz convergem para o foco da lente. Dentro da distância focal, as imagens formadas são maiores.

Nesse caso, o valor da dioptria é positivo.

### COMPOSTA

face convexa (+5) + face côncava (-1)

Uma lente é chamada composta quando apresenta uma face côncava e outra convexa. Nesse caso, os aumentos se combinam. As dioptrias são somadas e fornecem o aumento final da lente.

### FRESNEL

As lentes de Fresnel têm anéis que concentram a luz como um prisma. Podem ser extremamente finas, mas a qualidade óptica é baixa. São usadas em faróis para direcionar a luz de modo que possa ser vista a longas distâncias.

## DISTÂNCIA FOCAL

Nas **lentes convergentes**, se o objeto está dentro da distância de foco, a imagem formada será ampliada.

Se está além da distância focal, a imagem formada será menor e invertida.

No caso de **lentes divergentes**, a imagem é sempre menor, independentemente da posição do objeto.

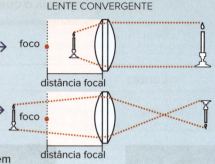

LENTE CONVERGENTE

**UMA GOTA DE ÁGUA PODE FUNCIONAR COMO UMA PEQUENA LUPA**

## APLICAÇÕES

### CORREÇÕES DE DEFEITOS DA VISÃO

Usadas em situações em que o olho é incapaz de projetar corretamente os raios de luz sobre a retina.

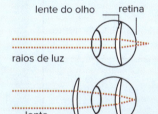

O ponto focal é formado fora da retina e a imagem fica desfocada.

A lente ajuda a trazer o ponto focal para a retina.

### MICROSCÓPIOS

Utilizam um sistema de lentes para aumentar objetos muito pequenos.

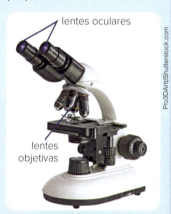

↑ Microscópio com as lentes oculares e objetivas.

### BINÓCULOS E LUNETAS

Usam lentes para ampliar as imagens de objetos que estão distantes.

### CÂMERAS FOTOGRÁFICAS

Contam com um conjunto de lentes usadas de acordo com a finalidade do registro fotográfico.

↑ Câmera fotográfica cortada ao meio para mostrar as lentes.

1. Quais são os tipos de lentes que você conhece? Como elas funcionam?

2. Forme dupla com um colega e, juntos, escolham um dos equipamentos que estudaram durante a leitura deste texto. Em seguida, em *sites* confiáveis, pesquisem quantos e quais tipos de lentes são usados no aparelho que vocês escolheram. Façam também um desenho semelhante a uma ilustração técnica que mostre o local em que as lentes estão posicionadas no equipamento.

## PANORAMA

Representação simplificada em cores-fantasia e tamanho sem escala.

**FAÇA AS ATIVIDADES A SEGUIR E REVEJA O QUE VOCÊ APRENDEU.**

NO CADERNO

| Característica da imagem | Lentes ||
|---|---|---|
| | **Convexa ou convergente** | **Côncava ou divergente** |
| Comportamento da luz incidente | ↑ Representação da incidência dos raios luminosos em lente convergente. | ↑ Representação da incidência dos raios luminosos em lente divergente. |
| Imagem | A imagem depende da posição do objeto.<br>← A. Objeto depois do foco: real, invertida e menor.<br>← B. Objeto entre o foco e o dobro da distância do foco: real, invertida e maior.<br>← C. Objeto antes do foco: virtual, direita (não invertida) e maior. | ↑ Não depende da posição do objeto: direita (não invertida), menor e mais próxima da lente. |
| Campo visual | A. Maior<br>B. Menor<br>C. Menor | Maior |

1. Você escuta um amigo dizer: "Só consigo enxergar os objetos à minha volta porque algum tipo de raio de luz sai dos meus olhos em direção aos objetos que vejo".

   a) Você concorda com seu amigo? Justifique.

   b) Se seu amigo não concordasse com sua explicação, você saberia argumentar ou utilizar algum exemplo prático que o levasse a concordar com você? Como?

2. A maioria dos objetos a nossa volta não são fontes de luz. No entanto, conseguimos enxergá-los. Como isso é possível?

3. Você estudou que há materiais transparentes que são atravessados pela luz, como materiais feitos de vidro ou acrílico liso. Isso explica o fato de conseguirmos enxergar os carros e pessoas pelo vidro da janela. Entretanto, também conseguimos enxergar o vidro da janela. Como é possível enxergar o vidro se a luz o atravessa?

4. Duas pequenas fontes luminosas, lâmpada 1 e lâmpada 2, estão situadas acima de uma prateleira de livros e de uma mesa encostada na parede, como na figura abaixo.

Representação simplificada em cores-fantasia e tamanho sem escala.

a) Reproduza a figura no caderno e desenhe nela a região de sombra da prateleira de livros projetada no tampo da mesa como consequência da iluminação das lâmpadas 1 e 2.

b) Com base no desenho das sombras, que pontos assinalados no tampo da mesa recebem luz das duas fontes?

c) Qual deles recebe luz apenas da lâmpada 1?

d) Qual recebe luz apenas da lâmpada 2?

e) Qual deles não recebe luz de nenhuma das duas fontes?

5. O que diferencia uma lente divergente de uma lente convergente?

6. Observe a imagem de uma menina projetada em uma tela.

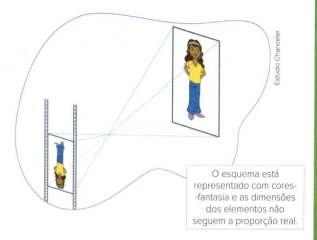

O esquema está representado com cores-fantasia e as dimensões dos elementos não seguem a proporção real.

a) Essa imagem é real ou virtual? Justifique.
b) Por que a imagem fica invertida?

7. O "olho mágico" é um dispositivo óptico utilizado na porta de casas e apartamentos para que o morador reconheça o visitante antes de abrir a porta. O olho mágico utiliza uma lente que fornece uma imagem menor e não invertida (direita) do visitante. Nesse caso, qual é o tipo de lente utilizada no olho mágico? Justifique.

## DICAS

### ACESSE

**Lente de aumento**. Aprenda a fazer uma lente de aumento usando materiais de baixo custo e um pouco de água. Disponível em: <http://cmais.com.br/x-tudo/experiencia/14/lentedeaumento.htm>. Acesso em: 6 abr. 2019.

### ASSISTA

**A luz do mundo**. Os primeiros 10 minutos do documentário produzido pelo programa da Rede Globo - Globo Ciência sistematiza os conceitos sobre o histórico de como funciona a visão e a relação desse fenômeno com uma câmara escura. Disponível em: <http://redeglobo.globo.com/globocidadania/videos/v/a-luz-do-mundo-integra/1693165/>. Acesso em: 6 abr. 2019.

### VISITE

**Museu da Imagem e do Som**. O Núcleo Educativo do MIS desenvolve projetos de formação crítica para alunos, professores e público geral através de visitas mediadas, oficinas, cursos, palestras e diversas outras ações. Acesse o site e agende uma visita. Mais informações em: <http://www.mis-sp.org.br/>. Acesso em: 6 abr. 2019.

**Guia de centros e museus de ciências do Brasil – 2015**. Para outros museus brasileiros, consulte: <www.casadaciencia.ufrj.br/Publicacoes/guia/Files/guiacentrosciencia2015.pdf>. Acesso em: 6 abr. 2019.

As lentes dos óculos corrigem diversos problemas de visão.

# TEMA 6
## Olho humano e visão

### NESTE TEMA
VOCÊ VAI ESTUDAR:

- como nossa visão funciona, reconhecendo as partes do olho humano e compreendendo seu funcionamento;
- os defeitos mais comuns da visão;
- a possibilidade de corrigir defeitos da visão por meio do uso de lentes.

1. Você já ficou completamente no escuro? Se sim, conseguia enxergar alguma coisa nessa situação?
2. O que entra pelos olhos quando eles captam as imagens que você enxerga?
3. Para que servem os óculos?

**CAPÍTULO 1**

# O olho humano

Neste capítulo, você vai estudar as partes que compõem o olho humano e entender seu funcionamento.

## EXPLORANDO O OLHO HUMANO

Clara gosta muito de assistir a filmes antigos com seu pai. Um dia desses, viu um filme de ficção de quando o pai nem era nascido. O nome do filme é *Viagem fantástica*. A história começa quando uma equipe embarca num submarino, o Proteus, que é miniaturizado e injetado no corpo de um cientista russo que está em coma. O objetivo da equipe é tentar dissolver um coágulo de sangue no interior do cérebro do paciente para salvá-lo.

O filme impressionou Clara, que ficou pensando como seria legal se pudéssemos visitar o interior do corpo humano. Uma das partes que a menina mais gostaria de conhecer seria os olhos. Ela sempre teve curiosidade em saber como funciona a visão, que possibilita enxergar objetos próximos e distantes, em ambientes com pouca e muita luz. Ainda gostaria de entender por que, com o tempo, a visão piora e as pessoas precisam usar óculos, e também por que algumas pessoas, como o pai dela, usam óculos desde a infância.

Clara se imaginou penetrando no olho por meio de um raio de luz. No entanto, a imaginação só a levou até a superfície, a córnea – aquela película transparente que protege a entrada do olho. Como seria bom se ela conhecesse melhor a estrutura dos olhos... Sua imaginação poderia ter ido mais longe.

Ilustrações: Natalia Forcat

**Agora é sua vez.**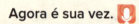

1. Junte-se a um colega e desenhe o olho dele com o máximo de detalhes que você conseguir. Caso conheça o nome das partes dos olhos, identifique-as em seu desenho. Não se esqueça de compor uma legenda.

170

# O olho humano

Vamos tentar desvendar o que se passa do lado de dentro do principal órgão da visão. Quando observamos atentamente os olhos das pessoas, certamente percebemos uma semelhança entre todas: "o branco dos olhos". O branco dos olhos é parte da camada externa do bulbo ocular (leia sobre essa estrutura mais abaixo) com mais ou menos 0,5 mm de espessura, chamada **esclera**. A esclera contorna a **íris**. No centro da íris encontra-se a **pupila**, ambas encobertas por uma camada espessa e transparente chamada **córnea**.

↑ Partes externas do olho humano.

A córnea tem a curvatura externa mais acentuada que a interna. Ao contrário do que se pensa, ela não é apenas uma camada protetora, funciona também como uma lente porque ajuda a direcionar a luz para o olho.

Vejamos a seguir um desenho esquemático do olho humano.

## O que acontece com a luz ao entrar no olho humano?

Imagine agora que você fará uma viagem ao interior do olho humano embarcado num raio de luz. Vamos lá, primeiro atravessaremos a camada transparente, da qual já falamos antes: a córnea. Em seguida, a luz penetra em uma região de consistência gelatinosa, chamada câmara anterior (ou humor aquoso). Ao longo dessa travessia, a luz passa por um orifício, a pupila, que é cercada por todos os lados pelas fibras musculares da íris. Esses músculos "fecham" ou "abrem", possibilitando a passagem de maior ou menor quantidade de luz.

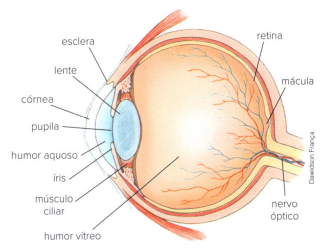

↑ Esquema simplificado de olho humano em corte.

A pupila localiza-se sobre uma região transparente e flexível chamada lente do olho (ou cristalino). Essa estrutura é convexa no local em que a luz incide primeiro e tende a perder a flexibilidade à medida que envelhecemos. Ao atravessá-la, vemos que a lente do olho fica encaixada na íris.

Ao atravessar a lente do olho, a luz penetra em outra região gelatinosa do **bulbo ocular** chamada câmara postrema (ou humor vítreo). Essa região termina em uma superfície rugosa chamada retina.

← Esquema ampliado de uma parte do globo ocular.

> **GLOSSÁRIO**
>
> **Bulbo ocular:** olho, também conhecido por globo ocular.

171

# Pupila

Outro detalhe acerca do olho é a variação do tamanho da **pupila**. Ao longo do dia, isto é, nos períodos da manhã e da tarde, seu diâmetro é bem menor que durante a noite. A função da íris é controlar a entrada de luz nos olhos.

Aliás, a entrada de luz nos olhos funciona de maneira muito parecida com o que acontece nas câmeras fotográficas; entretanto, a imagem que focalizamos não fica registrada no fundo dos olhos, como ocorre nesses dispositivos.

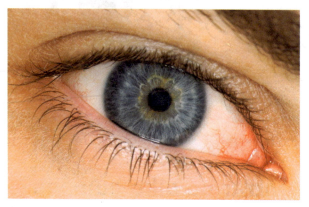 

↑ Olho com pupila contraída (à esquerda) e dilatada (à direita).

Oposta à pupila há uma pequena região central na retina, que se caracteriza por ter maior sensibilidade que o restante dela. Essa minúscula região recebe o nome de mácula lútea. Assim, quando queremos ver nitidamente algo, seus detalhes, apuramos o olhar de modo que sua imagem se projete exatamente sobre a mácula lútea.

## ! CURIOSO É...

### As dimensões do olho humano

O globo ocular é aproximadamente esférico, com raio de curvatura de aproximadamente 1,2 cm. A córnea tem um raio de curvatura de aproximadamente 0,8 cm na sua parte anterior e de cerca de 0,65 cm na parte posterior. Sua espessura é de cerca de 0,06 cm na parte central (o polo, sobre o eixo principal) e um pouco maior na parte lateral.

Na parte interna do olho, logo após a córnea, há uma pequena abertura por onde penetra a luz, a pupila, cujo diâmetro é variável. Diâmetros entre 2 mm e 6 mm, dependendo da iluminação, são bastante típicos.

A lente interna, também chamada de cristalino tem espessura de aproximadamente de 0,4 cm.

A distância entre a superfície anterior da lente e a córnea é de cerca de 0,35 cm.

↑ Modelo anatômico do bulbo ocular humano.

Otaviano HeleneI e André Frazão HeleneI. Alguns aspectos da óptica do olho humano. *Revista Brasileira de Ensino de Física*. Disponível em: <www.scielo.br/scielo.php?script=sci_arttext&pid=S1806-11172011000300012>. Acesso em: 12 abr. 2019.

# Sentido da luz

Ao imaginar a luz atravessando o bulbo ocular, você conheceu as partes que compõem o olho humano. Vamos agora conhecer a função de cada elemento da visão.

Antes de tudo, considere que o olho é um receptor de informações que chegam com a luz. Quando vemos alguma coisa é porque a imagem é projetada no interior do olho. Nosso olho tem um sistema de duas lentes convexas que a luz atravessa: a córnea e a lente.

Vamos relembrar como se projeta a imagem de um objeto ou paisagem com uma lente convexa?

**POSSO PERGUNTAR?**

Qual é a função e quais são as características de cada elemento do olho?

## Formação da imagem

A luz refletida pelos elementos que formam o ambiente é o estímulo captado pelos órgãos do sentido da visão.

Assim que chega ao olho, a luz atravessa a córnea, o humor aquoso e a pupila, alcançando, então, a lente. A passagem por esses elementos direciona os raios luminosos para a retina, onde se forma a **imagem invertida** do objeto, em foco.

Essa imagem é transformada em impulsos nervosos que seguem, pelo nervo óptico, até o cérebro. No cérebro, as informações – cor, forma, tamanho e posição – são interpretadas, de maneira que o objeto em foco seja visto na posição correta.

O esquema está representado com cores-fantasia e as dimensões dos elementos não seguem a proporção real.

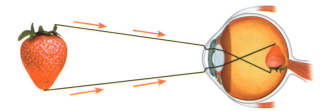

↑ Esquema que mostra como ocorre a formação das imagens e sua percepção pelo ser humano.

Talvez você estranhe o fato de a imagem dentro do olho estar de cabeça para baixo. Mas é isso mesmo que acontece. Do mesmo modo que na câmara escura, a imagem projetada em nossa retina forma-se invertida. Veja o desenho acima. A luz emitida da parte de cima do objeto é projetada na parte de baixo da imagem na retina, e vice-versa.

Lembre-se da atividade de projeção com a câmara escura, no Capítulo 2 do Tema 5. Você sabia que em nosso olho ocorre um processo similar? Após atravessar a córnea e a lente, a imagem de uma paisagem é projetada na retina, que fica no "fundo do olho".

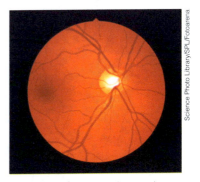

↑ A retina é um tecido recoberto por células sensíveis à luz.

A retina é como a superfície côncava de uma colher ou concha. Ela é rugosa, com milhões de extremidades de nervos. Esses milhões de nervos estão ligados ao cérebro. Em sua superfície existem células capazes de captar a luz e enviar informações para o cérebro por meio dos nervos. As células reagem de forma distinta a diferentes intensidades de luz.

Ao receber a informação dessas células por meio dos nervos, o cérebro interpreta-a e produz uma representação do que vemos.

# Focalização da imagem

Como vimos na projeção de imagens por meio de lentes convergentes, assunto estudado no Tema 5, para obter uma imagem nítida é preciso aproximar ou afastar o anteparo, ou seja, a superfície em que a imagem é projetada. Normalmente, dizemos que estamos **focalizando a imagem**. Isso também ocorre quando você usa uma câmera fotográfica. Hoje, muitas câmeras têm um dispositivo automático que modifica a lente para focalizar um objeto próximo ou distante.

↑ Imagem focada pela câmara fotográfica.

↑ Imagem desfocada.

Você já deve ter percebido que é impossível observar com nitidez um objeto próximo de você e uma paisagem distante ao mesmo tempo. É preciso focalizar um por vez, pois esse mecanismo da visão tem um ajuste bem determinado para cada distância.

Em nosso olho há um sistema de lentes que focalizam a imagem, formado pela lente do olho e a córnea. O que possibilita à lente do olho projetar sobre a retina imagens de objetos que estão em distâncias diferentes é o fato de ela ser flexível. Ela está fixada a um conjunto de músculos, os músculos ciliares, que forçam e variam sua curvatura para ajustar o foco quando necessário. Esse ajuste é chamado acomodação visual.

Representação simplificada em cores-fantasia e tamanhos sem escala.

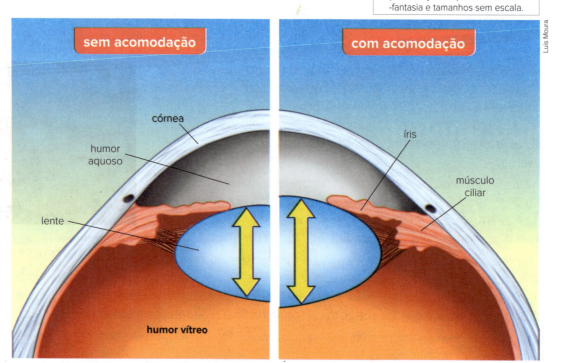

↑ Representação da acomodação visual da lente do olho para focalizar objetos.

# Células para cada tipo de luz

A principal função da retina é captar e transmitir as imagens para o cérebro.

Na retina, encontram-se as células receptoras, responsáveis por transformar os estímulos luminosos em impulsos nervosos. Essas células são de dois tipos:

- cones – responsáveis pela percepção das cores, são estimulados sob luz intensa;
- bastonetes – podem ser estimulados sob luz pouco intensa. Essas células percebem somente o branco, o preto e o cinza em várias tonalidades.

Há cerca de 6 milhões de cones na retina humana. São eles que diferenciam as luzes coloridas. Os bastonetes são cerca de mil vezes mais sensíveis à luz visível do que os cones. Eles também estão presentes em maior quantidade (cerca de 120 milhões).

Representações simplificadas em cores-fantasia e tamanhos sem escala.

As células fotorreceptoras recebem o estímulo luminoso e o transformam em estímulo nervoso. Esse estímulo é enviado ao cérebro, que os interpreta, gerando a imagem em nossa mente.

Existem três tipos de cone: aqueles que se sensibilizam mais pela cor azul, outros sensibilizados pela cor verde e finalmente o terceiro grupo, sensibilizado pela cor vermelha. Todos eles se encontram espalhados na retina. Por exemplo, quando chega a luz de um objeto azul à retina, todos os sensores a identificam, mas os cones especializados no azul são os mais sensibilizados, enviando para o cérebro as informações que lhes possibilitam construir uma imagem "tipo azul" do objeto visualizado. Isso também acontece com objetos verdes ou vermelhos.

Para todas as outras cores, como o amarelo, o violeta e o laranja, os cones são sensibilizados de acordo com a proximidade da cor a seu tipo de especialidade. Nesses casos, o cérebro interpreta a informação mandada por cada um dos três grupos de cones e traduz a cor da imagem.

Em ambientes de baixa luminosidade, nossa visão depende totalmente dos bastonetes. É por isso que à noite é muito difícil distinguirmos cor; enxergamos o preto, o branco e diferentes tonalidades de cinza.

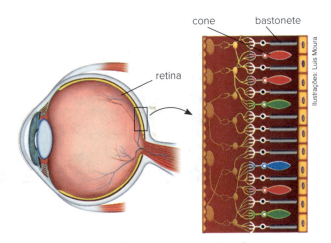

↑ Cones e bastonetes distribuem-se na retina. Os cones possibilitam que enxerguemos as cores, e os bastonetes, que enxerguemos no escuro.

175

## Fotocélulas

As células do olho sensíveis à luz são chamadas de **fotocélulas**. O prefixo foto significa "luz", assim a palavra fotografia que dizer "escrita com luz" (numa interpretação livre).

A habilidade humana conseguiu construir equipamentos que funcionam com base na luz que neles incide, que usam dispositivos chamados de fotocélulas. Um dos usos das fotocélulas é o reconhecimento da aproximação de pessoas para abrir portas automaticamente.

↑ Os sensores de presença de uma porta automática têm fotocélulas que identificam a aproximação de pessoas ou objetos

A iluminação das vias públicas é outro exemplo. Os postes contam com fotocélulas que detectam quando o Sol se põe e a incidência de luz já não é suficiente. Um sinal é enviado à central de energia, e as luzes são acesas. Ao amanhecer ocorre o contrário: as fotocélulas captam o aparecimento da luz solar e enviam um sinal para que as luzes sejam apagadas.

Em outras situações, as fotocélulas podem ser usadas para captar a luz solar e transformá-la em eletricidade.

↑ Painéis fotovoltaicos: dispositivos formados por grande quantidade de fotocélulas. Ibiúna (SP), 2017.

Desenvolvidas por volta de 1880, hoje as fotocélulas são amplamente utilizadas na vida cotidiana e nas indústrias.

## AQUI TEM MAIS

## Qual animal tem a melhor visão?

As cores, as distâncias e as dimensões utilizadas na ilustração não são as observadas na realidade.

[...]

Não existe nenhum *ranking* oficial, porque os cientistas nunca fizeram um estudo comparando a capacidade visual dos animais. Mas, tomando por base os diversos estudos isolados sobre a visão dos bichos, dá para apostar com bastante certeza: as aves de rapina são quem enxerga melhor no planeta. Isso, claro, levando em conta o alcance da visão. Para esses animais, a precisão visual é um requisito básico para conseguir o almoço de cada dia.

No pódio dos bons de olho, a medalha de bronze vai para o falcão. Quando está caçando, ele enxerga presas pequenas a 1500 metros de altitude. O segundo lugar é do abutre-de-rüppell (*Gyps rueppellii*), o pássaro que voa mais alto no mundo, atingindo mais de 11 mil metros. Em suas viagens estratosféricas pelo continente africano, o abutre identifica um coelho a 2500 metros de distância. Mas o grande vencedor é mesmo a águia-de-asa-redonda (*Buteo buteo*), que consegue focalizar um ratinho tentando se esconder no gramado enquanto voa a 5 mil metros de altitude.

E em que lugar fica o homem nessa lista de visão? Ninguém sabe ao certo, mas certamente não chegaríamos nem no *top* 10. Isso porque, além das aves de rapina, os felinos também são bons de olho. Os olhos desses animais contam com células especiais que melhoram muito a visão no entardecer e à noite – há estudos que demonstram que a visão deles é seis vezes melhor que a nossa! [...]

**Visão panorâmica**
Os campeões são os coelhos, que têm uma incrível visão periférica de 360 graus. O segredo é que os olhos desses bichos ficam posicionados na lateral, permitindo que eles vigiem os arredores para fugir dos predadores. "Para esses bichos, o que importa é ter um amplo campo de visão, que lhes dê a chance de acompanhar tudo o que se passa ao redor", afirma a oftalmologista Beatriz Simões Correa, da Sociedade Brasileira de Oftalmologia.

Ilustrações: Luiz Eugenio

**Visão noturna**
No escuro, a medalha de ouro da visão vai para a coruja, que enxerga um ratinho a mais de 80 metros de distância – e isso numa noite sem Lua! Seus olhos são equipados com um tipo de lente especial, que faz com que eles funcionem como um telescópio que aproxima a imagem.

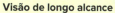

**Visão de longo alcance**
A águia-de-asa-redonda enxerga pequenos roedores quando está voando a 5 mil metros de altura. Essa extraordinária capacidade é possível porque a retina desse pássaro tem milhões de fotorreceptores, células sensíveis à luz que aumentam o alcance visual.

**Visão colorida**
O rei das cores é o *Squilla mantis*, um tipo de camarão capaz de enxergar uma gama de cores muito maior que a observada pelo olho humano. Esse crustáceo leva vantagem sobre nós por ter uma retina com mais tipos de cones, os pigmentos que permitem enxergar colorido. Enquanto o *Squilla mantis* tem 12 tipos de cones, nós temos três. Perdemos até para os pombos, que têm cinco!

Qual animal tem a melhor visão? *Superinteressante*, 18 abr. 2011. Disponível em: <https://super.abril.com.br/mundo-estranho/qual-animal-tem-a-melhor-visao>. Acesso em: 6 abr. 2019.

**1.** Qual é a importância da visão para a interação dos animais com o meio ambiente?

# CONSTRUIR UM MUNDO MELHOR

# Transplante de córnea

Nossos olhos são órgãos muito sensíveis e estão sempre expostos ao contato físico, como quando levamos as mãos ao rosto ou com o uso de cosméticos. É importante cuidarmos da higiene dos olhos e evitar determinadas atitudes, como coçá-los, porque podem causar danos à visão. Segundo o Conselho Brasileiro de Oftalmologia (ramo da medicina que cuida da saúde dos olhos), no Brasil há aproximadamente 50 milhões de pessoas que sofrem com algum defeito de visão.

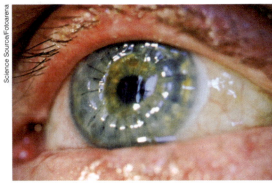
↑ Olho com córnea transplantada.

Muitos desses problemas poderiam ser evitados se fossem tratados com antecedência. Há defeitos de visão para os quais o tratamento mais indicado é o transplante de córnea. No Brasil há Bancos de Olhos, instituições que recebem doações de córneas e as distribui para transplantes.

[...]

No Brasil, a implantação de Banco de Olhos começou há mais de meio século. Porém, foi a partir da década de 1990 que as atividades destas instituições começaram a ser profissionalizadas e melhores resultados foram obtidos em algumas regiões do País. Em setembro de 2001, foi criado o Sistema Nacional de

↑ O transplante de córnea restaura a visão e melhora a qualidade de vida da pessoa.

Transplantes – SNT e com ele o Programa Nacional de Implantação/Implementação de Banco de Olhos, que contou com a colaboração do Conselho Brasileiro de Oftalmologia. O programa teve o objetivo de oferecer condições para a implantação de 30 Bancos de Olhos a serem distribuídos em locais estratégicos do território nacional, como forma de viabilizar e estimular a ampliação da captação de córneas para transplante, garantir adequadas condições técnicas e de segurança para a captação e ampliar o número de transplantes de córnea no Brasil.

[...]

Marco Antônio Rey Faria. Transplantes de córneas: CBO entrega ambicioso plano para Ministério da Saúde. *CBO Notícias*, ed. 132. Disponível em: <www.cbo.com.br/novo/medico/pdf/jo/ed132/3.pdf>. Acesso em: 6 abr. 2019.

→ Cartaz de campanha de estímulo à doação de córnea de 2015.

## O que fazer?

Organizar uma campanha para conscientizar alunos, professores e familiares da importância e dos benefícios de se manter hábitos saudáveis para o cuidado com os olhos e informar à comunidade a importância de ser doador de córnea.

## Com quem fazer?

As ações devem envolver a comunidade escolar, o entorno dela e as pessoas de sua convivência.

## Como fazer?

Junte-se a alguns colegas e formem um grupo. Organizem-se para planejar uma campanha de conscientização sobre os cuidados com os olhos e informações sobre transplante de córnea. Sugerimos as dicas a seguir para a ação.

- Façam uma lista das ações necessárias para que a campanha aconteça. Depois as tarefas serão distribuídas entre os grupos.
- Pesquisem as doenças cujo tratamento é o transplante de córnea; os hábitos e atitudes que podem causar danos aos olhos e medidas preventivas.
- Identifiquem se há Banco de Olhos em sua cidade ou no município mais próximo e onde ele está localizado.
- Pesquisem a importância e os benefícios das campanhas de doação de córneas.
- Se considerarem interessante, abordem também campanhas sobre transplante de outros órgãos ou sobre os cuidados que devem ser tomados com os olhos para prevenir doenças.
- Identifiquem em quais situações é fundamental tomar cuidado com os olhos e o que é necessário para protegê-los.
- Verifiquem de que modo a escola pode contribuir nesta ação – como ponto de divulgação ou de informação, por exemplo.
- Produzam material de divulgação com as informações que considerarem relevantes: um panfleto, cartaz, cartilha ou vídeo.
- Com a ajuda do professor de informática, elaborem imagens divertidas que incentivem a participação das pessoas e possam ser divulgadas nas redes sociais ou em aplicativos de mensagens de *smartphones*.
- Com o professor, consultem a direção da escola sobre a possibilidade de prepararem um evento, em uma data combinada, para conscientização dos familiares e da comunidade sobre transplantes de córnea. Se possível, conversem com um profissional da saúde e convide-o para dar uma pequena palestra sobre o assunto.

## Apresentando o que foi feito

Em grupos, apresentem o material elaborado no dia combinado, de modo a compartilhar com o público as informações levantadas. Procurem levar a ação ao maior número de pessoas na comunidade escolar.

# ATIVIDADES

## SISTEMATIZAR

1. Associe as frases a seguir com estruturas do olho.

   a) Responsável pelo "branco dos olhos", é a camada mais externa e resistente do globo ocular. A ela estão ligados os músculos que movimentam o olho.

   b) Situada na parte anterior do globo ocular, é uma membrana curva e transparente pela qual a luz atravessa.

2. Na parte anterior do globo ocular, a coroide se modifica, formando a íris. No centro da íris está a pupila. O que é e como funciona a pupila?

3. Desenhe um olho humano de frente, indicando a íris e a pupila. Depois, desenhe o olho de lado (em corte), indicando a lente e a retina. Por fim, explique a função de cada uma dessas estruturas.

4. Responda às questões a seguir.

   a) Quais são as células da retina especializadas na percepção da luz fraca?

   b) Quais são as células da retina relacionadas com a visão das cores?

   c) Por que à noite ou em ambientes pouco iluminados não conseguimos enxergar as cores dos objetos, que parecem estar em "preto e branco"? Como sua resposta pode explicar o ditado popular "À noite, todos os gatos são pardos"?

5. Quando mencionamos a "cor dos olhos" de uma pessoa, a qual estrutura do globo ocular estamos nos referindo?

6. A figura abaixo mostra parte de uma estrutura do olho. Ela é responsável por regular a entrada de luz de acordo com a luminosidade do ambiente, promovendo uma acomodação visual. Suponha que três pessoas se encontram em três ambientes com intensidades diferentes de iluminação.

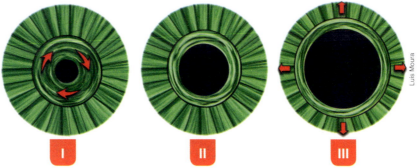

   a) Quais são as estruturas do olho representadas nas imagens?

   b) Em qual das três imagens – I, II ou III – a pessoa está no ambiente de menor luminosidade? Justifique.

   c) Em qual das três imagens a pessoa está no ambiente de maior luminosidade? Justifique.

7. Sobre o foco do olho humano, responda às questões.

   a) Que característica da lente possibilita que ela se modifique e se acomode para focar imagens a diferentes distâncias?

   b) Quais estruturas agem sobre a lente modificando a espessura dela para que a imagem entre em foco?

## REFLETIR

1. Por que as imagens são formadas na retina de cabeça para baixo, tal como na câmara escura? Por que não enxergamos os objetos de cabeça para baixo?

2. O olho de uma pessoa normalmente consegue distinguir com nitidez objetos que se encontram próximos, a cerca de 25 cm, ou distantes, a centenas de metros.

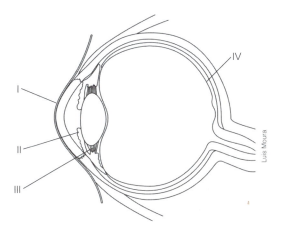

   a) Explique de que modo o olho se ajusta a situações tão diferentes.
   b) Observe a figura acima e diga que estrutura está relacionada a esse ajuste e o nome dela.

3. Costureiras são exemplos de profissionais que focam durante muito tempo sua visão em pontos muito próximos dos olhos quando estão costurando. Para que descansem os olhos, sugere-se que olhem ao longe, visando ao infinito. Usando o que você aprendeu sobre a visão e sobre a ação dos músculos ciliares, como você explicaria essa sugestão?

## DESAFIO

1. De acordo com o que foi abordado no capítulo, se forem comparados os elementos envolvidos nos processos de visão do olho humano com aqueles associados à projeção de uma imagem (foto) em uma câmera fotográfica convencional, podem ser feitas algumas correlações, tal como sugere a figura abaixo.

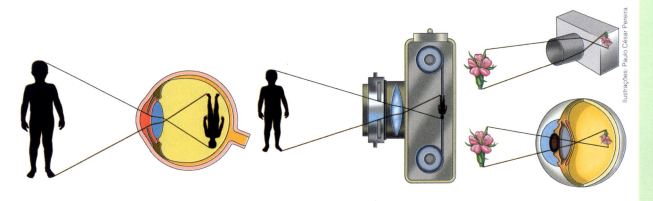

- Faça uma correlação entre os principais elementos do olho humano (mais diretamente responsáveis pela formação da imagem na retina) e a projeção da imagem numa câmera fotográfica não digital.

**CAPÍTULO 2**

# Defeitos da visão

> Neste capítulo, você vai estudar os defeitos da visão mais comuns no ser humano e suas causas.

## EXPLORANDO — A RENOVAÇÃO DA CARTEIRA DE MOTORISTA

Antes de ir para a escola, Andréia escutou sua mãe dizendo que não viria para o almoço porque precisava fazer o teste de visão necessário para a renovação da carteira de motorista.

Intrigada, ela perguntou à mãe porque era necessário fazer o teste de visão para renovar esse documento. A mãe explicou que o teste era importante para saber se ela estava apta a dirigir sem a necessidade de usar óculos. A mãe de Andréia não usava óculos, e a menina não estava convencida da importância de fazer um teste como esse.

Sua mãe então perguntou se ela não tinha percebido que as pessoas mais velhas costumam ter mais problemas para enxergar do que as mais jovens. Ela explicou que, com o tempo, algumas pessoas passam a ter dificuldade para enxergar e comentou ainda que, na última vez em que renovara a carteira, a visão estava perfeita e o médico não indicou a necessidade dos óculos.

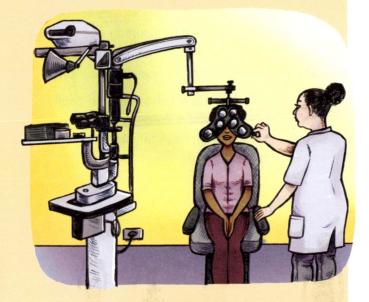

Ilustrações: Natalia Forcat

**Agora é sua vez.**

1. Você usa óculos ou conhece alguém que usa? Como uma pessoa que usa óculos enxerga quando está sem eles?

2. Como os óculos corrigem defeitos da visão?

182

# Testes de visão

Você já ouviu falar sobre **testes de visão**? Já fez um? Se você usa óculos certamente já passou por um teste desses. O oftalmologista é o médico que cuida dos olhos; é o profissional adequado para aplicar testes e receitar o tipo de óculos que o paciente vai usar.

No entanto, é possível fazer o teste de maneira informal, como uma brincadeira para checar sua acuidade visual, ou seja, a capacidade de seu olho de enxergar detalhes da forma e contorno dos objetos.

Vamos fazer um teste de acuidade visual?

Deixe aberto um olho de cada vez, tapando o outro com uma mão. Mantenha uma distância de 33 cm da imagem abaixo.

Leia as letras uma a uma, da esquerda para a direita, linha após linha. Se você não conseguir ler as letras de uma determinada linha, considere que você conseguiu ler a linha anterior.

Exemplo de imagem utilizada em exame de vista.

Depois, com base na última linha que você conseguiu ler completamente, confira na tabela ao lado a sua acuidade visual.

Se você conseguiu ler a última linha completamente, parabéns! Sua acuidade visual é de 100%!

Esse teste pode ser influenciado por um grande número de fatores, entre eles a iluminação do local em que foi realizado.

Se sua acuidade visual for menor que 100%, é interessante conversar com seus pais ou com os responsáveis por você sobre a possibilidade de procurarem um oftalmologista para fazer uma avaliação mais detalhada.

Lembre-se sempre de que somente um oftalmologista pode diagnosticar e prescrever tratamentos para problemas de visão!

| Linha | Acuidade visual |
|---|---|
| E | 10% |
| EE | 20% |
| CEBTL | 30% |
| BFDZLOE | 40% |
| CLEODFBZP | 50% |
| DFTPZELODB | 67% |
| EBFZDOTCPL | 100% |

Fonte: <www.lotteneyes.com.br/teste-de-visao/>. Acesso em: 6 abr. 2019.

# Miopia

A **miopia** é a dificuldade de enxergar com nitidez os objetos que estão distantes. A causa mais comum de uma pessoa ser míope é que o bulbo ocular é alongado. A imagem projetada pela lente forma-se antes da retina e, por isso, fica desfocada, ou seja, borrada.

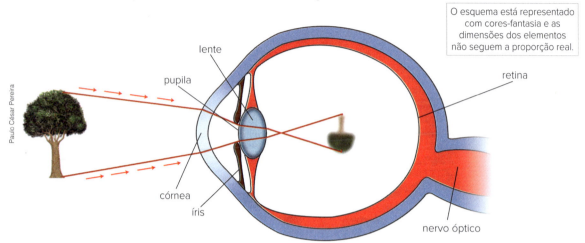

O esquema está representado com cores-fantasia e as dimensões dos elementos não seguem a proporção real.

↑ Esquema da imagem de um objeto distante, formada à frente da retina.

O míope tenta melhorar a visão "apertando os olhos", forçando seus músculos para que a espessura da lente se modifique. Com isso, o foco também se modifica e a imagem se forma mais próxima da retina, ficando mais nítida.

## AQUI TEM MAIS

### Novas tecnologias e miopia

[...] Segundo uma pesquisa publicada no *Opthalmology Journal*, até 2 050 cerca de 4,8 bilhões de pessoas – o que equivale a 49,8% da população mundial – terão algum tipo de deficiência visual que vai obrigá-las a usar óculos. O relatório indica que isto será resultado da exposição desenfreada às telas de *tablets*, *smartphones*, computadores e outros produtos eletrônicos.

[...] os cientistas afirmam que a proximidade com as telas dos *gadgets* também cresceu nas últimas gerações, o que, consequentemente, contribuiu para o aumento no número de pessoas com problemas visuais.

[...]

50% da população mundial terá de usar óculos em 2050 por excesso de tecnologia. *CanalTech*. Disponível em: <https://canaltech.com.br/mercado/50-populacao-mundial-tera-de-usar-oculos-em-2050-por-excesso-de-tecnologia-58553/>. Acesso em: 6 abr. 2019.

**1.** Junte-se em grupo com alguns colegas e pesquisem em *sites* confiáveis da internet qual é o impacto, no sistema de visão, do uso excessivo de equipamentos como *smartphones* e computadores. Busque relacioná-lo ao que estudamos no capítulo anterior sobre o funcionamento do olho humano.

# Hipermetropia

A pessoa com **hipermetropia** tem dificuldade para enxergar objetos muito próximos. Nesse caso, ao contrário do olho míope, o bulbo ocular é mais curto ou a retina é pouco curva. Quando o olho tenta focalizar uma imagem de um objeto muito próximo, a imagem é formada atrás da retina, tornando-se desfocada.

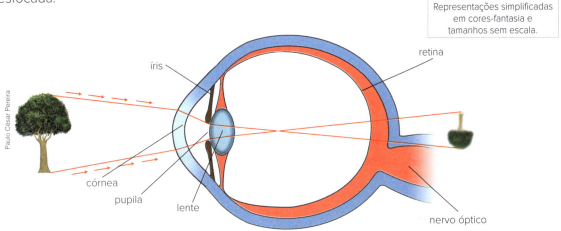

↑ Esquema da imagem de um objeto próximo, formada atrás da retina.

A pessoa diagnosticada como hipermetrope consegue dar um "jeitinho" para enxergar. Forçando os músculos que ajustam a lente do olho, pode fazer com que a imagem se forme sobre a parede do globo ocular, tornando-se mais nítida. Entretanto, manter um músculo forçado por muito tempo é algo incômodo e pode resultar em dor de cabeça ao fim do dia.

Devido ao menor tamanho do olho, a maioria das crianças são hipermetropes de grau moderado, porém essa condição vai se corrigindo à medida que elas vão ficando mais velhas. Por isso, é comum haver pessoas que usavam óculos quando crianças e deixaram de usá-los na adolescência.

# Astigmatismo

No **astigmatismo**, a curvatura da córnea é irregular, mais acentuada em determinadas direções.

A pessoa astigmática enxerga imagens distorcidas tanto de perto quanto de longe. Isso pode acontecer em qualquer idade, pois, além de causas genéticas, o astigmatismo pode surgir após contusões que tenham lesionado a região ocular. De maneira geral, o astigmatismo é causado por uma deformação do globo ocular. A córnea assimétrica faz com que a imagem projetada na retina fique parcialmente nítida.

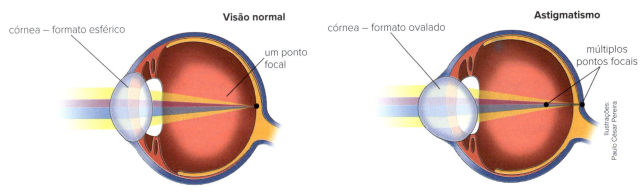

↑ Comparação da formação da imagem no olho normal e no olho astigmático.

# Daltonismo

O **daltonismo** é a incapacidade de algumas pessoas de diferenciar determinadas cores. O mais comum é não conseguir distinguir o vermelho do verde.

Na maioria das vezes, o daltônico leva alguns anos para perceber esse distúrbio.

Devido ao modo pelo qual os fatores são transmitidos de pais para filhos, as mulheres têm muito menos probabilidade de serem daltônicas do que os homens.

Segue abaixo um teste resumido de daltonismo que utiliza figuras de Ishihara. O objetivo do teste é a pessoa identificar os números de cada figura. Apesar de a identificação depender das cores, pessoas com determinado tipo de daltonismo podem conseguir identificar alguns números.

Quais números você consegue ver nas figuras a seguir?

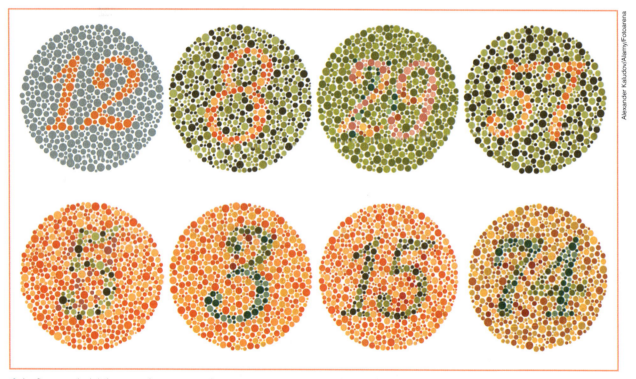

↑ As figuras de Ishihara podem ser usadas como teste para identificar o daltonismo.

## !  CURIOSO É...

### Presbiopia

Você se lembra por que a lente do olho tem flexibilidade?

A flexibilidade da lente resulta do fato de o olho estar acoplado a um sistema de músculos. Quando olhamos objetos em diferentes distâncias, os músculos entram em ação, possibilitando a focalização de imagem. Em outras palavras, os músculos regulam a curvatura da lente para que a imagem seja projetada corretamente sobre a retina. Todavia, com o passar do tempo, esses músculos perdem o tônus e a elasticidade. Ao envelhecermos, diminui a capacidade desse sistema de músculos ajustar a lente do olho para ver objetos muito próximos. Isso acontece por volta dos 40 anos. Para corrigir esse problema, as pessoas usam óculos com lentes convergentes.

## CIÊNCIA, TECNOLOGIA E SOCIEDADE

# Catarata

A catarata é a alteração da lente do olho [...] onde a imagem é focalizada. Essa lente fica mais opaca com o envelhecimento natural do organismo. A perda da transparência dificulta a chegada da luz à retina e a visão diminui. O avançar dessa condição transforma-se em catarata. A doença é mais comum a partir dos 60 anos e acomete todas as pessoas, mas em graus diferentes.

Alguns idosos não precisam operar logo que aparece a catarata, mas só um médico pode determinar o tratamento. A catarata também pode ser provocada por infecções na vida adulta, uso de medicamentos como cortisonas, um trauma (batida no olho, por exemplo) ou deficiência congênita. Os diabéticos geralmente têm catarata mais cedo.

[...]

A cirurgia [...] consiste em colocar uma lente, que é um novo cristalino artificial, como se fosse uma prótese no olho. O índice de recuperação satisfatória chega a 90% dos casos: feita a cirurgia, o paciente volta a enxergar. Essas lentes são definitivas e não precisam ser trocadas, a exemplo de outras próteses.

[...]

O procedimento cirúrgico é considerado de baixa complexidade, com anestesia local e sem necessidade de internação. Mesmo simples, quanto mais endurecida estiver a catarata, maior o risco da operação. A cirurgia dissolve a catarata com ultrassom. Se estiver mais dura, vai precisar de mais energia do ultrassom, mais calor e pode ocorrer inflamação no olho.

Não existe nada que possa prevenir a catarata e, se não for tratada, pode levar à cegueira. Mas se o idoso fizer a cirurgia, volta a enxergar. A catarata é a principal causa de cegueira reversível no mundo.

[...]

Apesar de a doença não poder ser evitada, cuidados como uma boa alimentação e o uso de óculos escuros com proteção ultravioleta podem ajudar a retardar o aparecimento da catarata [...].

Governo do Brasil. Catarata. Disponível em: <www.brasil.gov.br/editoria/saude/2012/04/catarata>. Acesso em: 12 abr. 2019.

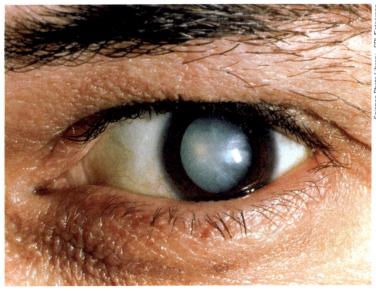

↑ Lente do olho esbranquiçada. A luz que entra no globo ocular perde parte da informação.

**1.** Qual é a importância da cirurgia de catarata?

# ATIVIDADES

### SISTEMATIZAR

1. Numa família de três pessoas, cada uma tem um defeito na visão. Com base nas descrições a seguir, identifique o problema de cada uma delas.
   - O pai tem perda de tônus e elasticidade dos músculos ciliares, além de dificuldade para enxergar objetos próximos e distantes.
   - A mãe tem alongamento do bulbo ocular e dificuldade para enxergar objetos distantes.
   - O filho tem encurtamento do bulbo ocular e dificuldade para enxergar objetos próximos.

2. Faça uma pesquisa com as pessoas de sua convivência e liste os defeitos de visão de cada uma. Pergunte quando elas começaram a sentir dificuldade de enxergar, se desde então passaram a usar óculos e quando isso ocorreu.

3. Uma pessoa não consegue ver nitidamente os objetos porque suas imagens se formam entre a lente do olho e a retina. Como se chama esse defeito de visão?

4. Como se chama o defeito de visão quando a imagem é formada depois da retina?

5. A figura abaixo mostra o olho humano esquematicamente. Ao analisar o bulbo ocular e a formação da imagem em relação à retina (antes ou depois dela), copie as frases a seguir no caderno preenchendo corretamente as lacunas.

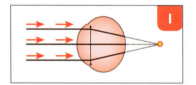
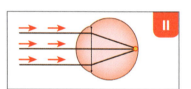
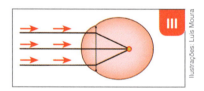

No caso I, trata-se de um olho _____, que pode ser identificado pelo encurtamento do bulbo ocular. No caso II, o olho é _____. No caso III, o olho é míope, o que pode ser identificado pelo _____ do bulbo ocular.

6. Uma pessoa desconfia que não consegue distinguir bem as cores vermelha e verde. Qual tipo de anomalia ela pode ter? Cite algumas situações do cotidiano que podem representar obstáculos para ela.

7. O que é catarata e por que ela ocorre? Qual é o tratamento?

### REFLETIR

1. Com base nas figuras abaixo, explique em cada uma delas o tipo de defeito de visão de quem as vê.

188

**2.** Maurício têm 55 anos e seu filho tem 20. Maurício observa nitidamente um objeto distante. Todavia, ao observar um objeto próximo, não consegue enxergá-lo nitidamente. O filho, por sua vez, ao olhar para um objeto distante, também consegue enxergá-lo nitidamente e, ao observar um objeto próximo, apresenta a mesma dificuldade do pai.

Nessas condições, quais tipos de problema de visão mais prováveis Maurício e seu filho apresentam? Justifique.

**3.** Você sabia que uma pessoa míope quando criança, pode, em alguns casos, ter uma visão quase normal ao atingir a meia-idade (aproximadamente entre os 40 e os 55 anos), quando começam a aparecer os primeiros sintomas da presbiopia (vista cansada)? Explique por que a presbiopia pode contribuir para a correção da miopia e agravar a hipermetropia.

## DESAFIO

**1.** Reúna-se com alguns colegas e formem um grupo. Leiam o texto e façam o que se pede.

[...]

Foi realizada a medida da acuidade visual de crianças e adolescentes entre 5 e 18 anos, regularmente matriculadas em 11 escolas públicas de Belo Horizonte/MG, entre novembro de 2011 e novembro de 2014.

[...]

A tabela 1 mostra a prevalência dos diagnósticos refrativos firmados nos alunos presentes no ambulatório do Centro Universitário de Belo Horizonte (UniBH).

### Tabela 1 – Distribuição dos diagnósticos dos erros refrativos

| Diagnóstico | N | % |
|---|---|---|
| Hipermetropia fisiológica (≤ 3 dioptrias) | 11 | 27,5 |
| Astigmatismo miópico composto | 9 | 22,5 |
| Astigmatismo miópico simples | 8 | 20 |
| Hipermetropia (> 3 dioptrias) | 5 | 12,5 |
| Miopia | 4 | 10 |
| Astigmatismo hipermetrópico composto | 3 | 7,5 |
| Total | 40 | 100 |

[...]

Geraldo de Barros Ribeiro et al. Avaliação oftalmológica de crianças de escolas públicas de Belo Horizonte/MG&58; um panorama acerca da baixa acuidade visual. *Revista Brasileira de Oftalmologia*, v. 74, n. 5, p. 288-291, 2015.

**a)** Construam um gráfico com base nas informações da tabela, apresentando a porcentagem de alunos com defeitos de visão.

**b)** Em grupo, discutam alternativas para reverter os dados da tabela e a importância do diagnóstico e dos exames de vista.

## CAPÍTULO 3
# Correção dos defeitos da visão

*Neste capítulo, você vai estudar os tipos de lentes usadas para corrigir os principais defeitos da visão.*

### EXPLORANDO A TROCA DOS ÓCULOS

Miguel e Vinícius eram grandes amigos. Sentavam-se lado a lado na sala de aula e estavam sempre juntos. Ambos tinham problemas de visão e usavam óculos. As armações eram muito parecidas, quase iguais. Um dia, eles não perceberam e trocaram de óculos.

Era dia de leitura na aula, e a professora pediu a Miguel que lesse um texto no livro. Quando começou a leitura, ele não conseguia decifrar as letras. Balbuciou alguns sons como se tentasse decifrar uma palavra e disse:

— O que está acontecendo com esses óculos?!

A professora, então, pediu a Vinícius que continuasse a leitura, mas ele não entendeu, pois não estava enxergando nem a professora nem a lousa. Demorou um pouco, mas os dois perceberam que tinham trocado os óculos, e tudo voltou ao normal.

Manuela, que era amiga dos dois, levantou a mão e perguntou para a professora por que a gente não pode trocar de óculos. A professora resolveu, então, que esse seria um bom tema para pesquisa e incentivou que todos consultassem seus familiares sobre o tipo de óculos que usavam e para qual situação eles eram necessários.

Ilustrações: Natalia Forcat

**Agora é sua vez.**

1. Os míopes enxergariam com nitidez caso fosse possível compensar o "afastamento" ou "a aproximação" da retina?

2. Os hipermetropes enxergariam com nitidez caso fosse possível compensar o "afastamento" ou "a aproximação" da retina?

3. Como as lentes são capazes de corrigir os defeitos de visão? Compartilhe suas hipóteses com o professor e os colegas.

# Miopia

Para a correção da **miopia** é necessário fazer com que a melhor focalização ocorra um pouco mais atrás do que acontece naturalmente, o que pode ser feito diminuindo-se o grau de convergência das lentes do olho. E a maneira mais fácil de conseguir isso é acoplando uma lente divergente ao olho. Teremos a seguinte situação:

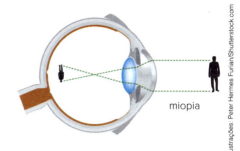
miopia

Representações simplificadas em cores-fantasia e tamanhos sem escala.

→ A lente divergente "espalha" a luz antes que ela chegue ao olho, ajustando a imagem para que se projete sobre a retina.

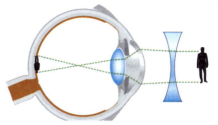

# Hipermetropia

Para a correção da **hipermetropia** é necessário fazer com que a melhor focalização ocorra um pouco mais à frente do que aconteceria naturalmente, o que pode ser feito aumentando-se o grau de convergência das lentes do olho. E a maneira mais fácil de conseguir isso é acoplando uma lente convergente ao sistema existente no olho. Teremos a seguinte situação:

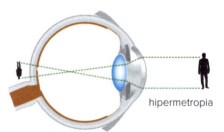
hipermetropia

→ A lente convergente "concentra" a luz antes que ela chegue ao olho, ajustando a imagem para que se projete sobre a retina.

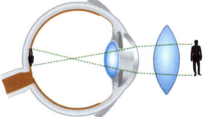

# Astigmatismo

Este caso é bem diferente dos já mencionados. Como dissemos no capítulo anterior, o **astigmatismo** se deve à curvatura irregular da córnea. Então, é preciso usar óculos que corrijam a assimetria da córnea.

As lentes para fazer esse tipo de correção devem ter curvatura cilíndrica.

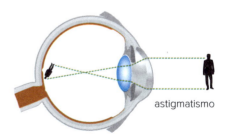
astigmatismo

→ No olho astigmático, a imagem fica parcialmente sobre a retina. A lente cilíndrica corrige a parte da imagem que fica desalinhada em relação à retina.

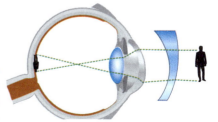

## CIÊNCIA, TECNOLOGIA E SOCIEDADE

# Lentes de contato

↑ Mulher coloca lente de contato.

[...]
Há cerca de 500 anos o italiano Leonardo da Vinci já cogitava acabar com problemas de visão por meio do desenvolvimento de uma espécie de lente que poderia ser posta na superfície do globo ocular. Mas ele nunca tirou a ideia do papel, e as lentes que conhecemos hoje ainda demoraram bastante para aparecer. O que impulsionou sua fabricação não foi a vontade de corrigir o grau, e sim a necessidade de proteger os olhos.

Antigamente, as lentes eram feitas de forma rudimentar, com vidro, e encaixadas nos olhos dos guerreiros que andavam por ambientes inóspitos e vivenciavam situações difíceis, como tempestades de areia. Esse modelo lembra as lentes esclerais, usadas ainda hoje por quem tem anomalias nas córneas. Foi só em 1929 que William Feinbloom desenvolveu uma lente de contato produzida com vidro e plástico. Entretanto, continuava sendo um material muito rígido, que causava desconforto no usuário. As lentes de contato gelatinosas, consideradas por alguns médicos oftalmologistas como mais confortáveis e maleáveis, só foram inventadas nos anos [19]70..

Hoje, ainda existem lentes dos dois tipos: rígidas e gelatinosas. As rígidas não precisam de hidratação após o torneamento computadorizado e o polimento; as gelatinosas, por sua vez, precisam. [...]

Eduarda Endler. Do que são feitas as lentes de contato? *Revista Galileu*. Disponível em: <https://revistagalileu.globo.com/Revista/noticia/2017/07/do-que-sao-feitas-lentes-de-contato.html>. Acesso em: 6 abr. 2019.

1. Quais são os benefícios das lentes de contato?

2. Que fatores contribuíram para que, desde as primeiras lentes de contato rudimentares, pudéssemos contar, atualmente, com lentes mais modernas e confortáveis?

3. Leonardo da Vinci foi provavelmente a primeira pessoa de que se tem notícia a idealizar lentes de contato. Forme um grupo com alguns colegas e pesquisem em *sites* confiáveis na internet outros inventos ou objetos idealizados por Leonardo da Vinci que, com o tempo, foram aprimorados e modernizados e são utilizados atualmente.

# DIÁLOGO

## História da invenção dos óculos

A história dos óculos remonta à era pré-cristã. [...]

Embora as propriedades ampliadoras de um pedaço de vidro curvo fossem conhecidas desde pelo menos 2000 a. C., a fabricação de lentes só se torna possível na Idade Média, com o aperfeiçoamento feito pelo matemático árabe Al-Hazen das leis fundamentais da óptica – parte da física que estuda os fenômenos relativos à luz e à visão.

Nessa época, dentro dos mosteiros, berilo, quartzo e outras pedras preciosas são lapidadas e polidas a fim de produzir a chamada pedra de leitura, um tipo de lupa muito simples.

O primeiro par de lentes com graus unido por aros de ferro e rebites surge na Alemanha em 1270. Esses óculos primitivos não têm hastes e são ajustados apenas sobre o nariz. Pouco depois, modelos semelhantes ao alemão aparecem em várias cidades italianas.

↑ Óculos de rebite, Museo Dell'Occhiale, Pieve di Cadore, Itália.

Florença, Pádua e Veneza são importantes entrepostos comerciais durante a Renascença, o que leva a Itália a se destacar rapidamente na fabricação de óculos. São considerados pioneiros o frade dominicano Alessandro della Spina e o médico Savino degli Armati.

Fabricados por artesãos habilidosos, os óculos eram artigos raros e caros, que simbolizavam erudição, cultura, nobreza e *status*. Era costume, inclusive, constarem dos inventários das famílias e serem deixados como herança. Aos poucos, com a fabricação em maior escala em indústrias nascidas na Alemanha e na Itália, especialmente, o acessório se popularizou.

Inicialmente, os óculos eram usados apenas para leitura, melhorando a capacidade visual das pessoas com presbiopia e hipermetropia. Em 1441, surgem as primeiras lentes apropriadas às necessidades dos míopes. A solução para pessoas com astigmatismo só aparece um pouco mais tarde, em 1827.

Até o século XVI, os modelos disponíveis não tinham hastes fixas sobre as orelhas. Os óculos *pince-nez* eram ajustados somente sobre o nariz e os *lorgnons* traziam uma haste lateral onde o usuário o segurava para colocá-lo à frente dos olhos.

↑ Modelo de óculos *pince-nez*.

↑ Modelo de óculos do tipo *numont*.

As hastes como as conhecemos hoje só aparecem no século XVII. Mesmo assim, *pince-nez* e *lorgnons* continuam a ser usados até o início do século XX, quando passam a ser preferidos pelos modelos *numont*, ou seja, com hastes leves, finas, perpendiculares às lentes e apoiadas sobre as orelhas.

O uso de plásticos e seus derivados na fabricação de armações a partir da década de 1940 abriu novas possibilidades de *design* aos óculos. Os precursores dos modelos que fazem sucesso hoje apareceram por volta de 1970: com aros grandes e coloridos transformaram-se nos modelos encontrados atualmente em rostos e lojas especializadas espalhados por aí.

Juliana Rocha. Conheça a história da invenção dos óculos. *EBC notícias*. Disponível em: <www.ebc.com.br/infantil/voce-sabia/2016/03/conheca-historia-da-invencao-dos-oculos>. Acesso em: 6 abr. 2019.

**1.** Em sua opinião, como foi possível, na Idade Média, adequar as lentes aos tipos de limitação da visão?

**2.** Como as lentes eram "arredondadas" para corrigir os defeitos de visão?

# HORA DA PRÁTICA INVESTIGAÇÃO

## Simulação de lentes corretivas

Vamos montar um aparato experimental para simular como lentes podem corrigir a imagem projetada na retina do olho humano.

## Material:

- lente convergente de pequena distância focal;
- óculos usados por uma pessoa com miopia;
- óculos usados por uma pessoa com hipermetropia;
- cartolina de 15 cm × 15 cm;
- fita-crepe;
- fonte de luz (vela ou pequena lanterna);
- objeto que sirva de base para fixar a cartolina (deve ser pesado o suficiente para sustentá-la, como um peso de papel).

## Procedimentos

1. Usando a fita-crepe, prenda a cartolina a uma base como uma cadeira, para montar um anteparo móvel. A cartolina, a lente e a fonte de luz devem estar alinhadas, como mostrado na Figura 1.

← Figura 1. Posicionamento dos objetos que compõem o experimento.

2. Coloque o objeto luminoso a 15 cm da lente. Se for possível, o professor reduzirá a iluminação para que todos os alunos possam visualizar melhor a projeção do objeto luminoso sobre a cartolina, como mostrado na Figura 2.

← Figura 2. Execução do experimento.

3. Movendo a placa de cartolina, tente conseguir a projeção mais nítida possível do objeto luminoso.

4. Simulando a situação de um olho míope (bulbo ocular alongado):

- afaste um pouco a placa de cartolina para trás, isto é, para longe da lente. Observe, sem mexer na fonte luminosa, que a imagem projetada na placa é bem menos nítida que antes;
- coloque os óculos com lentes para correção de miopia (ou lentes divergentes) entre a lente e a cartolina. Verifique se a imagem projetada é corrigida.

5. Simulando a situação de um olho hipermetrope (bulbo ocular encurtado):

- aproxime um pouco a placa de cartolina da lente. Observe, sem mexer na fonte luminosa, que a imagem projetada na placa é bem menos nítida que antes;
- coloque os óculos com lentes para correção de hipermetropia (ou lentes convergentes) entre a lente e a cartolina. Verifique se a imagem projetada é corrigida.

6. Faça novamente os procedimentos dos itens 4 e 5 invertendo os óculos (ou lentes) usados para correção.

## Reflita e registre

1. Fazendo uma **analogia** entre os objetos que compõem o experimento e as partes do olho humano, explique a que partes do olho correspondem a cartolina e a lente de vidro.

**GLOSSÁRIO**

**Analogia:** correspondência, correlação.

2. A ilustração abaixo mostra a imagem projetada de maneira bastante nítida sobre a cartolina. Que tipo de olho é representado por essa situação?

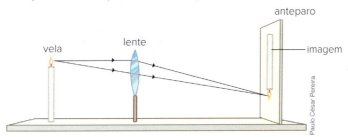

3. No início do experimento, você moveu a placa de cartolina até conseguir uma imagem nítida da fonte de luz. Fazendo isso, você estava acertando o foco. No olho humano não é possível mover a retina nem a lente de lugar. Como o olho acerta o foco dos objetos?

4. Sobre o item 4 do experimento, responda:
   a) Ao colocar os óculos para miopia entre a lente e o anteparo de cartolina, a imagem ficou mais nítida? Explique como isso aconteceu.
   b) Quando você repetiu a situação do item 4, mas colocou entre a lente e o anteparo os óculos para corrigir a hipermetropia (item 6), a imagem ficou mais nítida? Explique como isso aconteceu.

5. Sobre o item 5, responda:
   a) Ao colocar os óculos para hipermetropia entre a lente e o anteparo de cartolina, a imagem ficou mais nítida? Explique como isso aconteceu.
   b) Quando você repetiu a situação do item 5 colocando entre a lente e o anteparo óculos para corrigir a miopia (item 6), a imagem ficou mais nítida? Explique como isso aconteceu.

# ATIVIDADES

## SISTEMATIZAR

1. Pessoas com miopia, hipermetropia ou astigmatismo têm dificuldades em enxergar com nitidez em algumas situações.

    a) Em que condições elas não conseguem ver com nitidez?
    b) Por que elas não conseguem enxergar com nitidez? Explique o que ocorre em cada caso.
    c) Que tipo de lente dever ser usada por quem tem miopia? Por quê?
    d) Que tipo de lente dever ser usada por quem tem hipermetropia? Por quê?
    e) Que tipo de lente dever ser usada por quem tem astigmatismo? Por quê?

2. Uma pessoa que apresenta os sintomas de presbiopia utiliza momentaneamente uma lupa para ler uma bula de remédio. A lupa irá ajudá-la a ler? Justifique.

## REFLETIR

1. O professor de Ciências deseja ensinar seus alunos adolescentes a identificar três tipos de defeito visual apenas observando a imagem formada através dos óculos deles. Quando um objeto é observado através do primeiro par de óculos, a imagem aparece diminuída. O mesmo objeto observado pelo segundo par de óculos parece aumentado, e apenas o terceiro par de óculos distorce as linhas quando girado.

imagem diminuída

imagem aumentada

imagem distorcida

- Analisando as imagens produzidas por esses óculos, que tipo de problemas de visão podemos concluir que seus donos apresentam? Explique.

2. Observando as características e as dificuldades de Camila (imagem I) e André (imagem II), qual seria o possível defeito de visão de cada um deles e qual seria o tipo de lente corretiva? Justifique.

I

II

**3.** Guilherme foi ao oftalmologista porque estava com muita dificuldade para enxergar objetos a uma distância de aproximadamente 4 m. Já seu amigo Victor relatou ao médico que estava com a mesma dificuldade, só que já sentia dificuldade para enxergar objetos situados a aproximadamente 1 m. Com base nessas situações, responda às questões abaixo.

   **a)** Qual é o problema de visão apresentado por Guilherme e por Victor?

   **b)** Qual deve ser o tipo de lente receitado pelo médico para cada um dos dois meninos?

   **c)** Qual é a diferença entre as lentes receitadas pelo médico para cada um deles?

**4.** Uma pessoa utiliza uma lente de borda fina, capaz de aumentar a imagem dos objetos projetando-a a uma distância mais curta.

   **a)** Nesse caso, qual é o nome da lente utilizada e qual defeito de visão ela vai corrigir? Justifique.

   **b)** Se essa mesma pessoa utilizar uma lente divergente, seu problema tenderá a ser agravado ou corrigido? Justifique.

## DESAFIO

**1.** Muriel e sua filha, Ana Clara, marcaram consulta juntas no oftalmologista, já que ambas apresentavam problemas de visão. Ana Clara relatou que tinha dificuldade de enxergar de longe, e Muriel relatou que tinha dificuldade de enxergar de perto.

   **a)** Qual é o defeito de visão apresentado por Muriel? E por Ana Clara?

   **b)** Transcreva o diagrama abaixo para seu caderno e desenhe como se forma a imagem nos olhos de cada uma das pacientes. Faça um diagrama para Muriel e outro para Ana Clara.

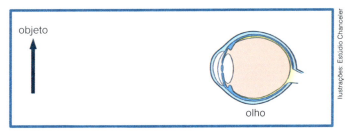

   **c)** Transcreva o diagrama abaixo para seu caderno. Em seguida, desenhe a lente corretiva adequada para cada problema de visão e como se formará a imagem nos olhos delas depois que colocarem seus respectivos óculos. Faça um diagrama para Muriel e outro para Ana Clara.

**2.** Pergunte a seus colegas e familiares se eles acham que ler no escuro faz mal à visão e como justificam suas opiniões. Anote os diferentes pontos de vista.
Na aula seguinte, junte-se a alguns colegas e pesquise em *sites* confiáveis quais são os principais sintomas decorrentes da leitura num ambiente com pouca iluminação. Depois, discuta com toda a turma e o professor qual é a relação entre a falta de luz e os defeitos da visão.
Por fim, responda à pergunta:

   • A falta de luz durante a leitura poderia provocar algum dos problemas vistos neste capítulo? Explique.

## FIQUE POR DENTRO

# Fique de Olho!

Temidos por muita gente, os óculos podem ajudar algumas pessoas nos estudos. Sem eles, para essas pessoas, o texto escrito pode não passar de um borrão, e as contas do livro de Matemática parecem se embaralhar. Para entender por que isso acontece, é preciso saber como a visão funciona.

### COMO VEMOS AS COISAS?

Quando você está em um ambiente iluminado, a luz atinge tudo à sua volta e retorna até seus olhos, alcançando uma membrana chamada retina. Ela localiza-se no fundo do olho e funciona como a tela do cinema: a partir da luz refletida pelos elementos do ambiente, as imagens são formadas e projetadas na retina. Em seguida, essa informação segue para o cérebro, que irá perceber a cor e a forma da imagem projetada.

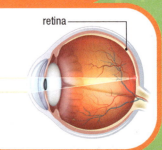
retina

## DEFEITOS DA VISÃO

É durante a formação da imagem na retina que alguns problemas na visão podem acontecer.

### HIPERMETROPIA

A hipermetropia pode ser causada pelo tamanho reduzido dos olhos. Nesse distúrbio, a imagem se forma atrás da retina, o que faz com que tudo o que é visto de perto pareça distorcido.

Pessoas com **hipermetropia** enxergam objetos próximos fora de foco.

---

**Pesquise e responda:**

**1.** Como os distúrbios de visão citados no texto podem ser corrigidos?

**2.** O que é presbiopia? Como ela pode ser corrigida?

## MIOPIA

Outro problema comum é a miopia, que faz com que a imagem seja formada à frente da retina. Isso faz com que ao observar um objeto distante, a visão fique borrada.

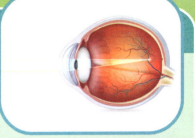

Pessoas com **miopia** enxergam objetos distantes fora de foco.

## ASTIGMATISMO

No astigmatismo, a dificuldade é enxergar tanto de perto quanto de longe. Isso porque pode ocorrer a formação de várias imagens localizadas à frente ou atrás da retina, o que compromete a identificação dos objetos.

Pessoas com **astigmatismo** enxergam tanto objetos próximos quanto distantes fora de foco.

**Dificuldades na hora de enxergar fazem com que uma simples espiada pareça uma maratona.** "Quem não enxerga bem pode se cansar se estiver sentado longe do quadro enquanto copia a matéria", conta Luiz Cláudio, oftalmologista do Hospital Universitário Antônio Pedro. **Esse esforço gera sintomas como dores de cabeça, olhos vermelhos e lágrimas em excesso.** Por isso, é importante visitar regularmente o oftalmologista, médico especializado em olhos.

Se, por acaso, na próxima consulta, você descobrir que precisa usar óculos, nada de ficar chateado. Aproveite a diversidade de armações leves e coloridas que já existe por aí. Uma delas deve ser a sua cara!

**FONTE:** Guyton AC, Hall JE. *Textbook of Medical Physiology*. Filadélfia Elsevier Saunders; 2006:402-415. p. 619.

# PANORAMA

**FAÇA AS ATIVIDADES A SEGUIR E REVEJA O QUE VOCÊ APRENDEU.**

Neste tema, você estudou as principais estruturas do olho humano e como a luz entra no olho, formando as imagens que serão percebidas e interpretadas pelo cérebro.

Você viu que a pupila é o orifício por onde a luz entra no olho. Ela é cercada pela íris, camada de músculos que abrem e fecham a pupila conforme a luminosidade.

Aprendeu que a córnea e a lente do olho direcionam os raios de luz para que a imagem seja projetada na retina, do mesmo modo que a imagem se forma no anteparo de uma câmara escura. Viu também que a captação da imagem formada na retina ocorre por meio das células receptoras – os cones e os bastonetes.

Analisou a relação da focalização da imagem com a ação dos músculos ciliares, que se contraem tornando a lente mais espessa, ou relaxam, tornando-a mais delgada.

Com base nos conhecimentos adquiridos, você é capaz de explicar os principais defeitos da visão e enumerar as lentes apropriadas para a correção de cada defeito. Na miopia, a imagem é formada antes da retina. Lentes divergentes, que fazem a imagem se formar num ponto mais distante, são as indicadas para corrigir esse defeito. Já na hipermetropia, a imagem é formada depois da retina, e as lentes indicadas são as convergentes, que aproximam a imagem do objeto. No astigmatismo, a curvatura da córnea é irregular e faz com que a imagem tenha foco irregular na retina. Nesses casos, lentes cilíndricas são indicadas.

**1.** A figura abaixo mostra um desenho simplificado de nosso bulbo ocular, com a indicação de números que correspondem às estruturas que fazem parte dele. Escreva no caderno o nome dessas estruturas e de suas respectivas funções.

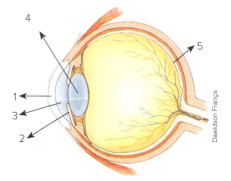

**2.** As imagens abaixo mostram três pessoas observando a mesma cena. Explique qual é o defeito de visão de cada uma delas e o tipo de lente adequado para corrigi-lo.

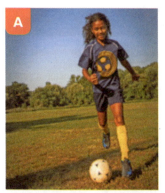

**3.** A figura I mostra os olhos de Marlene sem os óculos, e a figura II, com óculos.

Já as figuras III e IV mostram os olhos de Karina sem e com os óculos, respectivamente. Como podemos notar, os olhos de Marlene ficaram menores após ela colocar os óculos. Já os olhos de Karina ficaram maiores com os óculos.

a) Que tipo de lente Marlene e Karina estão usando?

b) Que defeito de visão cada uma delas apresenta?

c) Qual é provavelmente o formato do globo ocular de Marlene? E o de Karina?

d) Desenhe a figura ao lado no caderno e complete-a, mostrando como é formada a imagem no bulbo ocular de uma pessoa sem defeito de visão. Faça o mesmo para Marlene e Karina.

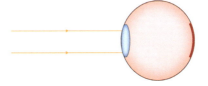

e) Agora, desenhe novamente o bulbo ocular de Marlene e o de Karina e represente como as imagens se formam quando elas usam óculos.

## DICAS

**ACESSE**

**Instituto Benjamin Constant:** <www.ibc.gov.br>. Acesso em: 6 abr. 2019. *Site* com uma série de informações sobre a visão, dos distúrbios existentes até as tecnologias empregadas atualmente.

**LEIA**

**Luz e cores**, de Aníbal Figueiredo e Maurício Pietrocola (FTD).

## TEMA 7

# O céu visto da Terra

↑ Duas crianças olhando o céu ao amanhecer. Região do Deserto de Okanagan, Canadá. Fotografia obtida com o auxílio de filtros de luz e tratada em programa de edição de imagem por computador. Canadá, 2010.

## NESTE TEMA
VOCÊ VAI ESTUDAR:

- modelos teóricos sobre a movimentação dos astros no céu;
- os planetas e demais astros do Sistema Solar;
- os principais movimentos da Terra em relação ao Sol;
- argumentos que justificam a forma arredondada da Terra;
- a aplicação dos conhecimentos sobre os movimentos da Terra em relação ao Sol na confecção de um relógio de sol utilizando um gnômon (vara);
- algumas relações entre o conhecimento científico e a produção de tecnologia.

David Nunuk/SPL/Folhapress

1. Onde você mora é possível ver um céu noturno semelhante ao mostrado na fotografia?
2. Observe o céu, com atenção, numa noite com pouca nebulosidade. Como você explicaria o que vê? Será que além de estrelas há outros astros celestes?
3. Ao amanhecer, o Sol aparece. Então, não vemos mais as estrelas que eram visíveis no céu noturno. Por quê?
4. Como a observação do céu pode nos auxiliar no cotidiano?

**CAPÍTULO 1**

# Terra, Sol e seus lugares no Universo

Neste capítulo, você vai estudar o conjunto de astros que compõem o Sistema Solar. Vai também verificar que, ao longo dos anos, modelos diferentes foram usados para explicar a posição do planeta Terra no Universo.

## EXPLORANDO MOVIMENTOS DA TERRA

Júlia sempre foi curiosa. Nas aulas de Ciências, por exemplo, fazia todos os experimentos do livro didático e procurava explicação para os fenômenos que ocorriam. Usava bastante a expressão: "Por quê?". Assim, estava sempre aprendendo algo a mais.

Durante uma aula, o professor comentou que, apesar de sabermos hoje que a Terra gira em torno do Sol, há centenas de anos acreditava-se no contrário: que o Sol girava em torno da Terra.

Júlia ficou espantada ao saber que o Sol não gira em torno da Terra. "Ora, não é isso que vejo todos os dias!", pensou ela. Afinal, todos os dias ela via o Sol nascer num ponto do horizonte, cruzar o céu e, à tardinha, pôr-se no ponto oposto. Ficou intrigada: "Ah, como se explica essa ideia de o Sol não girar em torno da Terra? Para mim, os gregos é que estavam certos!".

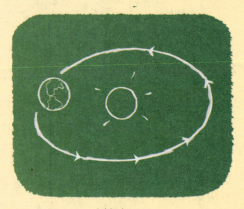

↑ Na lousa...

↑ Na cabeça de Júlia...

**Agora é sua vez.**

1. Por que Júlia pensa que o Sol gira ao redor da Terra?

2. O que você pensa a respeito dessa questão? Quais movimentos você imagina que a Terra realiza?

# Modelos explicativos da posição e do movimento dos astros celestes

Diferentes civilizações da Antiguidade, como a egípcia, a suméria e a hindu, criaram explicações religiosas ou míticas para o movimento dos astros e sua influência nos fenômenos climáticos da Terra.

Entre quatro e cinco séculos antes de Cristo, estudiosos gregos, como o filósofo Aristóteles (384 a.C.-322 a.C.), formularam explicações para o movimento dos astros com base na observação, em raciocínio lógico e em cálculos. Concluíram, à época, que a Terra tinha forma esférica e permanecia parada no centro do Universo.

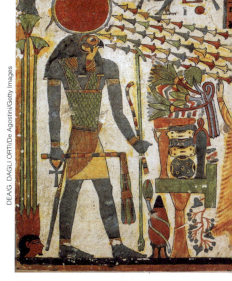

↑ Para os egípcios, Rá, o deus-sol, distribuía luz e calor pelo mundo.

## Modelo geocêntrico

Cerca de 300 anos depois, o estudioso grego Cláudio Ptolomeu (c. 90 a.C.-c. 168 a.C.) elaborou um modelo no qual a Terra se encontrava no centro do Universo – o **modelo geocêntrico** ou **geocentrismo**.

Os esquemas desta página estão representados com cores-fantasia e as dimensões de seus elementos não seguem a proporção real.

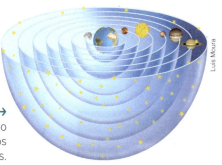

→ Representação simplificada do modelo geocêntrico, apresentando o Sol e os planetas do Sistema Solar hoje conhecidos.

## Modelo heliocêntrico

Durante séculos, o modelo geocêntrico foi o mais aceito. Apenas no século XVII uma nova concepção veio abalar o chamado geocentrismo. Nicolau Copérnico (1473-1543), astrônomo e matemático polonês, propôs um modelo no qual o Sol ocupa o centro do Universo. Tal modelo ficou conhecido como **heliocêntrico** ou **heliocentrismo**.

← Representação artística do modelo heliocêntrico de Nicolau Copérnico. Nessa gravura, o Sol está no centro, com os outros planetas ao redor, com destaque para a Terra (em tamanho maior).

O italiano Galileu Galilei (1564-1642), com o auxílio de uma luneta, ofereceu argumentos capazes de defender o modelo heliocêntrico de Copérnico das críticas que lhe eram feitas por seus contemporâneos.

Atualmente, com o uso de alta tecnologia e a exploração espacial, sabemos que o Sol é o centro do nosso sistema planetário, denominado Sistema Solar, mas não é o centro do Universo.

A. S. Zileri. *Galileu Galilei*, 1884. Óleo sobre tela, 61,5 cm × 51 cm.

# CIÊNCIA, TECNOLOGIA E SOCIEDADE

# A tecnologia muda nossa visão de mundo

↑ Uma das primeiras lunetas atribuídas a Galileu Galilei. Museu Galileu, Florença, Itália.

O desenvolvimento da tecnologia tem sido fundamental para os estudos relacionados ao Universo. Ao longo dos séculos, com o auxílio de instrumentos, os cientistas puderam observá-lo com maior precisão, descobrir novos astros e galáxias, elaborar modelos que descrevem como ele funciona e conhecer melhor nosso Sistema Solar.

Um dos grandes avanços no conhecimento da Astronomia ocorreu com a criação da luneta, no início do século XVII, pelo fabricante de lentes holandês Hans Lippershey (1570-1619). Essa luneta foi inicialmente utilizada como um objeto **bélico**, para visualização nos campos de batalha.

Em 1609, Galileu Galilei aprimorou o projeto da luneta e a utilizou para observar o céu. Desse modo, pôde analisar a Lua e outros astros celestes por meio de um instrumento óptico. Galileu observou que o planeta Júpiter tinha diversas luas, ou seja, astros menores que giravam em torno dele.

Esse fato trouxe problemas para os defensores do geocentrismo, pois eles acreditavam que todos os corpos celestes deveriam girar em torno da Terra. Por outro lado, as ideias de Copérnico ganharam força, já que estudiosos, incluindo o próprio Galileu, defendiam o heliocentrismo.

↑ Concepção artística do telescópio Hubble no espaço. Já está em construção um sucessor para o Hubble: o telescópio James Webb, ainda mais potente, que promete revelar outros segredos do Universo. Imagem de 2009.

O conhecimento científico, como qualquer outra forma de conhecimento, precisa ser aceito pelas instituições sociais para ser legitimado. A teoria heliocêntrica contradizia boa parte dos ensinamentos defendidos pela Igreja Católica, instituição muito poderosa à época, a qual, entre outras coisas, afirmava que a Terra era o centro do Universo. Galileu Galilei, como um dos grandes defensores do modelo heliocêntrico, foi processado por uma comissão católica, sendo condenado à prisão domiciliar e proibido de divulgar suas ideias.

Ao longo dos séculos, centenas de outros cientistas fizeram grandes contribuições a respeito da composição e do funcionamento do Universo, construindo o conhecimento atual da Astronomia.

No século XX, com o avanço da tecnologia, foi possível lançar o telescópio Hubble ao espaço. Por meio dele, foram descobertas novas galáxias, planetas e formações estelares, o que permitiu uma melhor compreensão do Universo.

### GLOSSÁRIO

**Bélico:** referente à guerra.

---

1. Reúnam-se em grupos e discutam as questões abaixo:

   a) Antes da criação da luneta, como você acredita que foi possível estabelecer a teoria geocêntrica?

   b) Qual é a relação da criação e utilização da luneta com a ascensão da teoria heliocêntrica?

   c) Qual era a implicação religiosa ao se adotar a teoria heliocêntrica?

## O Sol e o Sistema Solar

O Sol, fonte de luz e calor do planeta Terra, é a estrela central de um conjunto de astros chamado **Sistema Solar**. Esse conjunto está situado num dos braços da Via Láctea, um conjunto ainda mais amplo de astros, composto por cerca de 400 bilhões de estrelas e uma quantidade enorme de astros menores, além de gás e poeira.

Podemos ver milhares de estrelas quando olhamos para o céu à noite. De dia, mesmo que pareçam ter sumido, elas continuam no céu. Isso ocorre porque o Sol está próximo da Terra, e a luz dele, mais intensa, espalha-se pela atmosfera, ofuscando a luz das demais estrelas.

O Sol é uma estrela bem grande, mas há maiores...

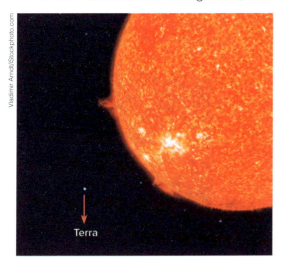

↑ Representação artística em que a imagem da Terra foi colocada ao lado da imagem do Sol para dar a noção de escala, quando comparados ambos os astros.

As imagens desta página não estão representadas na mesma proporção.

Ao compararmos os tamanhos do Sol e da Terra, a diferença é surpreendente: caberiam aproximadamente 1 milhão de planetas Terra dentro do Sol.

O Sol é considerado, em relação ao conjunto de estrelas da galáxia Via Láctea, uma estrela de tamanho médio. Ele realmente fica pequeno ao ser comparado a outras estrelas que podem ser observadas no céu. A estrela Betelgeuse, por exemplo, que pode ser vista no verão na constelação de Órion, tem 650 vezes o diâmetro do Sol.

Por ter **massa** muito maior do que qualquer um dos astros que giram ao seu redor, o Sol exerce enorme poder de atração sobre eles, devido à força da **gravidade**. Ele "prende" ao seu redor planetas, planetas-anões, satélites, cometas e meteoroides. Esses astros, juntamente com o Sol, formam o que conhecemos por Sistema Solar.

> **GLOSSÁRIO**
>
> **Gravidade:** uma das forças da natureza, resultante do fato de que "matéria atrai matéria". É essa força que mantém a Lua girando em torno da Terra, e a Terra em torno do Sol. Além disso, faz com que os corpos próximos à superfície da Terra sejam atraídos para ela.
>
> **Massa:** em Ciências, quando dizemos que um corpo tem massa, nos referimos à quantidade de matéria dele. Massa é diferente de peso. O peso de um corpo tem relação com a atração de um astro sobre ele.

## Planetas

O Sistema Solar é composto pelo Sol e pelos astros que giram ao redor dele. São oito **planetas**: Mercúrio, Vênus, Terra, Marte, Júpiter, Saturno, Urano e Netuno. Existem diversos outros astros que orbitam o Sol, como uma quantidade enorme de asteroides entre a Terra, Marte e Júpiter.

Plutão foi considerado um planeta do Sistema Solar até o ano de 2006. Deixou de ser planeta devido a uma definição mais precisa proposta pela União Astronômica Internacional (UAI). Para ser considerado planeta, Plutão deveria:

- estar em órbita do Sol;
- apresentar forma arredondada como resultado do equilíbrio de forças internas;
- ter dimensão predominante entre os objetos que se encontram em órbitas vizinhas.

↑ Plutão, que atualmente é classificado como planeta-anão.

## Satélites naturais

Lua, o satélite natural da Terra.

Na Astronomia, **satélite natural** não é uma estrela, é um corpo celeste que se movimenta ao redor de um astro maior do que ele. Um exemplo é a Lua, que gira ao redor da Terra.

Os planetas do Sistema Solar que têm mais satélites naturais, conforme nosso conhecimento atual, são Júpiter e Saturno, com 67 e 62 luas, respectivamente. No entanto, esses números podem ser modificados, pois a tecnologia avança e há chance de novas descobertas.

## Astros menores do Sistema Solar

Quando o Sistema Solar se formou, há cerca de 4,6 bilhões de anos, foram lançados no espaço inúmeros fragmentos que nele vagam até hoje.

De acordo com a União Astronômica Internacional, a classificação "pequenos corpos do Sistema Solar" engloba os objetos que orbitam o Sol e que, de tão pequenos, não satisfazem à definição de planeta ou de planeta-anão. Vamos conhecer alguns deles.

### Cometas

Formados de rocha, gelo e poeira, os **cometas** podem ter tamanhos diferentes, com núcleos cujo diâmetro varia de 110 metros a 40 quilômetros. Geralmente eles só são visíveis da Terra ao se aproximarem do Sol, quando se forma sua cauda, composta de gases.

↑ Fotografia do Cometa Halley, astro que se aproxima do Sol a cada 76 anos.

As imagens desta página não estão representadas na mesma proporção.

### Asteroides, meteoroides, meteoros e meteoritos

Os **asteroides** são formados por rochas e metais. Estão localizados, em sua maioria, entre os planetas Marte e Júpiter, região conhecida como Cinturão de Asteroides. Seu tamanho pode variar de alguns metros até centenas de quilômetros de extensão. Quando os asteroides se fragmentam, eles mudam de nome e passam a se chamar meteoroides. Veja a seguir.

**Meteoroides**: pequenos fragmentos de rocha que se formam de asteroides. Eles são assim denominados pelos astrônomos para distingui-los dos asteroides.

**Meteoro**: é o fenômeno causado pelos meteoroides ao penetrarem na atmosfera terrestre. Eles brilham após serem aquecidos até a incandescência pela colisão com as partículas da parte superior da atmosfera. Os meteoros formam um rastro de luz no céu, por isso são popularmente conhecidos como "estrelas cadentes".

**Meteorito**: nome recebido por esses fragmentos quando ultrapassam a atmosfera e caem na superfície da Terra.

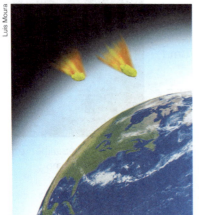

Ao entrar em contato com a atmosfera terrestre, os meteoroides ficam incandescentes, ganhando o nome de meteoros. A parte que atravessa a atmosfera e cai na Terra é denominada meteorito.

# ATIVIDADES

### SISTEMATIZAR

**1.** Onde está situado nosso Sistema Solar?

**2.** Visto da Terra, o Sol parece ser a maior estrela do Universo. Ele é de fato a maior delas?

**3.** Quais astros formam nosso Sistema Solar?

### REFLETIR

**1.** Leia o texto a seguir e responda às questões:

[...]
[...]. Os primeiros registros encontrados por paleontólogos são de 32 mil anos atrás. Um pequeno osso de águia pertencente ao Período Paleolítico marcava as fases da Lua. A astronomia só começou a ser científica, porém, na Grécia Antiga. Entre 500 a.C. e 200 d.C., filósofos passaram a investigar com mais rigor os princípios que regem o Universo, embora ainda acreditassem que tudo girasse em torno da Terra, uma ideia que perdurou até o século 16. [...]

Paloma Oliveto. O começo da história da astronomia e suas principais descobertas. Disponível em: <https://www.em.com.br/app/noticia/tecnologia/2011/06/27/interna_tecnologia,236303/o-comeco-da-historia-da-astronomia-e-suas-principais-descobertas.shtml>. Acesso em: 26 abr. 2019.

De acordo com o texto, a Astronomia científica iniciou-se na Grécia antiga, e muitos princípios foram mantidos até o século 16. Com base no que você estudou neste capítulo, quais os principais cientistas das épocas citadas no texto acima e quais foram suas contribuições para os avanços na Astronomia científica?

### DESAFIO

**1.** Povos antigos criaram mitos para explicar o funcionamento do Universo. Leia o texto a seguir e conheça o mito egípcio da criação.

Só existiam as águas, no princípio dos tempos. Das águas originou-se tudo que há no mundo. Nesse abismo líquido, Áton, o grande deus, escondia-se num botão de lótus (planta típica das margens do Rio Nilo). Um dia, Áton apareceu sobre as águas como Rá, o deus-sol. Rá criou o ar e a luz. O grande deus separou o céu (deusa Nut) da Terra (deus Geb).

Em grupo, e seguindo a orientação do professor, faça uma pesquisa na internet ou em outras fontes sobre a maneira como os egípcios explicavam o movimento do Sol ao longo do dia e seu desaparecimento à noite.

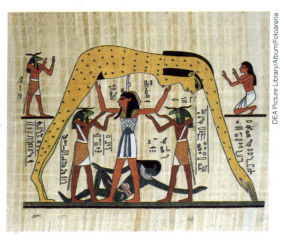

A ilustração mostra o Universo segundo o mito egípcio da criação. O céu, representado pela deusa da noite Nut: um corpo alongado coberto por estrelas, que forma o arco da abóbada celeste. As pontas do arco (pés e mãos de Nut) encostam na terra, representada pelo deus Geb (deitado sobre o solo). As demais figuras humanizadas representam outros deuses da mitologia egípcia.

209

# CAPÍTULO 2 — O movimento da Terra no espaço

No capítulo anterior, você conheceu a maneira como o Universo era pensado na Antiguidade e como é pensado hoje, com a Terra girando em torno do Sol. Neste capítulo, você vai saber como o movimento da Terra ocorre e realizará um experimento que consegue evidenciar a rotação do nosso planeta.

## EXPLORANDO A PRÓPRIA SOMBRA

Mílton sempre gostou de brincar com sua sombra. Certo dia, resolveu observar e anotar o que acontecia com ela ao longo do dia.

Num sábado ensolarado, por volta das 7 horas da manhã, ele ficou em pé de costas para o Sol e pediu à irmã que marcasse onde começava e onde acabava sua sombra. Ele mediu o tamanho da sombra e anotou no caderno, assim como a hora. Às 10 horas, voltou a ficar no mesmo lugar e, com a ajuda da irmã, fez a mesma medição e anotou os dados. À tardinha eles repetiram a atividade.

Mílton verificou que o tamanho da sombra se altera nas diferentes horas do dia. Observou que, na parte da manhã, a sombra se projeta virada para um lado e, à tarde, para outro, sempre na direção oposta à do Sol.

Ele mostrou as anotações a todo mundo da escola. Alguns de seus colegas, aproveitando o dia ensolarado, resolveram fazer também a experiência. Às 13 horas, antes de entrarem na sala de aula, e às 17 horas, no horário da saída, lá estavam eles no pátio medindo

e anotando os dados, da mesma forma que Mílton havia feito. Conferiram que as sombras aumentaram, da mesma maneira que Mílton havia mostrado em suas anotações.

Mílton e seus colegas observaram que o mesmo ocorre com a sombra dos postes, das árvores etc.

### Agora é sua vez.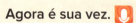

1. Mílton e os colegas verificaram que o tamanho e a posição das sombras mudam da manhã para o fim do dia. Você sabe explicar por que isso ocorre?

2. Se você estivesse em outra época do ano, a sombra teria outro tamanho?

# O planeta Terra

No Universo existem vários planetas. No Sistema Solar, a **Terra** é o terceiro planeta mais próximo do Sol e o quinto em tamanho.

É rochoso e sua atmosfera armazena o calor que vem do Sol, mantendo a temperatura do planeta em 15 °C, em média.

As temperaturas amenas possibilitam que considerável parte da água da Terra se mantenha no estado líquido, contribuindo, assim, para o desenvolvimento dos seres vivos – a principal característica do nosso planeta.

Talvez você não saiba, mas a Terra está em constante movimento. Observando os dias e as noites, poderíamos imaginar de outra forma: que a Terra está parada e são os outros astros no céu que se movem. No Capítulo 1, vimos como essa ideia, o geocentrismo, foi aceita durante muitos séculos. Agora vamos estudar dois movimentos realizados pelo planeta Terra: o movimento de rotação e o movimento de translação.

# O movimento de rotação da Terra

Como discutimos no início do capítulo, o movimento das sombras ao longo do dia permite concluir que nosso planeta se move em relação ao Sol. O dia e a noite podem ser explicados se você considerar que a Terra gira em torno de si mesma. Durante um período, um lado dela fica de frente para o Sol, iluminado, e, com o passar do tempo, essa mesma região se volta para o lado oposto, e ficamos no escuro. Esse movimento é chamado de rotação.

**Movimento de rotação** é o movimento que a Terra faz em torno de seu eixo imaginário. Relembremos que o eixo terrestre é uma linha reta imaginária que une o Polo Sul ao Polo Norte, passando pelo centro da Terra.

O movimento de rotação da Terra ocorre de oeste para leste, o que provoca em nós a sensação do movimento aparente do Sol, como se ele estivesse se movendo de leste para oeste.

É isso também que nos dá a sensação do movimento aparente da Lua e dos demais astros. Em todos esses casos, é a Terra que se move continuamente.

A proporção entre os tamanhos dos astros e as distâncias entre eles não estão de acordo com os dados reais. Foram usadas cores-fantasia.

↑ Representação artística da Terra em seu movimento de rotação em torno de seu eixo imaginário, com a seta indicando a direção do movimento.

# A formação dos dias e das noites

O movimento de rotação, em que a Terra realiza um giro completo no próprio eixo, dura aproximadamente 24 horas – período correspondente a um dia.

Do movimento de rotação resulta o **ciclo dos dias e das noites**. Durante o giro da Terra, nas regiões iluminadas pelo Sol ocorre o dia (período claro) e, simultaneamente, nas regiões não iluminadas ocorre a noite (período escuro).

Observe novamente a ilustração acima, da rotação da Terra, e note o lado que está sendo iluminado e o lado que está à sombra.

# O movimento de translação

Mais difícil de perceber, o **movimento de translação** é aquele que a Terra realiza ao redor do Sol. O interessante é que todos os planetas do Sistema Solar fazem movimento similar, girando em torno do Sol. Uma das maneiras de perceber a translação da Terra é observar atentamente o movimento das sombras ao longo do ano.

Nesse movimento, nosso planeta realiza uma órbita quase circular. O tempo de duração de um percurso completo da Terra ao redor do Sol é de, aproximadamente, 365 dias e 6 horas – um ano em nosso calendário.

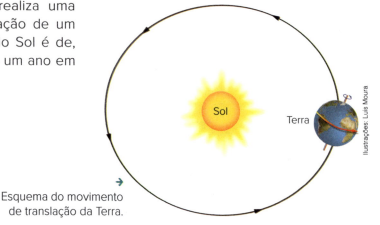

A proporção entre os tamanhos e as distâncias dos esquemas desta página não estão de acordo com os dados reais. Foram usadas cores-fantasia.

Esquema do movimento de translação da Terra.

Ao fazer a translação ao redor do Sol, a Terra mantém seu eixo de rotação inclinado cerca de 23,5° em relação a uma linha perpendicular a seu plano orbital.

Na ilustração a seguir, observe que, por causa dessa inclinação, a luz do Sol chega de forma diferente aos dois **hemisférios**.

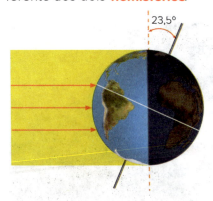

A ilustração destaca o eixo imaginário da Terra e como isso influencia a incidência da luz solar. O esquema representa o período de verão no Hemisfério Sul e inverno no Hemisfério Norte. Note a diferença de incidência de raios solares nas regiões polares.

### GLOSSÁRIO

**Hemisfério:** cada uma das metades da Terra. A linha imaginária do Equador a divide em Hemisfério Norte e Hemisfério Sul. O Meridiano de Greenwich a divide em Hemisfério Oriental e Hemisfério Ocidental.

Por causa da inclinação do eixo, durante o percurso de translação da Terra ao redor do Sol, os hemisférios Norte e Sul recebem alternadamente ora maior, ora menor incidência de radiação solar. Desses fatos, resultam as estações climáticas terrestres: **primavera**, **verão**, **outono** e **inverno**.

↑ O Meridiano de Greenwich divide a Terra em dois hemisférios: Ocidental e Oriental.

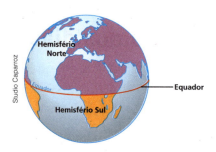

↑ A Linha do Equador divide a Terra nos hemisférios Sul e Norte.

# DIÁLOGO

## Relógio de sol

Os relógios de sol foram um dos primeiros meios de marcação do tempo. Muito antes da invenção do relógio, os seres humanos aprenderam a determinar o período do dia usando as sombras. Os relatos sobre relógios de sol datam aproximadamente de 3500 a.C. Há uma controvérsia sobre quem teria sido o inventor. Alguns historiadores remetem a invenção a Anaximandro de Mileto.

↑ Relógio de sol da Matriz de Santo Antônio em Tiradentes (MG), 2013.

Porém, segundo **Heródoto** de **Halicarnasso** (484-426 a.C.), os inventores teriam sido os babilônios, e os gregos apenas adquiriram dos babilônios o conhecimento da esfera celeste, do **gnômon** e das 12 partes do dia.

↑ Relógio de sol em Sagres, Portugal, que data do século XV. Fotografia de 2017.

As imagens desta página não estão representadas na mesma proporção.

Os relógios de sol podem ter em seu centro um pino ou uma placa com formato parecido com o de um triângulo. Sua sombra sobre o mostrador indica a hora do dia.

### GLOSSÁRIO

**Gnômon:** parte do relógio de sol que possibilita a projeção da sombra. Em sua forma mais simples, pode ser apenas uma vara espetada no chão.

**Heródoto:** geógrafo e historiador grego, nascido no século V a.C. (485?-420 a.C.). Foi o autor da história da invasão persa da Grécia nos princípios do século V a.C., conhecida simplesmente como *As histórias de Heródoto*. Essa obra foi reconhecida como uma nova forma de literatura pouco depois de ser publicada.

**Halicarnasso:** cidade que hoje é chamada de Bodrum, na Turquia.

↑ Relógio de sol marcando aproximadamente meio-dia e meia, Domingues Martins (ES), janeiro de 2014.

1. A qual dos movimentos da Terra está relacionada a variação da posição da sombra da placa no mostrador do relógio?

2. Cite três aspectos que contribuem para o relógio de sol não marcar corretamente as horas ao longo de todo o dia, comprometendo, assim, sua precisão.

# PENSAMENTO EM AÇÃO — CRIAÇÃO DE MODELO

## Estudando as sombras

Vamos construir um equipamento que funcionará como um relógio de sol.

### Material:

- um pedaço de papelão e outro de EVA, no tamanho 17 cm × 17 cm;
- lápis e caneta;
- um pedaço de papel quadriculado ou branco no tamanho 17 cm × 17 cm;
- um palito de dente;
- tesoura e cola;
- régua;
- compasso.

### Procedimentos

1. Monte uma base colando a placa de EVA no papelão. Cole a folha quadriculada sobre essa base.
2. Trace duas diagonais para encontrar o centro da folha. No centro, espete o palito de dente (gnômon) de modo que ele fique na perpendicular.
3. Procure um lugar onde bata sol o dia todo para colocar seu relógio solar. Mantenha-o no mesmo local e na mesma posição todas as vezes que for realizar uma medição.
4. Desenhe a sombra projetada sobre o papel, anotando o horário ao lado. Repita essa operação tantas vezes quanto possível, no período da manhã e no período da tarde.
5. Trace a **bissetriz** entre dois horários, um de manhã e outro à tarde, igualmente espaçados em relação ao meio-dia (por exemplo, às 10 h e às 14 h).

> **GLOSSÁRIO**
>
> **Bissetriz:** segmento de reta que, dividindo o ângulo de um polígono em duas partes iguais, une o vértice desse ângulo ao lado oposto.

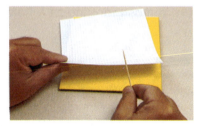
↑ Cole cuidadosamente a folha quadriculada sobre a base de EVA.

↑ Fixe o palito ao centro da folha quadriculada.

↑ Desenhe a sombra nos diferentes horários e faça o traço da bissetriz.

## Reflita e registre

1. O que ocorre com as sombras à medida que passa o tempo durante o dia?
2. O que a sucessão de sombras representa?
3. Você pode utilizar o gnômon para a marcação do tempo? A marcação desse "relógio" coincidirá com a do seu relógio de pulso? Por quê?
4. O que cada sombra desenhada na folha indica sobre a posição do Sol?
5. O Sol nasce a leste e se põe a oeste. Ao traçar a bissetriz, qual direção ela indicará? Por quê?

# ATIVIDADES

### SISTEMATIZAR

**1.** Os estudiosos da Grécia Antiga, como Aristóteles, defendiam a ideia de que a Terra estaria imóvel. Descreva uma evidência que pode nos fazer pensar que a Terra está parada.

**2.** As estações climáticas – ou estações do ano – resultam de que movimento da Terra?

### REFLETIR

**1.** As figuras a seguir representam como seria o movimento aparente do Sol no amanhecer e no entardecer em uma mesma paisagem.

As imagens desta página não estão representadas na mesma proporção.

Responda:

**a)** A sensação de que o Sol se desloca da direção leste (nascente) para a direção oeste (poente) se deve a que fato?

**b)** Qual é o tempo de duração do movimento de rotação da Terra?

**c)** O que resulta do movimento de rotação da Terra?

### DESAFIO

**1.** Durante o ano, temos a variação da incidência solar nas diversas regiões da superfície da Terra e a ocorrência das estações climáticas – primavera, verão, outono e inverno. Observe a ilustração da Terra iluminada pelos raios solares.

**a)** Na figura, os hemisférios Norte e Sul estão iluminados de forma desigual, o que indica que as estações do ano ocorrem alternadamente neles. Em qual dos hemisférios, de acordo com a ilustração, é verão?

**b)** Verifique o fluxo de radiação solar no Hemisfério Sul. No período representado, como deveriam estar vestidos os moradores das regiões localizadas abaixo do trópico de Capricórnio, como a Argentina?

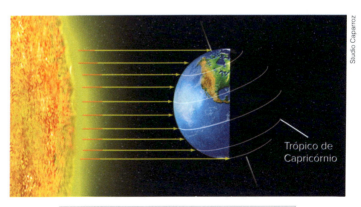

O esquema está representado com cores-fantasia e as dimensões dos elementos não seguem a proporção real.

215

**CAPÍTULO 3**

# A forma da Terra

No capítulo anterior, você estudou os movimentos da Terra e como o movimento de rotação está relacionado com a ocorrência de dias e noites, além de aprender como funciona um relógio de sol. Neste capítulo, você vai reconhecer evidências de que a Terra tem forma esférica e conhecerá a primeira medida da esfericidade da Terra, um dos experimentos mais engenhosos já realizados.

## EXPLORANDO O QUE HÁ ALÉM DO HORIZONTE

Luana morava próximo da praia e gostava muito de olhar o oceano em dias de céu claro e mar calmo. Certo dia, foi à praia e ficou um bom tempo olhando o horizonte.

Tinha aprendido na aula da manhã que a costa da África fica de frente para a costa brasileira e ficou com a impressão de que conseguiria enxergar o outro lado.

No dia seguinte, voltou com um binóculo que pediu emprestado ao Sr. Jonas, seu vizinho. Gastou mais um tempo olhando o horizonte e nada de ver a África. Conseguiu ver um navio que se afastava dali.

Foi seguindo o navio com o binóculo. O navio parecia que estava afundando no horizonte enquanto Luana regulava o binóculo para poder continuar a vê-lo. Numa certa altura, Luana já não via mais o casco do navio, para finalmente só enxergar a chaminé e, depois, não ver mais nada.

Luana voltou para casa muito pensativa e também frustrada por não ter conseguido ver a costa da África.

Ilustrações: Claudia Marianno

**Agora é sua vez.**

1. Você acredita que Luana teria tido melhor sorte se tivesse usado um binóculo mais potente ou, quem sabe, uma luneta?

2. Por que o navio foi desaparecendo no horizonte?

## A Terra tem forma arredondada

Hoje, com o surgimento da tecnologia dos satélites artificiais e a divulgação das imagens produzidas por eles, é fácil afirmar que a Terra é arredondada. Você saberia elencar algumas evidências de que a Terra tem realmente essa forma?

Talvez você tenha ouvido alguns mitos históricos sobre a impossibilidade de se navegar para o ocidente, o que assustava navegadores europeus do século VI. O famoso "ovo de Colombo" é considerado o argumento usado por Cristóvão Colombo para convencer seus opositores na Espanha de que seria possível chegar à Índia indo pelo leste e dando a volta na Terra.

Se prestarmos atenção, veremos que o dia a dia nos dá algumas indicações de que **a Terra tem a forma arredondada**. Vamos propor um desafio: antes de continuar lendo o texto, escreva no caderno evidências de que a Terra tem forma arredondada.

↑ Imagem da Terra obtida por satélite.

Vamos ver se algumas das evidências que você pensou coincidem com as que vamos apresentar a seguir.

## A linha do horizonte nas praias

Se você já esteve numa praia em dia de mar calmo, como a Luana da história contada no início deste capítulo, deve ter percebido que a superfície do mar termina com o céu ao fundo. Ou seja, não vemos nada além do céu.

Alguns poderiam imaginar que, com uma luneta bem potente, poderíamos ver a África. Afinal, uma boa luneta permite ver as montanhas na Lua, que está muito mais distante. Porém, mesmo se o dia estiver sem nuvens e você observar o horizonte com um binóculo ou uma luneta, não verá nada além do céu. Isso indica que a Terra se encurva no horizonte.

As imagens desta página não estão representadas na mesma proporção.

← Linha do horizonte observada em Natal, RN. Agosto, 2012.

217

## Rotas de avião

Você pode viajar de avião do Brasil para a Austrália por duas rotas que têm direções opostas:

- partindo do Brasil para o leste, atravessando o Oceano Atlântico em direção à África do Sul, passando pelo Oceano Índico e chegando à Austrália;
- partindo do Brasil em direção ao oeste, passando sobre a Argentina e o Chile, atravessando todo o Oceano Pacífico e chegando à Austrália.

Planisfério: rotas hipotéticas de avião do Brasil para a Austrália

Fonte: *Atlas geográfico escolar*. 7 ed. Rio de Janeiro: IBGE, 2016. p.33.

## A sombra da Terra na superfície da Lua

Se você já teve a sorte de ver um eclipse lunar ou viu fotografias desse evento, deve ter percebido que, no momento em que a sombra da Terra se projeta sobre a Lua, ela tem a forma de um disco. Isso é a indicação de que a forma de nosso planeta é esférica.

Eclipse lunar que mostra a sombra da Terra projetada na superfície da Lua.

A proporção entre os tamanhos e as distâncias não está de acordo com os dados reais. Foram usadas cores-fantasia.

## Mastros dos navios no horizonte

Na história de Luana, contada no início do capítulo, ficou claro que a parte mais alta do navio, como o mastro, é a última coisa que se vê quando ele se afasta. E quando o navio se aproxima da costa, essa parte é a primeira coisa que pode ser vista. Esse fato é conhecido como "a prova de Colombo".

↑ Esquema que mostra por que os navios desaparecem no horizonte.

→ Esquema que mostra a chaminé do navio como o último elemento visto quando ele se afasta da costa.

218

# A primeira medida da esfericidade da Terra

Quando foi feita **a primeira medida da esfericidade da Terra?** Isso aconteceu na Antiguidade. É bom que se diga que os gregos já consideravam que nosso planeta tem forma arredondada.

A primeira medição do raio da Terra foi feita por Eratóstenes (276 a.C.-194 a.C.). A ideia de como fazer isso surgiu quando ele reparou que, num certo dia do ano (precisamente ao meio-dia do solstício de verão), as colunas e os obeliscos na cidade egípcia de Assuan (na época, chamada Siena) não faziam sombra. O Sol estava exatamente sobre as colunas e os obeliscos. Nos poços de água também era possível ver a imagem do Sol. Isso não acontecia em outras cidades que ficavam mais ao sul ou mais ao norte de Assuan.

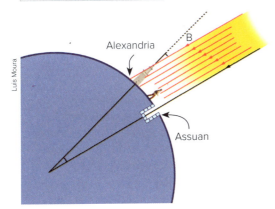

↑ Representação da direção dos raios solares sobre as cidades de Assuan e Alexandria. Note que, no mesmo momento, os raios incidem perpendicularmente em relação à superfície em Assuan, enquanto em Alexandria eles incidem formando um ângulo B, o que faz surgirem as sombras.

A proporção entre os tamanhos e as distâncias não está de acordo com os dados reais. Foram usadas cores-fantasia.

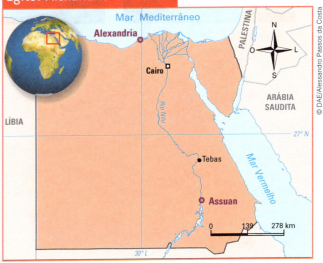

Fonte: *Atlas geográfico escolar*. 7. ed. Rio de Janeiro: IBGE, 2016. p. 45.

↑ Mapa que indica a localização de duas cidades egípcias, Alexandria e Assuan. Observe que Alexandria fica ao norte de Assuan, quase na mesma linha norte-sul.

Eratóstenes pensou então que, se medisse a sombra de uma coluna no mesmo dia do ano em outra cidade localizada na mesma linha norte-sul, poderia estimar o raio da Terra. Ele vivia em Alexandria, outra cidade importante da época, que ficava mais ao norte, quase na mesma direção de Assuan. Ele provavelmente contratou um itinerante para medir a distância das cidades em passos, o que era comum na época. Eram pessoas treinadas para caminhar com passadas muito regulares. Assim, constatou que a distância era de 5 040 **estádios**.

O ângulo da sombra medido em Alexandria foi de 7,2°, o que equivale a $\frac{1}{50}$ do ângulo total de uma esfera. Daí foi fácil calcular o **perímetro** da Terra:

5 040 estádios a $\frac{1}{50}$ da circunferência da Terra

Então, a circunferência da Terra seria de:

50 × 5 040 estádios = 252 000 estádios, ou 39 564 000 m, ou 39 564 km.

A medida de Eratóstenes é bem próxima do raio médio atualmente aceito, que é de 40 008 km.

> **GLOSSÁRIO**
>
> **Estádio:** medida muito usada na Antiguidade grega, equivalente a cerca de 157 m.
> **Perímetro:** medida do contorno de uma figura geométrica.

## CURIOSO É...

### Afinal, qual é o formato da Terra?

Qual das figuras abaixo melhor representa o formato da Terra?

↑ Representações de hipotéticos formatos da Terra.

A proporção entre os tamanhos e as distâncias não está de acordo com os dados reais. Foram usadas cores-fantasia.

Afinal, quão redonda é de fato a Terra?

Na verdade, a Terra não é exatamente redonda, uma vez que ela não tem a forma de uma esfera perfeita, mas um formato arredondado, algo mais próximo de uma elipse.

Por outro lado, é provável que você talvez já tenha ouvido dizer que a Terra é achatada nos polos. Conforme previsão teórica de Newton, a qual foi verificada posteriormente à sua morte pelas Expedições Geodésicas Francesas no século XVIII, o achatamento da Terra é muito pequeno. De acordo com os primeiros resultados obtidos, o raio polar (medido nos polos) da Terra seria apenas 33 km menor do que o raio equatorial (medido no Equador). A previsão teórica de Newton era de que essa diferença seria de 26 km.

As medidas atuais revelaram que o raio equatorial é apenas cerca de 22 km maior do que o raio polar e, portanto, o achatamento é de somente 0,3%. Para você ter uma ideia, isso significa que, se traçarmos com precisão uma curva numa folha de papel para representar tal achatamento, essa curva será, para fins práticos, uma circunferência. Se o raio dessa curva fosse de 10 cm no Equador, deveria ser de 9,97 cm nos polos, medida que não conseguiríamos verificar com uma régua comum, cuja menor divisão é o milímetro. Isso quer dizer que **uma bola de futebol é proporcionalmente mais irregular do que a Terra, seja no aspecto do achatamento, seja no aspecto do relevo.** Então, você deverá perceber que as figuras B e C mostram representações da Terra exageradamente achatada, não devendo ser levadas em consideração, pois não conseguem passar a ideia do leve achatamento que de fato existe.

Com uma diferença tão pequena entre o raio polar e o raio equatorial, torna-se praticamente impossível representar a Terra por meio de uma figura que conserve a real proporção entre as dimensões dos polos e do Equador.

Portanto, a célebre fotografia da Terra vista do espaço, feita em 1972 e apresentada ao lado, reproduz com precisão tudo o que já sabíamos sobre a forma do nosso planeta desde a época de Newton.

É importante destacar que objetos redondos comuns (bolas, balões, rodas etc.) se afastam mais de uma esfera – seja por achatamento, seja por irregularidade na superfície – do que nosso planeta. O formato da Terra, considerando-se o achatamento e também o relevo, aproxima-se mais de uma esfera do que o formato das bolas oficiais da Fifa!

→ Fotografia da Terra obtida do espaço durante a missão Apollo 17, em 1972.

# ATIVIDADES

### SISTEMATIZAR

1. Se você apontar para o horizonte uma luneta ou um binóculo bem potente, em um dia ensolarado e sem nuvens, para tentar observar o continente africano, não verá nada além do céu. Por que isso acontece?

2. A figura I mostra o eclipse da Lua. A figura II mostra a sombra da Terra na Lua. Com base nessas figuras é possível dizer que a Terra tem formato redondo? Justifique.

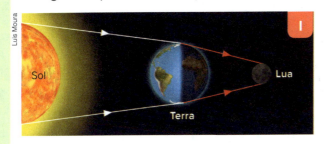

A proporção entre as dimensões dos astros representados, a distância entre eles e as cores utilizadas não correspondem aos dados reais.

3. Eratóstenes percebeu que em determinado dia de verão ensolarado e sem nuvens, ao meio-dia, na cidade de Assuan (que na época se chamava Siena), as sombras não eram projetadas. No entanto, nesse mesmo dia e horário, esse fenômeno não foi observado em Alexandria, pois lá as sombras eram projetadas.

   a) Como essa diferença se relaciona com o formato esférico da Terra?
   b) Se a Terra fosse plana, haveria diferenças entre as sombras? Justifique.

### REFLETIR

1. Ao olhar para o mar e observar a linha do horizonte, as pessoas tendem a acreditar que a Terra é plana.

   Você concorda com a pessoa que diz: "A Terra só pode ser plana!"? Se um navio estivesse navegando e se afastando dos observadores, que explicação você poderia dar, considerando o movimento do navio, para argumentar que a Terra é redonda?

### DESAFIO

1. Em grupo, observe as imagens que apresentam o experimento de Eratóstenes, discutido no capítulo e responda às questões:
Suponha que a distância entre a cidade de Alexandria e a cidade de Assuan seja de 800 km. Sabendo que o ângulo B equivale a 1/50 do ângulo total de uma esfera tal como a Terra, qual é o perímetro da Terra?

2. Algumas constelações que observamos em um hemisfério não são visíveis em outro. Por exemplo: a Constelação da Ursa Menor só pode ser observada no Hemisfério Norte, enquanto a Constelação Octante só pode ser vista no Hemisfério Sul. Qual é a relação desse fenômeno com o fato de a Terra ser esférica?

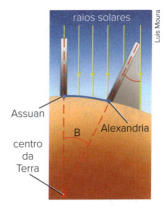

Representação simplificada em cores-fantasia e tamanhos sem escala.

221

## FIQUE POR DENTRO

# Breve história dos relógios

Papa Silvestre II (950-1003).

Quem não costuma consultar o relógio várias vezes por dia? Pode ser no *smartphone*, no relógio de parede, no relógio de pulso ou em outros aparelhos.

Atualmente, acompanhamos a marcação do tempo todos os dias. Em algumas atividades, isso é feito de hora em hora; em outras, de minuto a minuto, como na prorrogação de jogos de futebol.

No entanto, a história nos mostra que nem sempre isso foi possível. Muito conhecimento científico e muita tecnologia foram desenvolvidos até que alcançássemos a situação atual, em que se mede até intervalos de tempo com frações ínfimas do segundo.

Acompanhe, nesta linha do tempo, alguns eventos dessa caminhada.

### RELÓGIO MECÂNICO

A construção do primeiro relógio mecânico de que temos notícia é atribuída ao papa matemático francês Silvestre II e teria ocorrido no século XI. Nesse mecanismo, uma corda era enrolada em um eixo e um bloco era colocado na ponta inferior dessa corda. À medida que o bloco "caía", a corda ia se desenrolando. O tempo era medido pelo comprimento da corda.

**POR VOLTA DO ANO 800**  **CERCA DO ANO 1000**

### RELÓGIO DE AREIA OU AMPULHETA

Esse marcador de tempo usa como referência o escoamento constante de areia ou de outro material granulado, repetidas vezes.

Quanto maior a ampulheta ou menor o espaço entre os recipientes, maior o intervalo de tempo marcado.

### RELÓGIO DE ÁGUA

Chamado também de clepsidra, o relógio de água marca o tempo em que um recipiente é preenchido pela água que escoa de outro recipiente. Quanto mais constante for o fluxo de escoamento da água, mais precisa será a medida do tempo.

Conta-se que esse relógio foi inventado por um faraó egípcio em 1400 a.C. e que, talvez, tenha sido o dispositivo de cronometragem mais preciso do mundo antigo.

**CERCA DE 3500 a.C.**

### RELÓGIO DE SOL

Os povos antigos tomavam como referência certos eventos naturais, como a movimentação dos astros no céu, que eram suficientes para atender a suas necessidades, relacionadas com atividades de subsistência, como saber a época da semeadura ou da colheita das plantas.

Essas observações motivaram a criação do relógio de sol, que tem uma haste chamada gnômon presa a uma base. À medida que o Sol se movimenta no céu, em sua trajetória aparente, a sombra dessa haste é projetada no solo ou em outro anteparo. A direção e o comprimento da sombra indicam o horário e a época do ano.

**CERCA DE 1400 a.C.**

↑ Galileu Galilei (1564-1642).

↑ Christiaan Huygens (1629-1695).

### RELÓGIO DE PÊNDULO

O físico e matemático italiano Galileu Galilei observou que o pêndulo tinha um período de oscilação constante entre seus dois extremos.

Cerca de 50 anos depois, provavelmente com base no conhecimento dessa regularidade, o relógio de pêndulo foi inventado pelo físico e matemático holandês Christiaan Huygens em 1656. Esse relógio significou um avanço enorme na marcação precisa do tempo.

**CERCA DE 1656**

**FINAL DO SÉCULO XIX**

### RELÓGIO AUTOMÁTICO

Constituído por um sistema de engrenagens e mola, funciona sem bateria. Pode ser de dois tipos, de acordo com seu mecanismo: um deles funciona girando-se manualmente uma coroa articulada com uma corda metálica que acumulará energia (tensão) suficiente para ativar, por certo tempo, as engrenagens que movem os ponteiros; outro, com o simples movimento do pulso, que comprimirá as molas e, assim, elas acumularão energia suficiente para o relógio funcionar. O uso do relógio de pulso intensificou-se rapidamente devido à praticidade de ser consultado a qualquer momento e em meio a outras atividades.

Os modelos mais precisos atrasam somente 1 décimo de segundo por dia.

**1949 A 1956**

### RELÓGIO ATÔMICO

Atualmente, o relógio mais preciso é o relógio atômico. Funciona com base nas oscilações de átomos do Césio-133 e é extremamente preciso, pois atrasa apenas 1 segundo em 100 milhões de anos.

A definição internacional do tempo é feita por esse relógio.

↑ Relógio atômico de césio. Fotografado no National Physical Laboratory, (Laboratório Nacional de Física). Teddington (Inglaterra).

**1927**

### RELÓGIO DE CRISTAL DE QUARTZO

O quartzo é um mineral em forma de cristal. Fica acoplado a uma bateria elétrica, localizada dentro do relógio, a qual cede energia às partículas do cristal para que oscilem e, de modo parecido com a função do pêndulo, controlem a marcação do tempo. Os modelos mais precisos atrasam 1 segundo em 1 mês.

Nesse relógio, o horário é indicado por meio de ponteiros ou no formato digital.

1. Para que é necessária a marcação do tempo em sua vida?
2. Indique algumas situações em que a contagem do tempo deve ser feita com base em intervalos muito pequenos.
3. Se um relógio automático e um relógio de quartzo tivessem começado a funcionar à zero hora do dia em que você nasceu, de quanto seria o atraso de cada um deles à zero hora de hoje?
4. Qual é a diferença entre o relógio analógico e o digital?

# PANORAMA

**FAÇA AS ATIVIDADES A SEGUIR E REVEJA O QUE VOCÊ APRENDEU.**

Neste tema, você estudou alguns astros do Universo e como eles estão agrupados. Sabe, agora, que os pontos cintilantes vistos no céu à noite podem ser estrelas (corpos luminosos), planetas ou satélites (corpos iluminados que recebem luz de estrelas) ou outros astros menores (como cometas, asteroides e meteoroides).

Reconhece agora que as explicações sobre o Universo dependem da época em que foram elaboradas e especialmente dos recursos tecnológicos desenvolvidos ou da cultura do povo que as formulou.

Sabe que a Terra, planeta em que vivemos, e mais sete planetas giram em torno do Sol. Conhece também os principais movimentos realizados pela Terra – translação e rotação – e viu que o movimento de rotação origina o dia e a noite.

Também aprendeu a fazer um relógio de sol utilizando uma vara (gnômon), compreendeu seu funcionamento e averiguou evidências de que a forma da Terra é arredondada.

1. O que aconteceria com a duração do dia se a Terra girasse mais lentamente ao redor de seu eixo?

2. A figura abaixo mostra a incidência solar na Terra. Devido à inclinação do eixo da Terra, essa incidência solar não é igual nos hemisférios Norte (N) e Sul (S) do planeta.

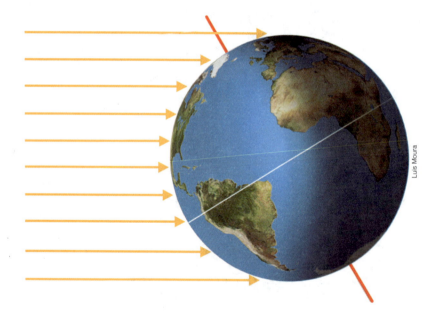

Luis Moura

a) O que essa incidência solar desigual faz ocorrer na Terra?
b) Indique, com base na figura, em qual hemisfério a incidência solar é maior.
c) Em qual hemisfério a incidência solar é menor?

3. Cite três exemplos que evidenciam que a Terra não é plana.

4. Enquanto é dia no Brasil, é noite em outras regiões do planeta. Explique por que isso ocorre.

5. Se a órbita da Terra em torno do Sol fosse menor, que consequência isso teria na duração do ano?

**6.** Os esquemas abaixo mostram que a projeção da sombra de uma haste pode indicar a sequência de períodos do dia, como a manhã e a tarde, e a passagem das horas.

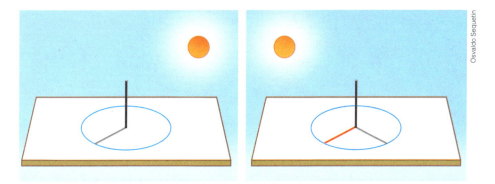

Com base nessas constatações, explique:

a) O que determina a mudança de lugar das sombras?

b) Seria possível aproveitar esse fenômeno para construir um relógio?

**7.** É possível ver alguma estrela no céu ao meio-dia? Explique.

**8.** Os dois principais movimentos da Terra, translação e rotação, são também realizados pelos demais planetas do Sistema Solar. Com base nessa informação, responda às questões a seguir.

a) Todos os planetas do Sistema Solar têm dias e noites? Justifique sua resposta.

b) É possível determinar um período de tempo igual a um ano para cada planeta?

**9.** É possível afirmar que a duração do ano de um planeta está relacionada com a medida de seu diâmetro? Justifique.

**10.** Qual é a relação entre o desaparecimento do navio na linha do horizonte ao ser observado de uma praia com o fato de a Terra ter formato arredondado?

## DICAS

### ▶ ASSISTA

**Apollo 13 – Do desastre ao triunfo**, EUA, 1995. Direção: Ron Howard, 140 min.
O filme conta a história de três astronautas em missão na Lua cuja nave sofre uma explosão. Sob o risco de ficar sem oxigênio, eles devem retornar o quanto antes à Terra.

### ACESSE

**Scale of the Universe:** <http://scaleofuniverse.com/>. Acesso em: 6 abr. 2019.
*Site* que mostra um infográfico de comparação entre as diferentes escalas de grandeza conhecidas pelo ser humano presentes no Universo.

### LEIA

**Astronomia para leigos**, de Stephen P. Maran (Alta Books).
O livro, escrito por um funcionário da Nasa, ensina elementos básicos e interessantes para a compreensão da Astronomia.

### VISITE

**Mast – Museu de Astronomia e Ciências Afins**. O Mast conta com acervo que contempla o patrimônio científico do Brasil, por meio de instrumentos científicos, equipamentos fotográficos e de comunicação, entre outros. Também oferece cursos de divulgação científica e atividades educacionais. Para informações e agendamento de visitas individuais ou em grupos, consulte: <www.mast.br/index.php/pt-br/contato.html>. Acesso em: 6 abr. 2019.

**Planetário Aristóteles Orsini**. O planetário oferece, além das sessões regulares, cursos de astrofísica, jardinagem e educação ambiental, oficinas e projetos relacionados à educação ambiental. Para informações sobre programação e agendamento de visitas, consulte: <www.prefeitura.sp.gov.br/cidade/secretarias/meio_ambiente/umapaz/planetario_ibirapuera/>. Acesso em: 6 abr. 2019.

↑ Vulcão Bardarbunga, localizado na Islândia. Fotografia tirada durante a erupção de 2014.

# TEMA 8
## A Terra dividida em camadas

### NESTE TEMA
VOCÊ VAI ESTUDAR:

- as camadas que formam a estrutura interna e externa da Terra;
- a formação de rochas e minerais e respectivas aplicações;
- os fósseis e os registros que contam a história da vida na Terra;
- os elementos que compõem a atmosfera terrestre;
- a hidrosfera: oceanos, mares, lagos e aquíferos;
- a distribuição da água na Terra;
- a esfera da vida na Terra.

1. O que essa fotografia retrata? Você já viu esse fenômeno da natureza? Onde?
2. Você sabe que material é esse que sai de dentro do vulcão? De que é feito? De onde vem?
3. Você sabe se esse tipo de fenômeno ocorre no Brasil?

227

**CAPÍTULO 1**

# A estrutura interna da Terra

Neste capítulo, você vai conhecer a estrutura interna do planeta e a constituição da superfície terrestre.

## EXPLORANDO AS ROCHAS DO INTERIOR DA TERRA

Pedro sempre via um fragmento de rocha na estante da sala da casa de sua tia Helena. Quando a visitava, pedia a ela que o deixasse brincar com a rocha.

Certo dia, Helena mudou para um apartamento e, como lá havia pouco espaço, desfez-se da estante e perguntou se Pedro gostaria de ficar com a rocha. Na mesma hora, ele concordou e ficou muito feliz!

Na semana seguinte, Pedro levou a rocha para a escola e a mostrou ao professor, querendo saber mais informações sobre ela.

O professor, então, explicou que se tratava de um fragmento de rocha formado a quilômetros de profundidade.

Pedro ficou bastante intrigado com o fato e queria saber como aquela rocha veio parar na superfície...

Ilustrações: Natalia Forcat

**Agora é sua vez.**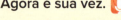

1. Se perfurássemos o solo, o que encontraríamos conforme fôssemos penetrando-o?

2. Em sua opinião, como a rocha de Pedro veio parar na superfície da Terra?

3. Será que há diferenças entre as rochas que ficam a grande profundidade e as da superfície? Se há, que diferenças seriam essas?

# O que há no interior da Terra?

Você deve ter uma ideia do que existe na superfície da Terra: montanhas, vales, praias, mares, lagos e rios. Nesses ambientes, a vida manifesta-se desde os topos de altas montanhas até as regiões mais profundas dos oceanos.

Mas o que existe nas profundezas do planeta? Será que algum pesquisador teve a coragem de desvendar os mistérios abaixo da superfície terrestre? Que preparo seria necessário para isso?

Nesse aspecto, a ficção científica esteve à frente da Ciência. Em 1864, Júlio Verne já usava a imaginação para descrever uma viagem ao centro da Terra. Diversas produtoras de cinema em Hollywood seguiram essa mesma linha e lançaram vários filmes cujo tema era a viagem ao interior do planeta.

Gravura de Édouard Riou no livro de ficção científica *Viagem ao centro da Terra* (em francês, *Voyage au centre de la Terre*), do escritor francês Júlio Verne.

Vamos entender o que a Ciência nos diz hoje sobre o interior da Terra. Essa é a especialidade dos **geofísicos**, que utilizam vários equipamentos para estudar o interior do planeta.

Entre esses equipamentos, existe o **sismógrafo**, que serve para registrar a intensidade dos tremores da Terra, também chamados de sismos, abalos sísmicos ou ondas sísmicas. Quando as vibrações são intensas e causam fortes movimentos no terreno, o fenômeno é chamado de terremoto.

A estrutura interna da Terra só pode ser estudada de maneira indireta, pois ainda não foi desenvolvida tecnologia que suporte as altas temperaturas e a pressão elevada das áreas de grande profundidade do planeta. Pesquisas sobre o interior do planeta são feitas por meio da coleta de sinais, como os registrados pelos sismógrafos. Outra maneira de obter informações é estudar materiais das profundezas que chegam até a superfície.

## GLOSSÁRIO

**Geofísico:** cientista que estuda a origem, a evolução e a estrutura interna da Terra por meio de métodos físicos, como a propagação de ondas, o campo magnético, o campo da gravidade etc.

**Sismógrafo:** equipamento que registra, em papel ou em meio digital, as vibrações do solo quando nele ocorre uma onda sísmica.

↑ A agulha do sismógrafo recebe mensagens de sensores que captam vários tipos de vibração sísmica e os registram, no caso do aparelho da imagem, em papel.

↑ Dano causado em estrada por um terremoto em Chiang Rai, Tailândia, em 2014.

# Camadas internas da Terra

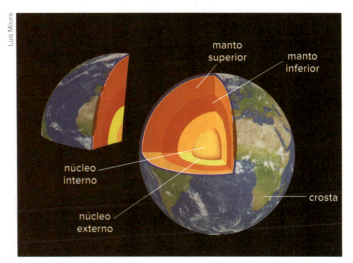

↑ Esquema simplificado de corte no planeta Terra que mostra as camadas de sua estrutura.

Fonte: Wilson Teixeira et al (Org.). *Decifrando a Terra*. 2. ed. São Paulo: Companhia Editora Nacional, 2009. p. 50.

A proporção entre as dimensões dos elementos representados bem como as cores usadas não são as reais.

Uma forma de estudar a estrutura interna da Terra é considerá-la com três camadas, partindo da superfície para o interior: crosta, manto e núcleo. O manto, por sua vez, divide-se em superior e inferior; e o núcleo, em externo e interno. Veja ao lado o esquema que representa essa estrutura.

A **crosta** é a camada mais externa, sobre a qual vivemos, com **espessura** de 30 km a 80 km nos continentes e de 5 km a 10 km no fundo dos oceanos. É uma "fina casca", se comparada à espessura das outras camadas, formada por rochas e pelo solo.

O **manto** localiza-se abaixo da crosta terrestre, tem quase 3 mil km de espessura e temperaturas acima de 2 800 °C na região mais próxima do núcleo. Ele pode ser dividido em **manto superior**, logo abaixo da crosta, e manto inferior, próximo ao núcleo. É formado por rochas que foram submetidas a temperaturas muito altas, mesmo assim, permanecem no estado sólido porque estão sob alta pressão. Quando a pressão diminui, as rochas podem se tornar líquidas e formar o **magma**, que é o material **incandescente** expelido pelos vulcões.

O **núcleo** localiza-se logo abaixo do manto e é composto basicamente de ferro e níquel. Apresenta temperaturas acima de 6 000 °C e pressões muito elevadas. O núcleo estende-se da profundidade de aproximadamente 3 mil km e vai até o centro da Terra, a cerca de 6 400 km. Divide-se em núcleo externo (líquido) e núcleo interno (sólido).

**GLOSSÁRIO**

**Espessura:** grossura.
**Incandescente:** ardente, em brasa, a temperaturas muito altas.

## ! CURIOSO É...

### Piscinas com água superaquecida

Em muitas áreas com vulcanismo, podemos encontrar piscinas naturais aquecidas pela ação do calor do centro da Terra nas águas subterrâneas. Por isso, essas fontes de água são chamadas de geotérmicas (do grego *geo*, "terra", e *termo*, "calor"). As fontes termais são muito apreciadas e exploradas para turismo. Elas são comuns em países como Islândia e Nova Zelândia. No Brasil, a região de Caldas Novas, no Estado de Goiás, recebe a visita de milhares de turistas todos os anos.

→ Piscina aquecida com a energia geotérmica, que vem do interior da Terra. Caldas Novas (GO), 2011.

# ATIVIDADES

### SISTEMATIZAR

1. Faça no caderno um desenho do interior da Terra que indique suas diferentes camadas. Em seguida, ao lado de cada camada, descreva as principais características dela, tais como temperatura, extensão, espessura, entre outras.

2. Para que serve o sismógrafo? Como ele é utilizado?

3. Cite ao menos dois exemplos de que a atividade vulcânica é perigosa para o ser humano.

4. A imagem ao lado representa um vulcão.
   a) O que é o material que sai por ele?
   b) De que camada da Terra vem esse material?

Representação simplificada em cores-fantasia e tamanhos sem escala.

→ Esquema simplificado do interior da Terra em corte.

### REFLETIR

1. Que argumentos você usaria para convencer um colega de que o interior da Terra é muito quente?

2. Observe as imagens abaixo e responda: Qual é a relação entre uma panela de pressão e um vulcão? Justifique sua resposta.

### DESAFIO

1. A caldeira de uma locomotiva é aquecida pelo calor do carvão ou da lenha. O motor de um carro usa a gasolina, que explode no seu interior e produz movimento. Será que o calor do interior da Terra poderia ser usado para pôr em funcionamento alguma máquina? Faça uma pesquisa e responda a essa questão, se possível mencionando projetos que procuram fazer uso do calor do interior da Terra.

231

# CAPÍTULO 2

# Rochas e minerais

> O capítulo anterior abordou a estrutura de nosso planeta. Agora vamos estudar os diferentes tipos de rocha que fazem parte da litosfera e como a sociedade os utiliza.

## EXPLORANDO A BELEZA DAS ROCHAS

Gabriel e Bruna, sua irmã, estavam passando as férias em um hotel fazenda com seus pais. Certa tarde eles saíram para passear na parte mais preservada do lugar. Durante a caminhada eles viram várias pedrinhas na terra. Gabriel notou, ao chegar mais perto, que havia uma pedra esverdeada muito bonita. Ele e Bruna ficaram muito empolgados:

— Será que encontramos uma pedra preciosa? Uma esmeralda? Ficamos ricos?

Ilustrações: Natalia Forcat

O tio de Gabriel e Bruna é ourives, profissional que usa metais e pedras preciosas para fazer joias. Eles levaram a pedra verde para que o tio a examinasse. Ele rapidamente concluiu:

— Essa é uma pedra comum, não tem valor comercial. Mesmo assim, é muito bonita!

**Agora é sua vez.**

1. Você sabe qual é a diferença entre rocha, pedra e mineral?

2. Você já encontrou uma rocha interessante como a que Gabriel e Bruna encontraram? Se sim, conte como foi.

3. Você acha que as rochas são todas iguais? Por quê?

# Minerais

**Minerais** são compostos químicos formados em ambientes geológicos e encontrados na natureza em estado sólido. Constituem a maioria dos materiais disponíveis na superfície ou no interior da crosta terrestre. São os minerais que formam as rochas. Cada mineral tem características próprias, como cor, brilho, dureza etc.

O ser humano utiliza minerais para os mais diversos fins. Na Pré-História, alguns já eram usados na fabricação de instrumentos e na composição de tintas para pintar paredes de cavernas. Na Idade dos Metais, desenvolveu-se a **fundição**, e minerais como cobre, prata e ouro começaram a ser empregados na produção de diversos utensílios e objetos de decoração. Hoje, minerais popularmente conhecidos como pedras preciosas (diamante, esmeralda e rubi) são muito utilizados na produção de joias.

A exploração dos minerais é uma atividade econômica muito importante. Os minerais com relevância econômica são chamados de **minérios**. O Brasil é um dos maiores produtores de minérios do mundo. Nossos principais produtos são o ferro e a bauxita, da qual se extrai o alumínio.

> **GLOSSÁRIO**
>
> **Fundição:** nome da técnica usada para fundir metais; derreter, submeter ao estado líquido.

As imagens desta página não estão representadas na mesma proporção.

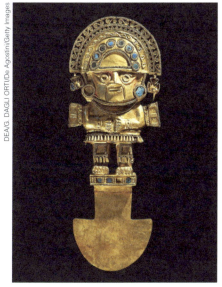

← Faca cerimonial da cultura chimu, civilização pré-inca. Essa cultura surgiu por volta do ano 900 e permaneceu até 1470, quando os incas conquistaram os chimus. Eles se destacaram na cerâmica e na produção metalúrgica. A faca mostrada na imagem foi feita com ouro. Os chimus já dominavam a fundição do ouro e de outros minerais disponíveis em sua região.

↑ Pedaço do minério bauxita proveniente de Poços de Caldas (MG). A bauxita é a rocha da qual se extrai o alumínio.

↓ Região de extração de ferro na Serra dos Carajás (PA), 2010.

## CIÊNCIA, TECNOLOGIA E SOCIEDADE

# O novo ouro

Lantânio, cério, neodímio, európio, térbio, túlio, lutécio, samário. O leitor pode até não conhecer esses elementos, mas, muito provavelmente, depende deles no seu dia a dia. Não só o leitor como todo mundo. Conhecidos como terras-raras, eles integram um grupo de 17 elementos indispensáveis na atual indústria de alta tecnologia. Motores elétricos, turbinas eólicas, superímãs, telefones inteligentes, computadores, *tablets*, lâmpadas de LED e fluorescentes, mísseis e muitos outros produtos levam terras-raras em sua fabricação.

Não é à toa que esses elementos são alvo de uma competição internacional, semelhante à velha corrida pelo ouro [...].

### Nem tão raras

[...] As terras-raras não são terras, nem são tão raras: sua abundância é maior que a de minerais de prestígio, como o ouro. No entanto, não há jazidas exclusivas desses elementos. Eles sempre ocorrem com outros de seu grupo, em geral em baixas concentrações, e associados a outros minérios [...], o que torna sua extração complexa.

↑ Celular com *touch screen* (tela sensível ao toque). Elementos retirados da mineração do chumbo e do zinco (minerais) e das terras-raras possibilitam essa tecnologia.

Sofia Moutinho. *Ciência Hoje*, ed. 344, jun. 2018.
Disponível em: <http://cienciahoje.org.br/artigo/o-novo-ouro/>. Acesso em: 6 abr. 2019.

1. Após ler o texto, reflita sobre ele para responder à seguinte questão:
   Por que os elementos mencionados podem ser chamados de "novo ouro"?

2. Se a disposição desses elementos na natureza é relativamente grande, por que eles recebem o nome de terras-raras?

# Rochas

**Rochas** são materiais sólidos de origem geológica que compõem a crosta terrestre. Podem ser formadas por um ou mais minerais. É comum chamarmos as rochas e seus fragmentos de "pedras".

Se observarmos com atenção uma rocha como o granito, poderemos visualizar os diferentes minerais que a compõem: quartzo, feldspato e mica.

Em razão de sua dureza e resistência, o granito é muito utilizado na construção civil, como pode ser visto na imagem a seguir.

→ Fragmento de granito. É possível distinguir os minerais que o compõem: mica (cor mais escura), quartzo (branco ou transparente) e feldspato (marrom).

↑ O granito é amplamente utilizado como revestimento de pisos ou bancada de pias.

As imagens desta página não estão representadas na mesma proporção.

## Tipos de rocha

O estudo das rochas é importante porque auxilia os pesquisadores a compreender melhor as transformações que ocorreram na crosta terrestre e como era o ambiente da Terra no passado. Também traz informações úteis para o desenvolvimento de novas tecnologias.

Para estudar as rochas, é preciso organizá-las em classes. Elas são classificadas, de acordo com sua origem, em três tipos:

- magmáticas;
- sedimentares;
- metamórficas.

## Rochas magmáticas ou ígneas

As **rochas magmáticas**, também conhecidas como ígneas, originam-se pelo resfriamento e pela solidificação do magma. Podem ser vulcânicas ou plutônicas.

- **Rochas vulcânicas:** são lançadas pelas erupções vulcânicas do interior da Terra para a superfície. Sofrem resfriamento rápido e se solidificam. O basalto e a pedra-pomes são exemplos de rochas vulcânicas.

↑ As rochas que formam o Arquipélago de Fernando de Noronha são vulcânicas. Pernambuco, 2009.

↑ O basalto é o tipo de rocha vulcânica predominante na crosta terrestre, seja nos continentes, seja no assoalho dos oceanos.

↑ A pedra-pomes parece uma "espuma sólida". Ela é formada pelo rápido esfriamento da lava cheia de gases vulcânicos.

235

- **Rochas plutônicas:** formam-se quando o magma esfria e se solidifica lentamente no interior da crosta terrestre. O granito, o gabro e o diorito são exemplos desse tipo de rocha.

As imagens desta página não estão representadas na mesma proporção.

↑ O diorito e o gabro são rochas plutônicas.

## Rochas sedimentares

A ação do vento e da água desgasta as rochas, fazendo com que elas soltem fragmentos denominados sedimentos. Eles são levados pela chuva e vento, depositando-se em camadas, durante longos períodos. As camadas de cima pesam sobre as de baixo e as pressionam, compactando-as. O resultado desse processo, que pode levar milhares de anos, é a formação das **rochas sedimentares**.

> Os sedimentos e as rochas sedimentares são caracterizados pela **estratificação** – que resulta da formação de camadas paralelas e horizontais pela deposição contínua de partículas no fundo de um oceano, de um lago, de um rio ou numa superfície continental.
>
> Outra característica das rochas sedimentares é sua ordenação temporal. Assim, numa sequência de estratos que esteja em sua posição original, um estrato é mais antigo do que aquele que está por cima, e mais recente do que está por baixo.

↑ Rochas sedimentares no Parque Nacional da Serra da Capivara (PI), 2005.

Calcário, arenito e argilito são exemplos de rochas sedimentares. A argila, que compõe o argilito, é usada na fabricação de tijolos, telhas e objetos domésticos, como panelas e tigelas. Chamamos de cerâmica todos os objetos produzidos com argila e queimados em um forno para que fiquem resistentes.

→ Bonecas de cerâmica produzidas em Minas Novas, Turmalina (MG), 2007.

## CURIOSO É...

### Processos de sedimentação

[...]

Os sedimentos, precursores das rochas sedimentares, encontram-se na superfície terrestre resultantes de fenômenos de **meteorização** e **erosão** de rochas preexistentes assim como de restos orgânicos. Assim são constituídos [majoritariamente] por areias, **siltes** e conchas de organismos. Estes primeiros formam-se à medida que a meteorização vai fragmentando as rochas da crosta, sendo posteriormente transportados pela erosão.

A água e o vento são os principais agentes de transporte de sedimentos. Quando estes agentes perdem a capacidade de transportar, devido a uma diminuição da velocidade, ocorre a sedimentação.

Com o continuar da sedimentação, os sedimentos dispostos nos **estratos** inferiores são compactados (diminuição de volume) e cimentados (precipitação de minerais novos em torno das partículas depositadas, colando-as). [...]

Os sedimentos e as rochas sedimentares são caracterizados pela presença de **estratificação** – que resulta da formação de camadas paralelas e horizontais, pela deposição contínua de partículas no fundo de um oceano, de um lago, de um rio ou numa superfície continental.

[...] Assim numa sequência de estratos que não tenha sido modificada da sua posição original, um estrato é mais antigo do que aquele que está por cima, e mais recente do que o que está por baixo – princípio da sobreposição.

> As rochas sedimentares e os fósseis. Fossil.uc.pt. Disponível em: <http://fossil.uc.pt/pags/sedime.dwt>. Acesso em: 6 abr. 2019.

### GLOSSÁRIO

**Erosão:** processo natural que desagrega, arrasta e transporta pedaços do solo ou algumas de suas partículas.
**Estrato:** camada.
**Meteorização (ou intemperismo):** processo ou conjunto de processos combinados que provocam a desintegração e/ou degradação e decomposição de rochas.
**Silte:** fragmentos de rocha ou partículas de solo menores que um grão de areia e maiores que um grão de argila.

↑ Meteorização de rochas e ocorrência de sedimentação e formação de rochas sedimentares.

## Rochas metamórficas

Denominamos de **rochas metamórficas** as que tiveram sua estrutura, textura ou composição modificada pela ação de altas temperaturas e pressões. O nome vem do grego: *meta* significa "mudança", e *morfo*, "forma". Na origem, podem ter sido rochas sedimentares ou ígneas que sofreram mudanças na estrutura, resultando em um tipo de rocha diferente.

O calcário, por exemplo, ao ser submetido a altas temperaturas, transforma-se em mármore, que é uma rocha metamórfica. Outros exemplos são a pedra-sabão, o gnaisse e a ardósia.

↑ Pedra-sabão.

↑ Gnaisse.

↑ A ardósia é uma rocha metamórfica empregada na construção como revestimento de pisos.

## Ciclo das rochas

Os três grupos de rochas – magmáticas, sedimentares e metamórficas – transformam-se continuamente na natureza por meio de um processo denominado **ciclo das rochas**.

As rochas formadas em profundidade alteram-se quando afloram à superfície, dando origem a sedimentos que formarão rochas sedimentares. Essas rochas sedimentares, quando sujeitas à pressão e à temperatura elevadas, passam por novas modificações, podendo originar rochas metamórficas ou magmáticas, dependendo do ambiente e das condições em que se encontram.

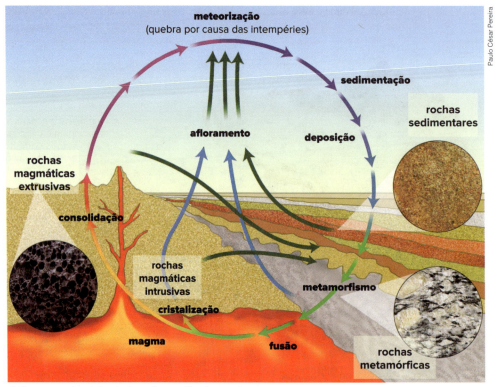

Esquema com concepção artística dos elementos, sem reproduzir cores naturais ou seguir a proporção real entre as dimensões.

↑ Esquema do ciclo de transformação das rochas.

# ATIVIDADES

## SISTEMATIZAR

1. O que são minerais? Dê exemplos.

2. O Brasil é um dos maiores produtores de minérios do mundo. Quais são os principais minérios produzidos no país?

3. Por que o estudo das rochas é importante?

4. De acordo com sua origem, como as rochas são classificadas?

5. As rochas magmáticas originam-se do resfriamento e da solidificação do magma. Identifique os dois tipos de rocha magmática com base na descrição de como se formaram.
   a) As rochas magmáticas podem se formar no interior da Terra. Isso ocorre quando o magma esfria e se solidifica lentamente no interior da crosta terrestre.
   b) Materiais da composição do magma são expelidos por vulcões do interior da Terra. Ocorre, então, derramamento de lava na superfície terrestre. A lava esfria rapidamente e se torna sólida, formando rochas.

## REFLETIR

1. Muitos fósseis, como o da imagem a seguir, são contrabandeados e comercializados ilegalmente. Essa prática causa prejuízos e, infelizmente, é uma realidade comum em algumas regiões do Brasil, como a Chapada do Araripe.
   a) Sabendo que fósseis são extraídos do sítio paleontológico da Chapada do Araripe, qual é o tipo de rocha encontrado nesse local?
   b) Em livros e *sites*, faça uma pesquisa sobre esse tema e escreva um pequeno texto destacando os prejuízos causados por essa prática.

## DESAFIO

1. Desenhada pelo artista plástico Carlos Oswald e projetada pelo engenheiro Heitor da Silva Costa, a estátua do Cristo Redentor foi feita com pedra-sabão. Sua inauguração ocorreu em 1931 e, em julho de 2009, foi eleita uma das Novas Sete Maravilhas do Mundo.
   a) A pedra-sabão é exemplo de que tipo de rocha?
   b) A estátua do Cristo Redentor sofre desgaste frequentemente, necessitando de constante manutenção para que os milhares de turistas continuem a visitá-la. Reúna-se em grupo com alguns colegas e pesquise as causas desse desgaste.

**CAPÍTULO 3**

# Formação do solo

> O capítulo anterior mostrou diferentes tipos de rocha e como eles são formados. Agora vamos conhecer as transformações ocorridas nas rochas quando se misturam a outros elementos, como água e ar, e recebem a influência de seres vivos, dando origem ao solo.

## EXPLORANDO O DESGASTE DAS ROCHAS

Aninha interessava-se muito por rochas e tinha uma coleção delas: algumas formadas por um único mineral, outras por diversos minerais; algumas com cores bem vivas, outras, escuras.

O interessante é que ela e sua irmã mais velha, Vera, gostavam muito de se divertir juntas e viviam inventando brincadeiras. Sabendo que havia rochas mais resistentes que outras, que se esfarelavam com mais facilidade, Aninha teve uma ideia e propôs um desafio à irmã:

— Vamos apostar quem consegue quebrar uma rocha com as mãos?

— Duvido que você consiga! — respondeu Vera.

Cada garota escolheu uma pedra da coleção. Aninha escolheu logo a de menor tenacidade (capacidade de resistir a choque). Apertou-a e conseguiu quebrá-la com a mão, fragmentando-a em vários pedacinhos.

Sua irmã não conseguiu: apertou, apertou, e nada de a rocha se quebrar.

— Nossa! Como é difícil! Como você conseguiu quebrar a sua?

**Agora é sua vez.**

1. Você já notou que algumas rochas são fáceis de quebrar, enquanto outras são muito resistentes? Lembra-se de alguma situação em que percebeu isso? Se sim, em que lugar você estava?

2. Os solos são formados do desgaste das rochas. Sabendo disso, qual das rochas poderia mais facilmente se tornar parte do solo: a que Aninha conseguiu quebrar ou a que a irmã dela escolheu?

# O que é solo?

O **solo** é a camada mais superficial da crosta terrestre e está intimamente relacionado à manutenção da vida. É nele que se fixam as raízes das plantas, e é dele que elas obtêm a água e os sais minerais de que necessitam para sobreviver. As sociedades dependem do solo para produzir alimentos, construir sistemas de moradia e infraestrutura (ruas, sistemas de energia etc.) tanto nas cidades quanto nas áreas rurais.

↑ Ocupação da superfície do solo em ambiente urbano. Sobre o solo há construções, vias de transporte, sistemas de energia etc. Salvador (BA), 2013.

# Como se forma o solo?

Assim como a formação dos diferentes tipos de rocha, a **formação do solo** é um processo muito demorado, que leva milhares ou até milhões de anos. O solo é resultado de algumas mudanças que ocorrem nas rochas. Condições climáticas, relevo, tempo e os seres vivos são os principais responsáveis pelas transformações das rochas até a formação do solo. A rocha principal que dá origem ao solo é chamada de rocha-mãe.

## O intemperismo

As rochas da crosta terrestre, ao interagirem com a atmosfera, a hidrosfera e os seres vivos, sofrem desgastes e transformações. Chamamos esse processo de **intemperismo**. Com a ação do intemperismo, a camada superficial da rocha-mãe torna-se um material frágil, que se desintegra com facilidade. O intemperismo pode ser físico e químico e, em geral, ambos ocorrem ao mesmo tempo.

↑ O solo é o resultado da ação do intemperismo na camada superficial da rocha--mãe. Bom Jesus (RS), 2012.

## Intemperismo físico

Trata-se da desintegração por variações na temperatura, crescimento de raízes, ação do gelo etc., sem alterar a composição da rocha. Veja a seguir alguns exemplos.

**Variação de temperatura:** quando a rocha é submetida a variações de temperatura, os minerais unidos que a formam se dilatam e se contraem em direções e com intensidades diferentes, podendo causar sua quebra.

**Ação do gelo:** a água congelada, a zero grau Celsius, ocupa um volume maior que no estado líquido. O congelamento da água acumulada em fendas também pode causar fragmentação das rochas.

**Crescimento de raízes:** as raízes de plantas que crescem nas fendas das rochas também podem quebrá-las.

↑ O impacto da água em movimento, tanto nos rios como nos mares, ou da água da chuva também contribui para o intemperismo. Cananeia (SP), 2012.

## Intemperismo químico

São reações que modificam a estrutura dos minerais que formam a rocha, alterando sua composição. O **intemperismo químico** é decorrente da ação da água da chuva, da atividade dos organismos decompositores e da liberação de substâncias ácidas por raízes e caules de plantas e por outros seres vivos.

→ As plantas e outros organismos, como liquens, liberam substâncias ácidas que corroem as rochas.

## O perfil do solo

O solo começa a se formar da rocha exposta na superfície. Com a ação do intemperismo sobre a rocha, novas camadas de solo surgem, as camadas que já existem se tornam mais **espessas** e a rocha inicial, a rocha-mãe, fica mais profunda. Essas camadas são chamadas **horizontes** e, juntas, compõem o perfil do solo, que vai da superfície à rocha-mãe.

> **GLOSSÁRIO**
> **Espesso:** grosso, profundo.
> **Textura:** consistência, estrutura, trama.

Observe a imagem abaixo. No **horizonte O** há uma fina camada de matéria orgânica, originada da decomposição de organismos mortos; o **horizonte A** é resultado da mistura de matéria orgânica e minerais provenientes do processo de intemperismo; é nele que se desenvolve a maior parte das raízes das plantas; o **horizonte B** ocorre em solos mais maduros, sendo composto basicamente de minerais; o **horizonte C** é uma zona de transição entre a rocha-mãe e o solo, em que há fragmentos de rochas; por fim, o **horizonte R** é a própria **rocha-mãe**.

O esquema está representado com cores-fantasia e as dimensões dos elementos não seguem a proporção real.

← Os diferentes horizontes formam o perfil do solo.

É o tipo de rocha-mãe que determina as características do solo dela originado, como cor, **textura** e composição de minerais.

→ Fotografia de corte em solo com a indicação aproximada dos horizontes **O**, **A** e **B**. A quantidade de horizontes e sua composição podem variar muito de um lugar para outro.

# ATIVIDADES

## SISTEMATIZAR

1. Descreva brevemente os horizontes do solo que, juntos, o compõem.

2. Por que podemos afirmar que o solo, a camada mais estreita e superficial da crosta terrestre, é indispensável à manutenção da vida?

3. Leia o texto a seguir.

   A chuva, o vento e a variação da temperatura são agentes da natureza que atuam nas rochas desintegrando-as e alterando a composição dos minerais que as formam. Paralelamente, ocorrem os processos de acúmulo de restos de organismos mortos e de decomposição que enriquecem o solo com material orgânico e sais minerais. Esses processos, entre outros, originam e constituem os diferentes tipos de solo.

   Identifique e copie trechos do texto que se referem:

   a) ao processo de intemperismo físico;

   b) ao processo de intemperismo químico;

   c) à presença de elementos orgânicos na composição do solo.

## REFLETIR

1. Quais são os principais agentes que provocam a fragmentação das rochas para a formação dos solos?

2. Observe com atenção o esquema ao lado.

   a) Qual das camadas (ou horizontes) apareceu como consequência da ação dos ventos, chuva e variações de temperatura? Como ela é conhecida?

   b) Se você precisasse ordenar as camadas da mais antiga para a de formação mais recente, qual seria a sequência?

   c) Descreva as camadas B e C.

3. Qual é a relação entre solo e rocha-mãe?

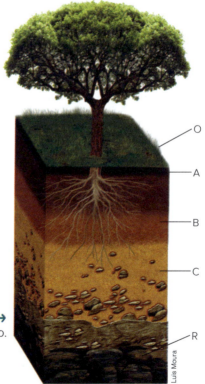

→ Camadas do solo.

## DESAFIO

1. Como o solo possibilita a manutenção da vida? Quais são as diversas funções dos ventos e da chuva na formação e modificação do solo? Escreva uma redação que aborde esses aspectos.

243

**CAPÍTULO 4**

# Recursos minerais e energéticos

O capítulo anterior tratou de características dos diferentes tipos de solo. Neste capítulo, vamos conhecer alguns recursos do solo explorados pelos seres humanos, como o petróleo.

## EXPLORANDO AS RIQUEZAS DO SOLO

Juliana sempre ouviu seu avô dizer que "A principal riqueza de um país está no solo". Ela acha difícil entender que a riqueza esteja no solo, já que tudo de valor que conhece, como prédios, computadores ou mesmo dinheiro e joias, está acima do solo.

Você imagina o que pode haver no solo que gera tanta riqueza? Ou será que o avô de Juliana está errado?

**Agora é sua vez.**

1. Você concorda com a frase do avô de Juliana? Por quê?
2. Em sua opinião, que riquezas pode haver no solo?

# Os recursos do solo

O solo abriga uma série de recursos naturais que podem gerar riquezas. O principal valor do solo, para muitos seres vivos, está no fato de ele produzir os alimentos que sustentam a abundância das formas de vida na Terra. Especificamente para os seres humanos, o desenvolvimento da agricultura foi um passo revolucionário, que possibilitou o surgimento de cidades e civilizações bastante evoluídas tecnicamente.

Além disso, podemos citar, entre outros recursos: metais preciosos, como ouro e prata; metais não preciosos, mas muito usados em atividades industriais, como ferro e cobre; pigmentos utilizados na confecção de tintas; água; petróleo.

A maioria desses recursos está nas camadas mais profundas do solo, conhecidas como **subsolo**.

O solo de países do Oriente Médio, por exemplo, é em geral rico em petróleo. Como esse recurso é muito valioso atualmente no cenário mundial, grande parte da atividade econômica dessas nações concentra-se em extrair e processar petróleo. Outros países também destacam-se na exploração de recursos do solo, como a China, que extrai ferro, carvão mineral, petróleo e terras-raras, e a Rússia, com carvão mineral, gás natural e petróleo.

Todos os recursos provenientes do solo devem ser extraídos e processados com cuidados especiais para não prejudicar o ambiente nem a saúde dos trabalhadores. Os recursos do solo são finitos, podem acabar, por isso é importante que sua exploração seja planejada e consciente. Dependendo do método utilizado na extração, a paisagem de um local é alterada para sempre.

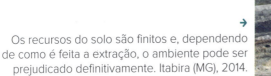

No solo brasileiro há recursos valiosos, que atraem diversas pessoas interessadas em explorá-los. Extração de ouro em Serra Pelada (PA), 1980.

Os recursos do solo são finitos e, dependendo de como é feita a extração, o ambiente pode ser prejudicado definitivamente. Itabira (MG), 2014.

# Petróleo

O **petróleo** é um líquido negro, viscoso, composto de diversas substâncias e, como dissemos, com grande valor econômico. Com ele são produzidos gasolina, parafina, óleo diesel, plástico e asfalto.

Ele foi formado pela deposição de restos de seres vivos cobertos por sedimentos, ao longo de milhões de anos, que sofreram diversas transformações. Essas transformações foram muito complexas e ocorreram por causa da pressão e do calor gerados no empilhamento de camadas de solo sobre os resíduos orgânicos.

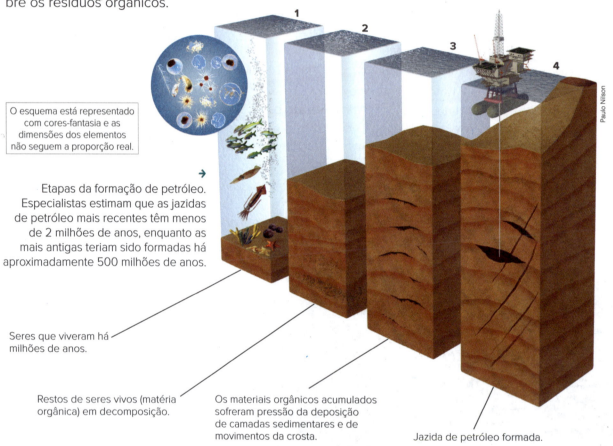

O esquema está representado com cores-fantasia e as dimensões dos elementos não seguem a proporção real.

Etapas da formação de petróleo. Especialistas estimam que as jazidas de petróleo mais recentes têm menos de 2 milhões de anos, enquanto as mais antigas teriam sido formadas há aproximadamente 500 milhões de anos.

Seres que viveram há milhões de anos.

Restos de seres vivos (matéria orgânica) em decomposição.

Os materiais orgânicos acumulados sofreram pressão da deposição de camadas sedimentares e de movimentos da crosta.

Jazida de petróleo formada.

Após extraído do solo, o petróleo é processado em refinarias, que separam os diferentes componentes e geram os produtos que utilizamos no dia a dia. Ele também é uma fonte de energia, porque alguns de seus compostos, como a gasolina e o gás, são usados para gerar energia, que movimenta carros ou aquece casas.

O petróleo é considerado um **recurso não renovável**, porque leva milhões de anos para ser formado e, portanto, não pode ser reposto na mesma proporção em que é extraído. Além disso, sua extração, transporte e utilização envolvem diversos cuidados, já que é um material perigoso, que pode causar danos ao ambiente e à saúde dos seres vivos.

Mergulhão, ave que pode chegar a 65 cm de comprimento, coberto de petróleo em decorrência de derramamento ocorrido em Magé (RJ), 2000.

## O petróleo no Brasil

No Brasil, a maior parte das reservas de petróleo está em solo marítimo, em profundidades maiores que as reservas de outros países produtores. Assim, é necessário perfurar o assoalho marinho (chão, fundo do mar) para alcançar o petróleo. Por causa dessa dificuldade, foram desenvolvidas diversas tecnologias e equipamentos, o que tornou o Brasil um dos países mais avançados em técnicas de exploração de petróleo nos mares e em grandes profundidades.

O pré-sal é uma área de reserva de petróleo localizada em grandes profundidades, sob as águas oceânicas, abaixo de uma espessa camada de sal, formando uma das várias camadas rochosas do subsolo marinho.

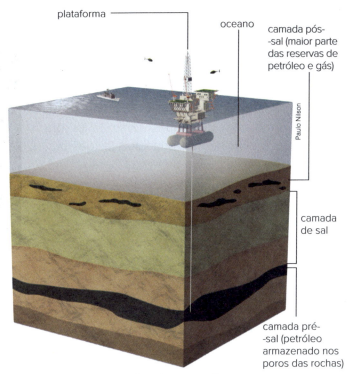

↑ Esquema com elementos fora de proporção que mostra a extração de petróleo na camada pré-sal.

### Entenda como foi formado o pré-sal

O pré-sal é uma sequência de rochas sedimentares formadas há mais de 100 milhões de anos no espaço geográfico criado pela separação [...] dos atuais continentes americano e africano, que começou há cerca de 150 milhões de anos. Entre os dois continentes formaram-se, inicialmente, grandes depressões, que deram origem a grandes lagos. [...] Como todos os rios dos continentes que se separavam corriam para as regiões mais baixas, grandes volumes de matéria orgânica foram ali se depositando.

À medida que os continentes se distanciavam, os materiais orgânicos então acumulados nesse novo espaço foram sendo cobertos pelas águas do Oceano Atlântico, que então se formava. Dava-se início, ali, à formação de uma camada de sal que atualmente chega até 2 mil metros de espessura. Essa camada de sal depositou-se sobre a matéria orgânica acumulada, retendo-a por milhões de anos, até que processos termoquímicos a transformassem em hidrocarbonetos (petróleo e gás natural). [...] encontra-se na chamada província pré-sal, uma área com aproximadamente 800 km de extensão por 200 km de largura, no litoral entre os estados de Santa Catarina e Espírito Santo.

Petrobras. Disponível em: <www.petrobras.com.br/pt/nossas-atividades/areas-de-atuacao/exploracao-e-producao-de-petroleo-e-gas/pre-sal>. Acesso em: 6 abr. 2019.

1. A camada chamada de pré-sal encontra-se abaixo de uma espessa camada de sal. Se ela está abaixo, por que é chamada de pré-sal e não pós-sal? Em grupo, faça uma pesquisa em jornais, revistas e na internet e encontre a resposta.

# Minérios

**Minérios** são minerais com valor econômico utilizados pela sociedade; portanto, podem ser vendidos. O subsolo do Brasil é muito rico, e o país é um dos principais produtores mundiais de minérios como ferro, manganês e bauxita (de onde se extrai o alumínio). As principais jazidas brasileiras estão nos estados de Minas Gerais, Pará, Goiás e Mato Grosso do Sul.

Os minérios apresentam-se de várias formas. O ferro, por exemplo, pode ser encontrado na hematita, na magnetita e na goethita. Em todos esses minérios há ferro e outros materiais misturados, que precisam ser separados. Quanto maior a proporção de ferro no mineral, maior será seu valor.

↑ A magnetita é uma das formas do minério de ferro na natureza. Ela tem uma quantidade de ferro maior que a de outros minérios, o que a torna mais valiosa.

## Extração de minérios

Os minérios são encontrados em profundidades variadas e, para extraí-los, é preciso grande atividade, já que diversas toneladas de material são retiradas. Equipamentos como brocas e escavadoras são usados no **processo de extração**.

Depois de extraído, o material é transportado em caminhões ou trens até as siderúrgicas, onde é tratado para separar as impurezas dos metais com valor comercial. A purificação é feita por meio de diversos processos, dependendo do mineral e da impureza encontrada nele. Assim como no manejo do petróleo, é necessário que as empresas tenham muito cuidado durante os processos de purificação de minerais, já que eles podem degradar o meio ambiente.

↑ Os minérios extraídos do solo precisam ser processados para alcançar valor comercial elevado. O alto-forno, como o da fotografia, é uma estrutura usada para manipular o minério de ferro e limpá-lo.

# ATIVIDADES

### SISTEMATIZAR

1. Indique três fatos relacionados ao solo que são importantes tanto para nossa sobrevivência como para nosso modo de vida.

2. Como ocorre o processo de formação do petróleo e quais são os principais combustíveis obtidos a partir dele?

3. Por que se afirma que os recursos provenientes do solo devem ser explorados de forma planejada e consciente?

4. O que são minérios e quais são os mais abundantes em solo brasileiro?

5. Explique o que é o pré-sal.

### REFLETIR

1. Observe a charge e faça o que se pede.

   a) Por que é necessário tomar vários cuidados ao extrair, utilizar e transportar petróleo?

   b) Procure uma notícia a respeito dos problemas decorrentes do vazamento de petróleo no meio ambiente, traga-a para a sala de aula e monte um mural com os colegas, compartilhando as informações.

### DESAFIO

1. Em dupla, pesquise a importância do petróleo no mundo. Juntos, consultem internet, jornais ou revistas (sempre utilizando fontes confiáveis).

   Busquem informações para responder a perguntas como:

   a) O que é o petróleo e como ele se forma?
   b) Por que é considerado uma fonte de energia?
   c) Por que é considerado um recurso não renovável?
   d) Onde se encontra a maior parte das reservas brasileiras?
   e) Por que o Brasil se tornou um dos países mais avançados na exploração do petróleo?
   f) De que forma o uso do petróleo degrada o meio ambiente?

**CAPÍTULO 5**

# Fósseis

Neste capítulo, você vai estudar o que são fósseis, como ocorre a formação deles e sua importância histórica.

## EXPLORANDO MARCAS DO PASSADO

Gabriel e Eduarda assistiram a um filme sobre seres que viveram em épocas passadas: os dinossauros.

Após o filme, Gabriel perguntou a Eduarda se ela acreditava que aqueles animais teriam realmente existido, pois no filme foi dito que eles viveram milhões de anos atrás. Ela disse que sim. Gabriel insistiu e lhe perguntou como era possível ter certeza de que eles eram daquele jeito. Eduarda respondeu que tinha lido uma revista sobre fósseis na qual descobriu que os restos de animais e plantas podem nos fornecer informações sobre a vida no passado.

Ilustrações: Natalia Forcat

Gabriel voltou para casa muito intrigado. Como é possível que restos de animais durem tanto tempo? Como os cientistas podem saber o que eles comiam? Como se locomoviam? Ele lamentou não ter pedido a Eduarda o nome da revista para poder obter mais informações sobre fósseis.

**Agora é sua vez.**

**1.** Pense nas perguntas que Gabriel fez a Eduarda. Em sua opinião, como os cientistas obtêm informações sobre seres que viveram na Terra há milhões de anos?

250

# Fósseis e rochas sedimentares

Um exercício muito interessante é imaginar como foi a vida na Terra em épocas muito distantes da nossa. Pensar que vivemos hoje em lugares que antes eram habitados por dinossauros causa uma sensação muito estranha. Como eles surgiram? Como desapareceram? Como descobrimos a existência deles?

A resposta para essas perguntas encontra-se em uma única palavra: **fóssil**.

Fóssil é uma palavra de origem latina que significa "desenterrado" ou "extraído da terra". São restos de seres que viveram em determinado período ou evidências de suas atividades biológicas que foram preservados até o presente. Essa preservação ocorre principalmente em **rochas sedimentares**, mas pode também ocorrer em outros tipos de rocha, outros materiais e locais, como **gelo**, **piche**, **resinas**, **solos** e **cavernas**. Os fósseis mais comuns são ossos, caules, folhas, conchas, ovos e pegadas.

↑ Pesquisador estudando fóssil de bicho-preguiça na Serra da Capivara (PI), 2002.

## A importância dos fósseis

A maioria de nós confundiria facilmente um fóssil com uma pedra qualquer. Mas para um paleontólogo o fóssil é evidência da presença de outros seres vivos que nos antecederam na Terra.

Paleontologia é a área do conhecimento que se ocupa do estudo da vida em eras muito distantes da nossa. Os fósseis são o principal elemento usado pelos paleontólogos no estudo da evolução biológica e na caracterização da história geológica do planeta.

↑ Fóssil de inseto preservado na resina âmbar.

Os fósseis correspondem a restos, marcas, vestígios ou evidências da existência e/ou atividade de seres que viveram na Terra, preservados em rochas e outros materiais, como gelo e resina. São raros os fósseis de seres inteiros. Geralmente são preservadas as partes duras, como ossos, dentes, conchas e carapaças, embora pegadas, fezes, pólen etc. também sejam fossilizados.

Além de fósseis de ossos, que possibilitam a reconstituição de corpos dos animais do passado, outros tipos de vestígio também fornecem informações preciosas. Um conjunto de pegadas, por exemplo, pode ser usado por cientistas, que, medindo a distância entre elas e sua profundidade, calculam o comprimento, o peso e a velocidade do animal. Fósseis de excrementos (chamados de coprólitos) são amassados até se tornarem um pó bem fino que, analisado, pode dar pistas sobre o hábito alimentar do animal.

↑ Pegadas fósseis de dinossauro ornitópode, ou seja, com três dedos nos pés.

↑ Fóssil de planta.

251

# FIQUE POR DENTRO

# Os fósseis

Fósseis encontrados no solo contam a história da Terra. São restos preservados de seres que viveram há muito tempo ou da atividade praticada por eles. Carapaças, esqueletos, conchas, sementes, ovos, fezes e até marcas de pegadas são alguns exemplos. Durante a formação das rochas sedimentares, alguns fragmentos de rocha depositaram-se por cima de restos de seres que viveram há muito tempo, formando os fósseis, por meio de um processo chamado fossilização, que pode ter levado milhares de anos. Como são registros de seres que viveram em épocas remotas, os fósseis são extremamente importantes para desvendarmos fatos ocorridos na Terra há milhões de anos. O estudo deles possibilita saber como eram espécies já extintas e o ambiente do planeta em outras eras.

↑ Esquema representativo de processo de fossilização ao longo do tempo. O organismo morto é coberto por sedimentos e mineraliza-se, tornando-se um fóssil. Com o passar do tempo, novas camadas de sedimentos depositam-se sobre o fóssil. O futuro desgaste dessas camadas expõe o fóssil na superfície.

Esse fóssil de trilobita, artrópode que viveu há cerca de 550 milhões de anos, foi encontrado em Salt Lake City, Utah, EUA. →

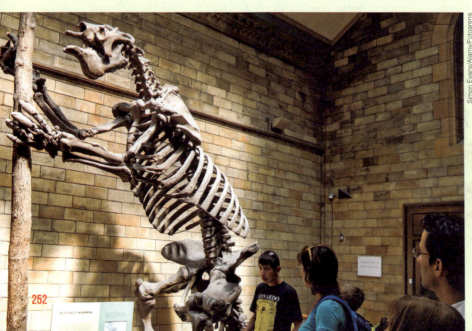

← Originárias da América do Sul, as preguiças-gigantes deslocaram-se até a América do Norte passando pela América Central. Os maiores exemplares podiam chegar a 6 metros de altura. Estima-se que viveram entre 2 milhões e 10 mil anos atrás. Vários fósseis já foram encontrados no Brasil. Foto tirada no Museu de História Natural, Londres (Inglaterra), 2016.

Outra forma de fossilização é material preservado dentro do âmbar, que é uma resina liberada por plantas (árvores). É muito comum encontrar insetos fossilizados desse jeito.

O desgaste e o movimento das camadas de rocha fazem os fósseis aflorar à superfície, o que possibilita sua localização.

↑ Fóssil de peixe da Chapada do Araripe, região do Ceará rica em fósseis. Santana do Cariri (CE), 2012.

↑ Pesquisador estuda fóssil de preguiça. Serra da Capivara (PI), 2002.

→ No Brasil também podem ser encontrados fósseis de plantas que viveram no Período Carbonífero, há cerca de 300 milhões de anos.

**1.** Pesquise lugares no Brasil onde haja sítios paleontológicos com a presença de fósseis e outros registros pré-históricos.

253

# PENSAMENTO EM AÇÃO — CRIAÇÃO DE MODELO

## Como se forma um fóssil

Vamos montar um modelo para aprender como um fóssil é formado.

### Material:

- esponjas de cozinha (podem ser já usadas);
- 1 xícara de sal de cozinha para cada litro de água;
- 1 balde grande;
- areia fina;
- água;
- canetinhas;
- tesoura sem ponta.

### Procedimentos

1. Desenhe nas esponjas ossos, folhas ou qualquer outro objeto que será "fossilizado". Depois recorte as esponjas de acordo com o desenho.
2. Forre o fundo do balde com parte da areia e coloque os recortes de esponja sobre ela, de modo que nenhum fique em contato com o fundo do balde e também fiquem longe uns dos outros.
3. Cubra os recortes de esponja com o restante da areia. Nenhum deles deve ficar exposto. Aperte um pouco a areia para não sobrar espaço entre ela e os recortes de esponja.
4. Use a água que foi aquecida pelo professor e coloque sal, mais ou menos uma xícara para cada litro de água. Mexa até o sal dissolver e coloque água até cobrir toda a areia.
5. Deixe o balde em algum lugar seco para a água evaporar completamente. Quando a areia estiver seca novamente, os "fósseis" estarão prontos para serem retirados de lá. Cave delicadamente para achá-los.

Ilustrações: Danilo Souza

### Reflita e registre

1. O que aconteceu com os recortes de esponja que foram enterrados? Como você explica o ocorrido?
2. Qual é a relação entre o que foi observado nessa prática e a fossilização que ocorre em condições naturais?

# ATIVIDADES

### SISTEMATIZAR

**1.** Observe a imagem abaixo. O que ela representa? Qual é sua importância para a ciência?

**2.** Em que tipo de rocha é mais comum a formação de fósseis?

### REFLETIR

**1.** Leia o texto e responda às questões.

Ninguém sabe exatamente como era um dinossauro e só pela observação de seus fósseis temos uma ideia aproximada. Esse e muitos mistérios continuam a ser desvendados. Por isso, os cientistas discutem e investigam os vestígios do passado. Talvez nunca saibamos tudo, mas cada fóssil encontrado aumenta o conhecimento sobre a história da Terra.

a) O que você entende por fósseis?
b) "A fossilização é um fenômeno raro na natureza". Explique essa frase.
c) Por que os fósseis são importantes para investigar a história dos seres vivos em nosso planeta?

**2.** Leia as afirmações abaixo e classifique-as em verdadeiras ou falsas. No caso de serem falsas, explique por que estão erradas.

a) Um fóssil é sempre uma parte preservada do corpo de um ser que viveu no passado.
b) Animais que não têm ossos nunca são fossilizados.
c) A fossilização é facilitada quando o cadáver fica exposto ao Sol, ao vento e às chuvas.
d) Os fósseis são raros porque normalmente os restos mortais dos seres são rapidamente decompostos, antes que ocorra a fossilização.
e) Só existem fósseis de animais, nunca de plantas.
f) Plantas e animais aquáticos, ou seja, seres que vivem em mares, rios e lagos não são fossilizados.

### DESAFIO

**1.** Os fósseis podem, em alguns casos, ser usados para datar os locais onde foram encontrados. Embora isso nem sempre seja possível, em alguns casos os fósseis são verdadeiros marcadores de tempo geológicos. Nesses casos, eles são chamados de **fósseis de idade**.

- Pesquise em livros e *sites* o uso de fósseis como marcadores de tempo biológico. Depois escreva um texto resumindo as informações encontradas e dê um exemplo de fóssil que foi usado para datar um local. No final da atividade, compartilhe o material produzido com os colegas.

**CAPÍTULO**

# 6 A atmosfera terrestre

Neste capítulo, você vai aprender a identificar e distinguir as camadas que compõem a atmosfera terrestre. Vai conhecer também as características de cada camada, como aspecto, altitude e composição.

## EXPLORANDO O AR

Depois de sonhar que tinha ido para um planeta distante, Mônica ficou muito intrigada com o fato de o ar estar em toda parte e não ser visível. Afinal, no planeta do sonho, a cor do ar era amarela!

Ela resolveu fazer um experimento para perceber o ar no cotidiano.

Mônica usou:
- uma tampa de plástico, como as de pote de sorvete;
- um pedaço de cartolina com o mesmo tamanho de uma folha de papel sulfite;
- uma folha de papel sulfite.

OLÁ, EU SOU A MÔNICA!

Ilustrações: DKO Estúdio

Ela abanou o rosto com a tampa de plástico. Sentiu algo invisível tocando seu rosto, mas não pôde vê-lo. Fez a mesma coisa com a cartolina e percebeu que a quantidade do que tocara seu rosto diminuiu e a cartolina se curvou um pouco com o movimento.

Decidiu repetir a ação com a folha de papel sulfite e percebeu que quase nada sentiu no rosto e que a folha se dobrou completamente com o movimento.

**Agora é sua vez.**

1. O que você imagina que tocou o rosto de Mônica?

2. Por que você acha que a tampa de plástico, a cartolina e a folha de papel sulfite reagiram de forma diferente ao movimento que Mônica fez?

# Atmosfera

Observe a imagem ao lado.

A faixa entre a superfície da Terra e o espaço, que tem tons de azul na fotografia, é a **atmosfera terrestre**. Ela é uma mistura de gases e se mantém presa à Terra por causa da força da gravidade.

A composição do ar na atmosfera terrestre tem a seguinte proporção: 78% de nitrogênio, 21% de oxigênio e 1% de outros gases.

A atmosfera é uma característica marcante da Terra quando a comparamos aos demais planetas do Sistema Solar. Outros planetas têm atmosfera, mas com composição muito diferente.

Vamos conhecer um pouco melhor a atmosfera da Terra.

↑ Parte da atmosfera vista do espaço. É possível identificar os diferentes tons de azul entre as camadas.

# As camadas da atmosfera

A atmosfera ocupa um espaço de aproximadamente mil quilômetros a partir da superfície terrestre. Por isso, quando se estuda a atmosfera, costuma-se "dividi-la" em camadas, cujas características serão apresentadas a seguir.

Observe as **camadas da atmosfera terrestre** indicadas na imagem.

A proporção entre as dimensões dos elementos representados, bem como as cores usadas não são as reais.

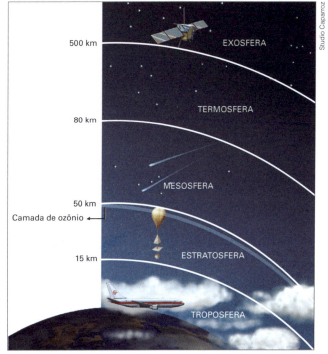

→ Esquema simplificado das camadas da atmosfera terrestre.

## Troposfera

É a camada mais próxima da superfície terrestre, de espessura variável, com cerca de 7 quilômetros nos polos e até 17 quilômetros nos **trópicos**. Nela, as nuvens formam-se e ocorrem fenômenos naturais como chuvas, ventos e relâmpagos. Concentra a maior parte do ar (cerca de 80%).

### GLOSSÁRIO

**Trópico:** linha imaginária paralela ao Equador, traçada no sentido leste-oeste. Há um no Hemisfério Norte (Trópico de Câncer) e outro no Hemisfério Sul (Trópico de Capricórnio), ambos com igual latitude em seus hemisférios; portanto, estão à mesma distância de cada polo.

## Estratosfera

Está localizada imediatamente acima da troposfera. Tem cerca de 34 quilômetros de altura, baixa concentração de ar (ar rarefeito) e nível de vapor de água praticamente nulo.

Na **estratosfera** há também importante concentração de gás ozônio, formando a camada de ozônio. A molécula do gás ozônio é composta de três átomos de oxigênio, enquanto a molécula do gás oxigênio que respiramos é formada por dois átomos de oxigênio.

↑ Comparação entre as moléculas de gás oxigênio e gás ozônio.

Elementos ilustrados sem escala; as cores não são as reais.

## Mesosfera

Nessa camada atmosférica as temperaturas são baixíssimas, chegam a quase 100 °C negativos. A queda de temperatura está relacionada com a distância da camada de ozônio, que retém calor. Na mesosfera, ocorre a combustão (queima) de blocos rochosos – os meteoroides –, o que causa o fenômeno conhecido por meteoro ou estrela cadente.

← Quando os meteoroides penetram na atmosfera e se desintegram, dão origem a um rastro luminoso chamado de meteoro ou estrela cadente. O evento visto nessa imagem foi fotografado na província de Pesaro e Urbino, Itália.

## Termosfera

Essa camada, que vai de 85 km a 500 km, caracteriza-se por temperaturas muito elevadas. Nela, orbitam ônibus espaciais lançados por agências espaciais, como a Nasa. É nessa camada que as partículas elétricas criam o fenômeno luminoso das auroras polares. Quando ocorre no Hemisfério Norte, é chamada de aurora boreal; quando ocorre no Hemisfério Sul, é chamada de aurora austral.

→ Fenômeno conhecido como aurora boreal.

## Exosfera

Camada mais alta da atmosfera, constitui o limite entre a Terra e o espaço cósmico. O gás hidrogênio predomina nessa camada e o ar é muito **rarefeito**, isto é, as moléculas de gás estão muito separadas umas das outras, assim, muitas "escapam" constantemente para o espaço. É nela que se localizam os satélites artificiais.

**GLOSSÁRIO**

**Rarefeito:** menos denso; em se tratando do ar, as moléculas de gás ficam mais espaçadas e em menor quantidade.

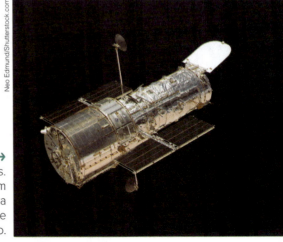

→ Na exosfera, além de satélites artificiais, estão os telescópios espaciais. Esses equipamentos ficam nessa camada porque nela não sofrem distorção de imagem, que é causada pela influência da atmosfera mais densa (com quantidade de gases relativamente mais alta), o que acontece com os telescópios que estão no solo.

# ATIVIDADES

## SISTEMATIZAR

1. O único planeta do Sistema Solar que apresenta atmosfera é a Terra? Em caso negativo, a atmosfera terrestre é igual à dos outros planetas?

2. O gás ozônio encontrado na estratosfera é poluente? Explique.

3. A maioria dos aviões de carga e de passageiros voa na troposfera. Qual seria a vantagem de grandes aviões voarem acima dessa camada atmosférica?

4. O gás oxigênio é utilizado pela maior parte dos seres vivos na respiração. Em que camada da atmosfera se encontra a maior quantidade desse gás?

## REFLETIR

1. Observe e analise o esquema abaixo. Depois, com base no conteúdo estudado, responda às questões.

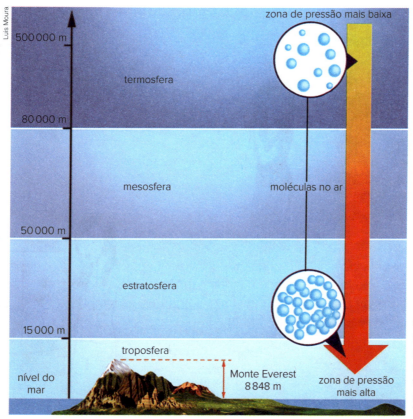

← Esquema representativo da estrutura vertical da atmosfera da Terra.

a) Como a altitude e a pressão atmosférica variam nas diferentes camadas? Explique.
b) Em qual delas o ar é menos rarefeito?
c) Em qual delas vivem os seres vivos?
d) Onde há partículas elétricas que afetam a propagação das ondas de rádio?
e) Em que camada o ozônio atua como um filtro da radiação solar?
f) Em que camada se formam estrelas cadentes?

259

# CAPÍTULO 7
# Hidrosfera

Neste capítulo, você vai estudar a importância da água para a origem e manutenção da vida, entender sua distribuição no planeta e caracterizar a hidrosfera.

**EXPLORANDO** A RELAÇÃO ENTRE ÁGUA E VIDA

Em seu aniversário, Mara ganhou um aquário de seu pai, porém ele disse que só compraria os peixes no fim de semana. Ansiosa, Mara encheu o aquário com água da torneira, e ele ficou pronto para receber os peixinhos.

No entanto, Mara é muito distraída e deixou o aquário aberto no quintal durante toda a semana.

No sábado pela manhã, logo que seu pai lhe entregou os peixes, ela foi colocá-los no aquário. Então, ao observar o aquário, Mara tomou um susto: a água estava toda esverdeada e cheia de larvinhas.

**Agora é sua vez.**

1. Por que você supõe que isso ocorreu no aquário?

2. Se Mara não tivesse colocado água no aquário ou se ele tivesse permanecido fechado, as larvas teriam aparecido?

3. Você já viu larvas em algum lugar? Onde?

# Composição da hidrosfera

O planeta Terra tem o formato arredondado, muito próximo de uma grande esfera, e três quartos de sua superfície estão cobertos por água. Dos planetas do Sistema Solar, a Terra é, atualmente, o único que tem condições ambientais necessárias para a existência de água nos estados físicos sólido, líquido e gasoso.

→ As águas oceânicas compõem a maior parte da hidrosfera. Ondas gigantes quebram na Praia de Waimea, Ilha de Oahu, no Havaí, EUA, 2013.

O conjunto de toda a água da Terra é denominado **hidrosfera** (*hidro* vem do grego e significa "água"). Para estudo, dividimos a hidrosfera em águas oceânicas, continentais e atmosféricas.

**Águas oceânicas:** formam os mares e oceanos e contêm grande quantidade de sais dissolvidos, por isso são salgadas. Constituem a maior parte da hidrosfera.

**Águas continentais:** dividem-se em águas de superfície, que são os rios, lagos e geleiras, e águas subterrâneas, contidas nos **aquíferos**.

**Águas atmosféricas:** encontram-se no estado gasoso, ou seja, na forma de vapor, ou no estado líquido, nas gotículas que formam as nuvens.

> **GLOSSÁRIO**
>
> **Aquífero:** local subterrâneo capaz de armazenar água. Geralmente é formado por rochas porosas, e a água fica armazenada entre seus poros, fissuras ou rachaduras.

# A água para consumo humano

A quantidade de água do planeta não se altera, ou seja, há um ciclo da água que é contínuo. A poluição, no entanto, reduz a quantidade de água com boa qualidade e disponível para uso.

A maior parte da hidrosfera é composta de água salgada (cerca de 97,4%), depositada principalmente nos oceanos. Nessa água está dissolvida grande quantidade de sais, como o cloreto de sódio (sal de cozinha). É possível retirar os sais dissolvidos na água pelo processo de dessalinização. No entanto, é um processo ainda muito caro.

Os 2,6% de água restantes são de água doce. Ela é assim chamada porque contém uma quantidade muito menor de sais dissolvidos do que a água salgada. A parte dessa água que o ser humano utiliza para consumo está nos rios, lagos e reservatórios subterrâneos.

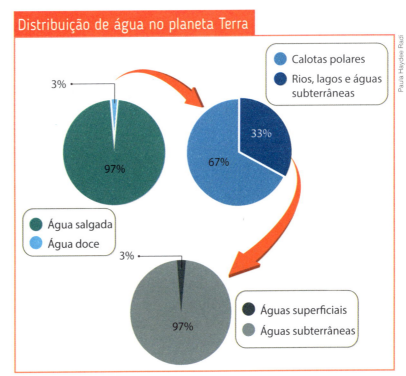

↑ Distribuição de água no planeta Terra.

Fonte: <www.daebauru.sp.gov.br/2014/ambiente/ambiente.php?secao=hidrico&pagina=2>. Acesso em: 6 abr. 2019.

# Distribuição da água na hidrosfera

A figura ao lado mostra a **distribuição de água na hidrosfera**. A água pode estar nos mares, oceanos, rios e lagos; em geleiras e em forma de neve, nas regiões polares e no topo de altas montanhas; sob o solo, nas águas subterrâneas; e no ar atmosférico, na forma de vapor ou nas gotículas que constituem as nuvens.

→ Esquema representativo da presença de água na hidrosfera.

O esquema está representado com cores-fantasia e as dimensões dos elementos não seguem a proporção real.

Fonte: *Enciclopédia do estudante: ciências da Terra e do Universo*. São Paulo: Moderna, 2008. p. 99.

### GLOSSÁRIO

**Calota polar:** região no Polo Sul e no Polo Norte onde se encontra água congelada.

A maior quantidade de água doce está em locais de difícil acesso, como o subsolo a grandes profundidades, ou em forma de grandes blocos de gelo, nas **calotas polares**. Essa água também é encontrada no topo das altas montanhas na forma de neve.

As águas subterrâneas são nossa principal reserva de água e podem ser encontradas em volume muito maior do que a água disponível na superfície. Por estarem em locais de difícil acesso, estão bem mais protegidas dos agentes de contaminação que afetam a qualidade da água. Mesmo assim, não estão livres dos impactos ambientais. Outra ameaça a esses corpos de água é a superexploração, ou seja, o uso excessivo dessas águas, geralmente para irrigar plantações, ação que pode levar ao esgotamento da reserva.

Cerca de 12% da água doce da Terra está no Brasil. Contudo, assim como ocorre em outras partes do planeta, sua distribuição não é uniforme: 80% de toda a água superficial brasileira (lagos e rios) está na Região Norte, onde vive a menor parcela da população. Em razão dessa distribuição desproporcional, nas regiões em que há pouca água superficial, a parcela de água armazenada abaixo do solo é muito importante.

## Aquíferos

Um dos maiores **aquíferos** do mundo é o Aquífero Guarani. Localizado na região centro-leste da América do Sul, ele ocupa uma área de 1,2 milhão de km², estendendo-se por Brasil, Paraguai, Uruguai e Argentina.

A maior parte desse aquífero está em território brasileiro (dois terços da área total), nos estados de Goiás, Mato Grosso do Sul, Minas Gerais, São Paulo, Paraná, Santa Catarina e Rio Grande do Sul.

A água do Aquífero Guarani é de excelente qualidade, e em nosso país ela é utilizada para o abastecimento de centenas de cidades de médio e grande porte. O Guarani não é o único aquífero brasileiro, pois há diversos aquíferos distribuídos por todo o país.

Em solo nacional, outro sistema de água subterrânea bastante relevante é o Aquífero Amazônia, também chamado de Aquífero Alter do Chão. Identifique-o no mapa da página ao lado e obtenha mais informações sobre ele no texto a seguir.

## AQUI TEM MAIS

### Amazônia tem "oceano subterrâneo"

A Amazônia possui uma reserva de água subterrânea com volume estimado em mais de 160 trilhões de metros cúbicos, estimou Francisco de Assis Matos de Abreu, professor da Universidade Federal do Pará (UFPA) [...].

O volume é 3,5 vezes maior do que o do Aquífero Guarani – depósito de água doce subterrânea que abrange os territórios do Uruguai, da Argentina, do Paraguai e principalmente do Brasil, com 1,2 milhão de quilômetros quadrados [...] de extensão.

"A reserva subterrânea representa mais de 80% do total da água da Amazônia. [...]" [...]

O conhecimento sobre esse "oceano subterrâneo", contudo, ainda é muito escasso e precisa ser aprimorado tanto para avaliar a possibilidade de uso para abastecimento humano como para preservá-lo em razão de sua importância para o equilíbrio do ciclo hidrográfico regional.

[...]

Elton Alisson. Agência Fapesp, 5 ago. 2014. Disponível em: <agencia.fapesp.br/amazonia-tem-oceano-subterraneo/19541/>. Acesso em: 6 abr. 2019.

↑ Localização dos aquíferos Amazônia e Guarani.

**1.** Como vimos no texto acima, o Aquífero Amazônia (ou Alter do Chão) é um extenso manancial subterrâneo, ou seja, uma fonte de água que pode ser usada para o abastecimento público. Dessa forma, ele estaria sempre protegido da poluição da superfície e dos impactos causados pelo ser humano? Pesquise o assunto.

## PENSAMENTO EM AÇÃO | CRIAÇÃO DE MODELO

# Quanto da água está disponível?

Nesta prática, vamos verificar, por meio de um modelo, a quantidade aproximada de água doce, salgada e potável no planeta Terra.

## Material:

- uma garrafa PET de 2,5 L com tampa;
- um conta-gotas;
- três copos de 50 mL;
- água.

## Procedimentos

1. Encha a garrafa PET de 2,5 L com água.
2. Coloque aproximadamente 75 mL da água da garrafa PET em dois copos de 50 mL.
3. Transfira 25 mL da água dos copos da etapa 2 para um terceiro copo de 50 mL.
4. Com auxílio do conta-gotas, adicione 15 gotas na tampinha da garrafa PET com a água do terceiro copo de 50 mL.

### Reflita e registre

1. Compare suas ideias com as dos colegas sobre o que representa, proporcionalmente, cada recipiente de água em relação à água do planeta.
2. O que podemos concluir dessa situação?

## ATIVIDADES

### SISTEMATIZAR

1. O que representa a hidrosfera no planeta?
2. Dê exemplos de onde encontramos água doce e água salgada no planeta Terra.
3. Como chamamos o tipo de água próprio para consumo humano?
4. O que diferencia a água doce da salgada?
5. Explique o que são aquíferos.

### REFLETIR

1. Analise o gráfico a seguir e responda às questões no caderno com base no que estudamos neste capítulo.

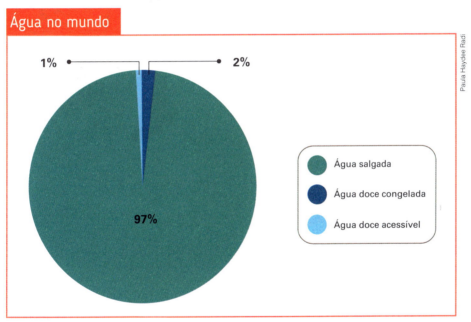

↑ Distribuição da água no mundo.

Fonte: Gráfico elaborado para fins didáticos.

a) Que tipo de água existe em maior quantidade na Terra?
b) Em que locais há maior proporção de água doce?
c) A água doce é mais acessível aos seres humanos se estiver depositada em que locais?

### DESAFIO

1. Forme um grupo com alguns colegas. Pesquisem e elaborem uma coletânea de notícias publicadas em jornais, revistas e *sites* que discutam o uso excessivo da água e os meios de preservá-la. Organizem o material obtido separando: os de sua região, os do restante do Brasil e os de outros lugares do planeta. Depois, confeccionem um mural com o material obtido por toda a turma. Debatam as situações de impacto sobre a hidrosfera e as alternativas para amenizar esse cenário preocupante.

# CAPÍTULO 8
# Biosfera – a vida ao redor da Terra

Neste capítulo, você vai conhecer melhor a biosfera e relacionar a biodiversidade com as diferentes condições ambientais.

## EXPLORANDO O SIGNIFICADO DE BIOSFERA

Antes de iniciar a aula sobre a biosfera, o professor de Ciências queria saber o que os alunos pensavam ou sabiam sobre o assunto. Para começar, ele propôs a seguinte atividade: discutir o significado da palavra **biosfera**.

Laura e Pedro trabalhavam em dupla, quando Pedro perguntou a Laura:

— Você sabe o que significa **biosfera**?

— Parece que essa palavra tem alguma relação com **esfera** – disse Laura.

Pedro confirmou o que a colega disse e continuou a desafiá-la:

— Correto! Mas essa foi fácil, pois **esfera** faz parte da palavra.

Laura perguntou a Pedro:

— E o termo **bio**, o que significa?

Pedro respondeu rapidamente:

— **Bio** significa "vida"! Biosfera significa "esfera da vida"! – e ficou orgulhoso de si mesmo.

— Tá, isso você sabe, mas qual é a importância da biosfera? – questionou Laura. Pedro não soube responder.

Então, Laura disse:

— Ih, Pedro... Eu também não sei... acho que decorar o nome não é tudo, também precisamos entender o que é cada coisa e como elas se relacionam.

Pedro concordou com a colega.

Ilustrações: Natalia Forcat

**Agora é sua vez.**

1. Considerando o diálogo entre Laura e Pedro, como você definiria a palavra **biosfera**?

2. Você sabe qual é a importância da biosfera?

266

# A biosfera

A palavra é composta pelo termo grego *bio* (vida) e a palavra **esfera**, significando "esfera da vida".

Dessa forma, a biosfera não é uma "camada" como a atmosfera e a hidrosfera, mas a região onde estão todos os seres vivos. Esse espaço de interação envolve o ar, a água e o solo.

As dimensões das estruturas representadas estão fora de escala; as cores usadas não são as reais.

↑ Esquema representativo de alguns ambientes da biosfera.

A biosfera é formada por diversos **ecossistemas** compostos de fatores bióticos (vivos, como plantas, animais etc.) e abióticos (não vivos, como água, ar, solo etc.) que interagem uns com os outros.

Os ecossistemas que compõem a biosfera têm grande diversidade de **espécies** que habitam diferentes ambientes, mesmo os mais desfavoráveis à sobrevivência, como os topos de montanhas a cerca de 5 mil metros acima do nível do mar ou as profundezas dos oceanos com mais de 9 mil metros abaixo do nível do mar.

> **GLOSSÁRIO**
>
> **Ecossistema:** conjunto formado pelo meio ambiente e os seres vivos que ocupam esse meio, em um relacionamento mútuo normal; sistema ecológico.
> **Espécie:** grupo de indivíduos capazes de se reproduzir e gerar descendentes férteis.

## ❗ CURIOSO É...

O equilíbrio dos ecossistemas e as atividades humanas como agricultura, pesca e produção de medicamentos, cosméticos etc. são extremamente dependentes da biodiversidade, que serve de fonte de recursos naturais.

Um dos motivos para conhecermos melhor os organismos do planeta é justamente preservá-los e manter, assim, todas as atividades citadas. Se não forem conhecidos e preservados, muitos organismos poderão ser extintos, o que causaria desequilíbrios ambientais ou eles nem ao menos seriam conhecidos.

A imensa diversidade de seres vivos dos diferentes ambientes da Terra possibilita a existência de várias atividades humanas.

## AQUI TEM MAIS

### Impactos sobre a biodiversidade

Tanto a comunidade científica internacional quanto governos e entidades não governamentais ambientalistas vêm alertando para a perda da diversidade biológica em todo o mundo, particularmente nas regiões tropicais. A degradação biótica que está afetando o planeta encontra raízes na condição humana contemporânea, agravada pelo crescimento explosivo da população humana e pela distribuição desigual da riqueza. A perda da diversidade biológica envolve aspectos sociais, econômicos, culturais e científicos.

Em anos recentes, a intervenção humana em hábitats que eram estáveis aumentou significativamente, gerando perdas maiores de biodiversidade. Biomas estão sendo ocupados em diferentes escalas e velocidades: extensas áreas de vegetação nativa foram devastadas no Cerrado do Brasil Central, na Caatinga e na Mata Atlântica.

É necessário que sejam conhecidos os estoques dos vários hábitats naturais e dos modificados existentes no Brasil, de forma a desenvolver uma abordagem equilibrada entre conservação e utilização sustentável da diversidade biológica, considerando o modo de vida das populações locais.

Como resultado das pressões da ocupação humana na zona costeira, a Mata Atlântica, por exemplo, ficou reduzida a aproximadamente 7% de sua vegetação original. Na periferia da cidade do Rio de Janeiro, por exemplo, são encontradas áreas com mais de 500 espécies de plantas por hectare, muitas dessas são árvores de grande porte, ainda não descritas pela ciência.

Os principais processos responsáveis pela perda de biodiversidade são:

- perda e fragmentação dos hábitats;
- introdução de espécies e doenças exóticas;
- exploração excessiva de espécies de plantas e animais;
- uso de híbridos e monoculturas na agroindústria e nos programas de reflorestamento;
- contaminação do solo, água e atmosfera por poluentes;
- mudanças climáticas.

[...]

> **GLOSSÁRIO**
>
> **Antrópico:** resultante da ação humana, relativo ao ser humano.

Três razões principais justificam a preocupação com a conservação da diversidade biológica. Primeiro, porque se acredita que a diversidade biológica é uma das propriedades fundamentais da natureza, responsável pelo equilíbrio e estabilidade dos ecossistemas. Segundo, porque se acredita que a diversidade biológica representa um imenso potencial de uso econômico, em especial pela biotecnologia. Terceiro, porque se acredita que a diversidade biológica esteja se deteriorando, com aumento da taxa de extinção de espécies, devido ao impacto das atividades **antrópicas**.

[...]

Ministério do Meio Ambiente. *Impactos sobre a biodiversidade*. Disponível em: <www.mma.gov.br/biodiversidade/biodiversidade-global/impactos>. Acesso em: 6 abr. 2019.

---

**1.** Junte-se a alguns colegas e formem um grupo. Pesquisem, em *sites* confiáveis da internet e sob orientação do professor, o uso que se pode fazer da biodiversidade para desenvolver novas tecnologias. Busquem pelo menos dois exemplos de tecnologias produzidas a partir de seres vivos e que trouxeram benefícios para a humanidade. Depois, organizem um debate na sala de aula, em que cada grupo deve apresentar os exemplos encontrados, e discutam as vantagens de se preservar a biodiversidade.

# ATIVIDADES

## SISTEMATIZAR

1. A biosfera é a parte da Terra onde ocorre a vida. Cite as condições da biosfera que possibilitaram a origem e a manutenção da vida no planeta.

2. Os seres vivos são encontrados em diferentes ambientes, mesmo naqueles com características pouco favoráveis à vida. Cite dois desses ambientes.

3. Explique por que a atividade humana depende da biodiversidade para existir.

4. Há regiões na biosfera nas quais as condições são extremas e desfavoráveis para a maioria dos seres vivos. Cite algumas delas.

5. Quais biomas foram mais afetados pela intervenção humana?

6. Após o estudo do capítulo, escreva o que você entende sobre o significado da palavra **biosfera** e relacione com o sentido científico dado a ela.

7. Cite pelo menos três processos responsáveis pela perda de biodiversidade.

## REFLETIR

1. Observe a imagem, leia o texto a seguir e depois faça o que se pede.
   O animal da imagem ao lado não é um ser extraterrestre, mas um peixe da espécie *Caulophryne jordani*. Ele habita uma região do planeta que, segundo especialistas, é menos conhecida do que a Lua e alguns elementos do espaço, como cometas e estrelas. Essas regiões são chamadas de abissais e encontram-se nos oceanos. O *Caulophryne jordani* habita as profundezas dos mares australianos.

   Forme dupla com um colega. Pesquisem e listem as condições adversas que os peixes abissais, como o *Caulophryne jordani*, devem suportar para sobreviver. Relacionem essas condições às características desses animais.

→ Peixe abissal (*Caulophryne jordani*). A espécie pode chegar até 21,5 cm de comprimento.

## DESAFIO

1. Elabore um pequeno texto sobre os motivos da perda de biodiversidade e explique por que sua conservação é importante para a economia e o desenvolvimento do planeta.

# PANORAMA

**FAÇA AS ATIVIDADES A SEGUIR E REVEJA O QUE VOCÊ APRENDEU.**

NO CADERNO

Neste tema, você estudou a estrutura da Terra, que se divide em camadas: crosta, manto e núcleo. Aprendeu que a litosfera é formada por placas que se encaixam como as peças de um quebra-cabeça. O movimento dessas placas pode causar tremores de terra ou erupções vulcânicas e modificar as paisagens na superfície terrestre. Viu também que a crosta terrestre é composta de rochas, que são agregados sólidos de um ou vários minerais. O intemperismo provoca alterações nas rochas gerando o solo, que é a camada mais superficial da crosta terrestre, e está intimamente relacionado à manutenção da vida. Você também conheceu os tipos de solo e sua importância para a sociedade, pois dependemos dele para gerar alimentos. É dele também que extraímos o petróleo, utilizado como fonte de energia e matéria-prima para os mais diversos fins, e os minérios, matéria-prima para a indústria.

No estudo dos fósseis, vimos que restos, marcas, vestígios ou evidências da existência e/ou atividade de seres que viveram na Terra, preservados em rochas e outros materiais, fornecem pistas fundamentais para conhecermos e compreendermos os modos de vida e os hábitos dos seres vivos no passado do planeta. Vimos que as diferentes camadas da atmosfera terrestre fornecem condições adequadas e capazes de garantir a vida na Terra. Afinal, são essas camadas que nos protegem de radiações que garantem os níveis de temperatura e condições climáticas seguras para a vida no planeta.

Já no estudo da hidrosfera verificamos os fatores que tornam a Terra o único planeta do Sistema Solar a reunir as condições ambientais necessárias para a existência abundante de água líquida, um dos principais elementos que sustentam a vida.

Estudamos ainda que a biodiversidade é estabelecida pela reunião de condições que formam o relevo e as demais camadas abaixo do chão, a distribuição das águas no planeta e as condições atmosféricas que definem a biosfera. A biosfera é definida como fator essencial, serve de fonte de recursos naturais e é capaz de manter o equilíbrio dos ecossistemas e demais atividades humanas.

**1.** A figura ao lado representa, de forma ilustrativa, a estrutura vertical das camadas que integram a atmosfera terrestre. Elas foram definidas com base na variação da temperatura e em outras características em relação à altitude.

Cite a camada à qual podemos atribuir as características descritas em cada item.

**a)** Região onde está o ar utilizado na respiração de plantas e animais. Quase todo o vapor encontrado na atmosfera se situa nesta camada.

**b)** É a camada atmosférica mais extensa. Alcança temperaturas próximas a 1 000 °C e se caracteriza como a camada mais quente da atmosfera.

**c)** Nesta camada, o gás ozônio atua como protetor dos raios ultravioleta.

Paulo César Pereira

270

**2.** No caderno, numere as frases de acordo com a legenda.

> **I.** crosta terrestre    **II.** manto    **III.** núcleo

- **a)** Localiza-se abaixo da crosta.
- **b)** Camada mais fina e superficial.
- **c)** Composição rica em níquel e ferro.
- **d)** Localiza-se no centro da Terra.
- **e)** Vivemos sobre essa parte do planeta.

**3.** Qual é o nome do material incandescente expelido pelos vulcões? Explique a origem desse material.

**4.** As rochas que compõem a litosfera podem ser ígneas, sedimentares ou metamórficas. Nos itens a seguir, identifique o tipo de rocha.
- **a)** Gnaisse, ardósia e mármore são exemplos delas.
- **b)** Resultam da solidificação da lava vulcânica.
- **c)** São formadas por partículas de outras rochas ou de materiais orgânicos.
- **d)** São também conhecidas como rochas magmáticas.

**5.** O que é hidrosfera? Ela compreende quais ambientes?

**6.** Explique o ciclo das rochas.

**7.** Uma aluna pesquisou produtos que muitas pessoas usam diariamente e contêm derivados de petróleo. Ela elaborou uma lista que inclui: roupas feitas de fibras sintéticas, como acrílico, náilon e poliéster; acessórios de plástico; protetor solar; xampu; batom; goma de mascar; remédios; aditivos para alimentos e outros.
Percebe-se que o petróleo e seus derivados fazem parte de nossa vida e seu uso vai muito além dos combustíveis dos veículos que circulam pelas ruas.
- **a)** Qual é a origem da riqueza mineral chamada petróleo?
- **b)** Se o petróleo é tão útil, por que é importante investir em outras formas de combustíveis?

## DICAS

### ACESSE

**Wikiparques:** <http://geoparkararipe.org.br/quem-somos/>, (acesso em: 6 abr. 2019). Informações sobre o Geopark Araripe, localizado no Ceará. O parque protege o patrimônio histórico, cultural, geológico e paleontológico da região.

**Serviço geológico do Brasil.** Divisão de Atividades Educacionais do Observatório Nacional/MCTI: <www.cprm.gov.br/publique/Redes-Institucionais/Rede-de-Bibliotecas-Rede-Ametista/Canal-Escola-129>, (acesso em: 6 abr. 2019). Na seção Canal Escola, é possível acessar diversos textos para pesquisas na área de ciências da Terra, como informações sobre aquíferos e metais preciosos.

### LEIA

**Atmosfera**, da Divisão de Atividades Educacionais do Observatório Nacional/MCTI. Livro digital com informações sobre a formação da atmosfera terrestre e descrição de suas características e estrutura, bem como dados sobre a atmosfera de outros astros do Universo. Disponível em: <www.on.br/daed/pequeno_cientista/conteudo/revista/pdf/atmosfera.pdf>. Acesso em: 6 abr. 2019.

**A atmosfera terrestre**, de Mario Tolentino e outros. Coleção Polêmica Capa Comum (Editora Moderna).

**O jogo "Ciclo das Rochas" para ensino de Geociências**, de Osvaldo R. Lopes e Celso Dal Ré Carneiro (*Revista Brasileira de Geociências*). Disponível em: <ppegeo.igc.usp.br/index.php/rbg/article/download/7627/7054>. Acesso em: 6 abr. 2019.

### VISITE

**Museu de Paleontologia Irajá Damiani Pinto**, da Universidade Federal do Rio Grande do Sul (UFRGS). A exposição exibe, em uma linha do tempo com diversos períodos geológicos, vários painéis sobre a evolução da vida na Terra. Para mais informações: <www.ufrgs.br/paleovert>. Acesso em: 6 abr. 2019.

# Referências

ALVAREZ, Albino Rodrigues; MOTA, José Aroudo (Org.). *Sustentabilidade ambiental no Brasil:* biodiversidade, economia e bem-estar humano. Brasília: IPEA, v. 7, 2010. (Série Eixos Estratégicos do Desenvolvimento Brasileiro).

BARBOSA, Déborah Márcia de Sá; BARBOSA, Arianne de Sá. Como deve acontecer a inclusão de crianças especiais nas escolas. In: ENCONTRO DE PESQUISA EM EDUCAÇÃO DA UNIVERSIDADE FEDERAL DO PIAUÍ, Teresina, 2004. Disponível em: <http://leg.ufpi.br/subsiteFiles/ppged/arquivos/files/GT8.PDF>. Acesso em: 12 set. 2018.

BOLONHINI JR., Roberto. *Portadores de necessidades especiais:* as principais prerrogativas dos portadores de necessidades especiais e a legislação brasileira. São Paulo: Arx, 2004.

BRASIL. Câmara dos Deputados. *Estatuto da criança e do adolescente.* 15. ed. Brasília: Edições Câmara, 2015.

_____. Ministério da Educação. *Base Nacional Comum Curricular.* 3. versão. Brasília: MEC, 2017.

_____. Ministério da Educação. Secretaria de Educação Básica. Diretoria de Currículos e Educação Integral. *Diretrizes Curriculares Nacionais da Educação Básica.* Brasília: MEC, 2013.

_____. Ministério da Saúde. Secretaria de Atenção à Saúde. Departamento de Atenção Básica. *Guia alimentar para a população brasileira.* 2. ed. Brasília: Ministério da Saúde, 2014.

BRUSCA, Gary J.; BRUSCA, Richard C. *Invertebrados.* Rio de Janeiro: Guanabara-Koogan, 2007.

CACHAPUZ, Antonio et al. (Org.). *A necessária renovação do ensino das ciências.* São Paulo: Cortez, 2011.

CAMPOS, Maria Cristina da Cunha; NIGRO, Rogério Gonçalves. *Teoria e prática em Ciências na escola.* São Paulo: FTD, 2010.

CANIATO, Rodolpho. *O céu.* São Paulo: Átomo, 2011.

COLL, César; PALACIOS, Jesús; MARCHESI, Álvaro (Org.). *Desenvolvimento psicológico e educação.* Porto Alegre: Artes Médicas, 1995.

DE BONI, Luis Alcides Brandini; GOLDANI, Eduardo. *Introdução clássica à Química Geral.* Porto Alegre: Tchê Química Cons. Educ., 2007.

DORNELLES, Leni Vieira; BUJES, Maria Isabel E. (Org.). *Educação e infância na era da informação.* Porto Alegre: Mediação, 2012.

FARIA, Ivan Dutra; MONLEVADE, João Antônio Cabral. Módulo 12: higiene, segurança e educação. In: BRASIL. Ministério da Educação. Secretaria de Educação Básica. *Higiene e segurança nas escolas.* Brasília: UnB, 2008.

FARIA, Romildo P. *Fundamentos de Astronomia.* Campinas: Papirus, 2001.

FREIRE, Paulo. *Educação como prática da liberdade.* Rio de Janeiro: Paz e Terra, 2009.

GOLDEMBERG, José; LUCON, Oswaldo. *Energia, meio ambiente e desenvolvimento.* São Paulo: Edusp, 2008.

GUYTON, Arthur Clifton; HALL, John Edward. *Tratado de Fisiologia Médica.* 12. ed. Rio de Janeiro: Elsevier, 2011.

HEWITT, Paul G. *Física Conceitual.* São Paulo: Bookman, 2015.

MOREIRA, Marco A. *A teoria da aprendizagem significativa e sua implementação em sala de aula.* Brasília: UnB, 2006.

MORETTO, Vasco P. Reflexões construtivistas sobre habilidades e competências. *Dois pontos: teoria & prática em gestão*, v. 5, n. 42, p. 50-54, 1999.

POUGH, F. Harvey; JANIS, Christine M.; HEISER, John B. *A vida dos vertebrados.* São Paulo: Atheneu, 2008.

RAVEN, Peter H. *Biologia vegetal.* Rio de Janeiro: Guanabara Koogan, 2007.

SOBOTTA, Johannes. *Atlas de anatomia humana.* 23. ed. Rio de Janeiro: Guanabara Koogan, 2013.

SOCIEDADE BRASILEIRA DE ANATOMIA. *Terminologia anatômica.* Barueri: Manole, 2001.

TORTORA, Gerard J.; DERRICKSON, Bryan H. *Princípios de Anatomia e Fisiologia.* 14. ed. Rio de Janeiro: Guanabara Koogan, 2016.

TOWNSEND, Colin R.; BEGON, Michael; HARPER, John L. *Fundamentos em Ecologia.* 3. ed. Porto Alegre: Artmed, 2010.